U0947490

天津市社科规划课题
外资流入对发展中国家经济安全的主要影响
项目号 TJJL06－031

外资流入与发展中国家经济安全：影响与实证

The Effect of Capital Inflow on Developing Countries' Economic Security：an Empirical Investigation

朱　丽　主编

中国财富出版社

图书在版编目（CIP）数据

外资流入与发展中国家经济安全：影响与实证/朱丽主编．—北京：中国财富出版社，2014.5

ISBN 978－7－5047－5206－2

Ⅰ.①外…　Ⅱ.①朱…　Ⅲ.①外资引进—影响—发展中国家—经济—国家安全—研究　Ⅳ.①F112.1

中国版本图书馆 CIP 数据核字（2014）第 098464 号

策划编辑	寇俊玲	**责任印制**	方朋远
责任编辑	徐文涛　李瑞清	**责任校对**	梁　凡

出版发行	中国财富出版社（原中国物资出版社）		
社　　址	北京市丰台区南四环西路 188 号 5 区 20 楼	**邮政编码**	100070
电　　话	010－52227568（发行部）		010－52227588 转 307（总编室）
	010－68589540（读者服务部）		010－52227588 转 305（质检部）
网　　址	http://www.cfpress.com.cn		
经　　销	新华书店		
印　　刷	北京京都六环印刷厂		
书　　号	ISBN 978－7－5047－5206－2/F·2154		
开　　本	710mm×1000mm　1/16	**版　　次**	2014 年 5 月第 1 版
印　　张	14	**印　　次**	2014 年 5 月第 1 次印刷
字　　数	274 千字	**定　　价**	56.00 元

前　言

全球化日益深入，无论是西方发达国家、转型经济体还是发展中国家，都在更进一步地融入全球化之中；同时，全球化带来的危机和风险以及由传导机制对各国经济带来的风险和挑战不容忽视。令人记忆犹新的1994年墨西哥金融危机、1997年东南亚金融危机、1998年俄罗斯金融危机和由2007年美国次贷危机引发的全球经济危机，都无法与全球化脱离干系。所以，国家安全成为主权国家高度关注的问题，同时，经济安全在国家整体安全中的分量与日俱增。

早在20世纪70年代，以约瑟夫·奈和罗伯特·基欧汉为代表的新自由主义国际关系流派就指出，国际政治中的重心已渐渐从外交、军事等“高政治”领域转移到经济、社会、文化等“低政治”领域。冷战结束后，经济相互依存的进一步发展、相互核威慑等因素使得世界的总体和平得以维系，如中国这样的大国遭受传统战争入侵的可能性微乎其微。在这种背景下，各国的经济安全被提升到相当的战略高度，在克林顿政府时期，美国甚至设立了国家经济委员会，与国家安全委员会相得益彰，共同统筹美国的安全政策。

改革开放以来，我国已深度融入世界经济体系，经济模式发展的可持续性、海外战略通道的安全性、石油等战略资源供给的稳定性、海外投资与贸易的风险性等经济议题已成为国家安全的重大课题。国际金融危机、地区动荡与战乱、恐怖主义泛滥、海盗横行、气候环境变化等都有可能对我国经济安全造成重大影响。

同时，我国的经济活动已经遍布全球，国家外汇局的《中国国际投资头寸表》表明，2012年度，中国海外各类资产总额已达51749亿美元，已超过当年GDP的一半。考虑到中国民间庞大的海外经济活动、大量的未登记统计商业贸易往来，这个数据将更为可观。只要中国经济能保持快速发展的势头，中国海外经济利益的规模将更为庞大。根据国家统计局、外汇局发布《2012年度中国对外直接投资统计公报》，2012年，中国对外直接投资净额878亿美元，较上年增长17.6%，名列全球第3位，仅次于美国和日本。庞大的海外经济利益安全也是我国经济安全维护的职责所在。

2013 年 11 月 12 日，中国共产党十八届三中全会公报指出，将设立国家安全委员会，完善国家安全体制和国家安全战略，确保国家安全。习近平总书记介绍，国家安全委员会的主要职责是制定和实施国家安全战略，推进国家安全法治建设，制定国家安全工作方针、政策，研究解决国家安全工作中的重大问题。2014 年 4 月 15 日习近平总书记在中央国家安全委员会第一次会议上发表重要讲话。他指出，必须坚持总体国家安全观，以人民安全为宗旨，以政治安全为根本，以经济安全为基础，以军事、文化、社会安全为保障，以促进国际安全为依托，走出一条有中国特色的国家安全道路。

本书主要探讨外资流入对发展中国家经济安全的影响。在发展中国家的经济发展过程中，外资发挥了积极的作用，其对产业发展、劳动力就业、对外贸易、技术交流、管理水平提升、人力资源培养等都做出了贡献，优质外资的流入，对发展中国家的经济发展起到了积极作用；同时，我们也看到外资流入对发展中国家产业发展和金融稳定等产生的不利影响。本书以实证分析为主要方法，着重分析外资流入对发展中国家的产业安全和金融安全以及外资对我国产业安全和金融安全的影响。

编　者

2014 年 5 月

目 录

1 导 论

国家安全历来就是各国政府关心的重大问题。所谓国家安全，就是指一国生存和发展的基本条件不受破坏、不存在潜在威胁，一国最为根本的利益不受伤害。它包括两方面内容：一方面，是保卫本国国土不受外来侵犯，维护国家主权独立和领土完整，保证国内政治、经济、科学和文化的正常发展，保证人民和平、安宁的生活；另一方面，是维持本国的生存能力和长期竞争力，即发展战略问题，包括军事安全、政治安全、经济安全和文化科学安全等方面。

1.1 国家经济安全研究的重要性

1.1.1 经济安全成为首要的国家安全问题

冷战结束前，各国对国家安全的注意力主要集中在传统意义上的国家安全上，即政治和军事安全。例如，捍卫国家主权和领土完整、军事集团对峙、保持势力范围等。各国政府将注意力基本集中于国家的基本生存，主要关注一国的内政外交，强调军事力量是保护和促进国家安全的主要基石，具有鲜明的军事特性。

随着冷战的落幕，军事力量的绝对优势在维持国家安全方面的作用逐渐弱化，发达国家之间签署了一系列裁军条约，大量削减军费开支，部分地放弃了在外层空间的军备竞赛计划。各国普遍意识到长期的优势和竞争力来源于强大的经济基础和科技开发、获取能力，各国人民对发展经济、增强国力、改善生活质量的要求越来越强烈，超越意识形态、超越国界、超越地区的国际经济、科技交流日益频繁，以经济竞争为中心的综合国力的较量越来越激烈，跨国界、跨地区乃至全球的经济安全问题，如人口问题、环境问题、信息问题、粮食问题、能源问题、国际贸易问题等越来越成为世界各国关注的焦点。可以说，国家的安全的重点已从传统意义上的军事安全转变为经济安全。

就此而言，最直接的表现就是经济安全在各国总体安全战略中的地位日显突出。第一个将经济安全明确纳入国家安全战略之中的是美国克林顿政府。1993年2月，美国总统克林顿在美利坚大学演讲时明确提出："把贸易作为美国安全的首要因素的时机已经到来。"之后不久，由美国国防部发表的报告中，首先把对美国经济繁荣所造成的威胁称之为"经济危险"，与来自核武器和其他大规模杀伤性武器的危险同被列为对国家安全的主要威胁。同年11月，前国务卿克里斯托弗在向参议院外委会作证时将"经济安全"列于克林顿政府对外战略的首位，"经济安全"一词正式出现在美国官方外交政策文件之中。1994年，在白宫发表的国家安全战略报告中，将强大的经济实力、国防力量及全球的自由市场经济和民主人权列为美国外交政策的三大支柱。1995年2月，在题为"交往与扩大的国家安全战略"中，白宫再次强调通过对外经贸促进国内经济繁荣是美国安全战略的三大支柱之一。1999年12月，美国白宫新闻总署发表的《新世纪的国家安全战略》中，再次把增强美国的安全、保障美国的经济繁荣、促进国外的民主和人权列为国家安全战略的三个核心目标。

随后，越来越多的国家开始重视本国的国家经济安全。经济安全在各国安全战略中开始居于重要的位置。

1.1.2 国家经济安全是我国国家安全战略的核心部分

经济安全既是一个重大的理论问题，又是一个重大的实践问题。经济是社会的基础，没有经济安全就不可能有真正的国家安全。我国几代领导人也都从国家的兴衰、国家的根本利益和长远利益、国家发展战略来对待经济安全问题。

邓小平同志从维护国家安全的战略高度，视经济发展为国家的最高利益，突出了经济安全在当今国家安全中的重要地位。他反复强调发展问题是核心问题，"发展是硬道理"，经济发展是维持国家稳定和安全的有效手段。"中国能不能顶住霸权主义、强权政治的压力，坚持我们的社会主义制度，关键就看能不能争得较快的增长速度，实现我们的发展战略"。邓小平从理论上揭示了经济发展是中国当前的最大安全问题，揭示了发展经济、提高人民生活水平对国家安全的基础作用。

2013年11月12日，中国共产党十八届三中全会公报指出，将设立国家安全委员会，完善国家安全体制和国家安全战略，确保国家安全。习近平总书记介绍，国家安全委员会的主要职责是制定和实施国家安全战略，推进国家安全法治建设，制定国家安全工作方针、政策，研究解决国家安全工作中的重大问题。

2014年4月15日，习近平总书记主持召开中央国家安全委员会第一次会议并发表重要讲话。他强调，要准确把握国家安全形势变化新特点、新趋势，坚持总体国家安全观，走出一条中国特色国家安全道路。

习近平在讲话中指出，增强忧患意识，做到居安思危，是我们治党、治国必须始终坚持的一个重大原则。我们党要巩固执政地位，要团结带领人民坚持和发展中国特色社会主义，保证国家安全是头等大事。

习近平指出，当前我国国家安全内涵和外延比历史上任何时候都要丰富，时空领域比历史上任何时候都要宽广，内外因素比历史上任何时候都要复杂，必须坚持总体国家安全观，以人民安全为宗旨，以政治安全为根本，以经济安全为基础，以军事、文化、社会安全为保障，以促进国际安全为依托，走出一条中国特色国家安全道路。

美国学者布莱克认为，现代化本身就意味着打破旧传统的各种秩序，即破坏原有的社会稳定。而一个社会能否产生出建立和维持现代化与社会稳定之间调试关系的能力，是现代化成功的关键。国内有学者论证，今后的10～20年，经济增长和国家安全系数的反比关系可能达到最大值。因此，这个阶段必须特别注意经济结构转型的稳定性、外部竞争和破坏性因素的冲击、发展的可持续性、体制性腐败对政权合法性的威胁。市场化进程是国内结构变动最大、不稳定性概率最高的时期。这就是所谓“成长中的不安全”，许多发展中国家的现代化进程就是在这个阶段中断的。

同时，我国现有的经济增长模式，在人均资源要素占有率处于较低水平的国力条件下，我国长期处于一个“高投入、高增长、低产出、低效益”的增长模式。主要产业的单位产品（吨）的能耗、材耗指标比发达国家，甚至同等人均收入国家有很大差距；其中污染，特别是碳排放问题尤为突出，依目前减排规划，碳排放量在2035—2045年方可达到峰值，届时可能占全球碳排放量的50%。同时，由于经济持续快速增长和经济总量的扩大，中国原材料和关键设备的进口量明显增多，中国经济受国际市场波动影响的程度也在增大。面对不稳定的国际经济环境，我国经济安全发展，就必须转变经济增长方式，降低经济发展对能源、原材料等的进口依赖。英国《金融时报》首席经济评论员马丁·沃尔夫先生在文章中就指出：“资源密集型增长模式已触及极限，尤其是水资源，这种资源不是可直接交易的大宗商品。”

此外，我国在追求高速发展阶段出现了人口老龄化问题，而西方发达国家却是在完成工业化、经济高度发达的背景下才出现的。美国国际战略研究中心（CSIS）2004年4月的一份研究报告中认为，中国已成为世界老龄化程度最高、老龄化速度最快的国家之一，2040年60岁以上人口占总人口的比例将达到28%～31%。如果老龄化和失业并存，会使我国现有的劳动力供给优势变成劣势。要解决失业和养老问题，尤其需要经济的高速增长。这一高速消耗和高速增长之间的矛盾，构成了中国未来经济发展的内在钳制关系。同 21 世纪首个 20 年相比，2020 年以后经济增长的人口环境将更为不利。如果解决不好，未来中国经济就有可能陷入长期衰退的陷阱。[①] 因此，经济安全已经成为保持我国社会稳定的重要基础。

1.2 各国对经济安全问题的看法

迄今为止，国际上尚未对经济安全含义形成一致的认识，其原因是不同国家对经济安全含义的界定，往往受不同国情、不同国家战略目标所制约；即使是同一个国家，也会因不同时期、不同环境、不同发展阶段的影响，而改变对经济安全的看法。

1.2.1 不同国家对经济安全问题看法的差异

理性地看，各国因各自的利益、战略目标、基本国情以及经济发展阶段的不同，对国家经济安全问题的理解有较大的差异。

1.2.1.1 美国

美国所持的是一种凭借得天独厚的自然条件和经济技术优势“以自由市场经济为基础的”、开放式的经济安全观。

美国的经济安全观，同时强调谋求世界范围内的经济霸权。在考虑经济安全的时候，着眼点放在全球。他们认为，在新的全球经济中，“国外的事就是国内的事”；世界各地都有美国的经济利益需要保护；在世界经济中，美国必须发挥“领导作用”。冷战时期，美国将经济安全关注的焦点放在做西方经济的领头羊(尽管那时他们没有明确使用经济安全的概念)，确立自己的主宰地位；对中国及苏联等社会主义国家实行经济封锁、禁运和制裁政策；争夺和控制发展中国家的资源和市场等。冷战结束后，它致力于推广美国式的自由市场经济模式，支持原苏东国家的民主市场改革；实施“国家出口战略”和“新兴市场战略”，拓展国际市场；积极参与地区和国际经济合作组织，推动贸易、投资自由化，想方设法控制其对主要国际组织的主导权；用“治外法权”和“单边主义”行动对有“冒犯行为”的国家和公司进行制裁和报复等。

① 韩保江．正视中国经济可持续发展面临的挑战［N］．中国经济时报．2004 - 02 - 16.

1.2.1.2 俄罗斯

1993 年，俄罗斯政府明确提出了《俄罗斯联邦国家安全构想》，1996 年五六月又提出了“俄联邦国家经济安全战略（基本原则）”，2000 年 1 月进行了修订，明确提出“俄国家利益的实现必须基于经济的稳定发展，因此俄国家利益在这方面最为关键”。

考虑国内外环境，俄罗斯政府认为当前对本国安全的最主要威胁是“经济的危机状态”。将“国家经济的复苏，实行独立的、明确定位的经济发展方向”作为保障国家安全的主要问题之一，仅次于“维护国家主权、领土完整，宪政法制建设”。俄经济安全战略的目的，就是通过保障经济发展，为个人的生存和发展，为社会政治、经济和军事的稳定，为国家的完整，为加强俄在国际上的大国地位奠定基础。俄经济安全战略的完整体系由三部分组成：对威胁国家经济安全的内外因素和条件的判断和评估；符合经济安全要求的经济状况标准和参数；保障经济安全的政策措施和机制。

1.2.1.3 日本

遏制或排除外部经济或非经济威胁，是促使日本政府制定经济安全战略的主要动机。为此，日本将国家经济安全战略锁定在“保障海外能源、资源的稳定供应”和稳定与扩大“海外市场”，以及做出符合“经济大国”地位的“国际贡献”上。1982 年 4 月，日本“经济安全保障问题特别小组”指出：“经济安全战略是遏制和排除经济或非经济威胁的方略，是以经济手段为中心维护国家安全；全面理解国家经济安全战略必须树立综合观、全球观和全民观，建立相应的反危机体制。”

日本认为，它应不惜以政治、军事上的低姿态，换取较大的经济安全，以经济发展为中心，以较低的安全代价，获得经济的最大限度增长。

1.2.1.4 欧盟和东盟

欧盟和东盟国家力图以集团的力量和竞争力与其他国家抗衡，用地区优势和集团实力保障各自的经济安全乃至国家安全。它们既有共同的经济安全利益，如实现区域内贸易和投资自由化、加速经济一体化进程、实施联合开发项目等，又允许各国保持各自的经济安全利益。这种合作的最大特点是，在集团成员国的经济安全受到外部威胁和侵害时，能协调一致，联合起来抵制和反抗外部威胁。例如，近年来，欧盟不断强烈抗议并向 WTO 起诉美国“赫尔姆斯—伯顿法”，迫使克林顿政府三次推迟对该法有关条款的实施。

1.2.1.5 中欧、东欧等中小国家

这些国家在历史上曾依附于某个大国或集团。它们虽有独立意识，但缺乏独立的信心和能力。由于受地缘政治和地缘经济的制约，这些国家一般情况下不可能依靠自身力量保障本国的经济安全和其他安全。它们虽然有自己独立的发展战略，但往往指望某个大国或集团给予帮助或庇护，于是积极要求“回归欧洲”，谋求加入北约和欧盟就成了这些国家经济安全战略的一个重要组成部分。

1.2.1.6 发展中的大国

其中典型的是印度，它从国家的根本利益出发，努力创造有利的内外环境，逐步增强综合国力，争取在21世纪成为令人瞩目的经济大国和政治大国。印度相应提出了“以科技为先导，以教育为依托，以经济振兴为基础，以提升军事力量为后盾，以外交为保障”的国家经济安全对策。

1.2.2 各国在国家经济安全问题上看法的一致性

尽管不同国家对各自的（经济）安全战略的理解和表述有很大差别，但在一些基本原则上，许多国家仍存在基本一致的看法。

1.2.2.1 考察经济安全问题的五个基本观点一致

（1）国家利益观点。所谓经济安全，就是面对威胁能利用各种有效手段，捍卫国家利益，保障国家的经济稳定、发展和繁荣，使重大经济利益免受损失，使经济发展大局不被打乱，在国际竞争中能争取有利地位和良好的外部环境。

（2）综合观点。经济安全保障不能仅从经济方面考虑，还必须从影响经济安全的各个方面，如政治、外交、军事、文化等加以综合考虑。

（3）全球观点。各国经济相互依存度日益加深，单一国家保卫经济安全的力量已显不足，需要寻求双边和多边合作，来实现本国或区域的经济安全目标。因此，需要将一国的经济安全置于全球政治、经济框架内全面考虑。

（4）前瞻观点。世界经济正在进入以信息经济、可持续发展、知识经济及全球化为主要内容的“新经济”时代，国际经济关系酝酿着新的调整。因此，一国在制定国家经济安全战略时，必须周密考虑和正确判断世界经济发展态势。

（5）全民观点。要保障一国的经济安全，除中央政府要付诸努力外，还必须动员地方政府、企业和民间组织共同参与，建立相应的反危机体制，以消除对国家经济安全的内外冲击。

1.2.2.2 经济安全战略在国家安全战略中居于重要位置

正如前文提到的，冷战结束后，经济安全地位上升，开始成为各国国家安全战略中“不可分割的重要组成部分”。美国总统克林顿在其第一任期初期，即把“经济安全”置于对外政策三大支柱的首位，使美国传统的国家安全战略中军事、政治安全与经济安全之间的“主辅关系”发生了重大变化。反复修改的俄罗斯《国家安全构想》明确提出“保障国家安全应把保障经济安全放在第一位”“没有经济安全保障，就不可能解决国家所面临的国内和国际两方面的任何一项任务”。日本则强调“经济安全保障在综合安全保障体系中居于特别重要的位置”。

1.2.2.3 经济安全的坚实基础是本国的经济实力

国家的穷困是最大的不安全因素。一个国家维护自身经济安全的能力，主要由经济的生存力、竞争力，国家对本国国民经济重要部门的控制力和抵御内外威胁的能力等构成。如美国《国家安全战略报告》明确指出：“我们的经济利益和安全利益越来越不可分割……如果没有一个确保我们经济强大的战略，我们在世界上相对的经济地位以及自卫能力都将陷入危险的境地。”东南亚诸国更是从1997年发生的金融危机中深悟其道。

1.3 国家经济安全研究涉及的主要领域

习近平总书记在2014年4月15日召开的中央国家安全委员会第一次会议上指出，要构建集政治安全、国土安全、军事安全、经济安全、文化安全、社会安全、科技安全、信息安全、生态安全、资源安全、核安全等于一体的国家安全体系，这是国家安全涵盖的范畴和领域。就经济安全涉及的领域来说，不同国家的经济安全模型或经济安全战略研究方法和内容各有侧重，一般按照影响国家整体经济安全的显著程度，重点研究以下领域。

1.3.1 经济体制与国家经济安全

目前，不少国家着力研究如何为一国经济的持续增长提供良好的运行环境，包括经济体制环境。研究者通常认为，健全和适应力强的经济体制能够营造良好的经济发展内外环境，提高一国经济的竞争力，增强一国经济抵御外部干扰的能力。近几年来，日本、西欧等发达国家，韩国等新兴工业化国家以及拉美和原苏东国家，都在着手调整经济结构，改革经济体制。但就目前的趋势来看，市场经济体制在全球范围的扩散是不可逆转的，并且实事求是、渐近式的改革才可以避免一国经济的较大波动。

1.3.2 海上运输线与战略资源安全

一个国家的生存和发展，离不开战略性资源。从维护国家经济安全出发，战略资源的稳定供应和安全运输始终是国民经济正常运行的先决条件。特别是战略资源对外依存度较大的国家①，海上运输线就显得尤为重要。例如，日本的国家经济安全战略就明确指出："确保重要物资的稳定供应在经济安全保障方面具有生死攸关的重要性。"美国的国家经济安全四大目标之一就是"确保美国及其盟国和友好国家获得外国的能源和矿物资源以及对海洋和太空的使用"。亚洲新兴工业经济体和东盟诸国也非常重视海外能源和资源的稳定供应及海洋开发问题。这些国家和地区普遍认为，在特定条件下，国家安全的主要威胁会由国内转向国外、由陆上转向海洋，今后要维护一国的经济安全，促进一国的经济发展，一是需要保障海外能源资源的稳定供应和市场的获得；二是需要开发海洋资源；三是需要保障海上战略通道的畅通无阻。

1.3.3 主导产业、新兴产业与国家经济安全

主导产业的运作是一国国民经济运行的主要内容和形式，主导产业的发展，是一国经济发展的主要动力。主导产业的发展状况，最能反映出各国经济实力的差距。而新兴产业中不少有可能成为未来的主导产业，经济全球化的背景决定了一国政府如能正确引导和扶持某些新兴产业，必将对该国未来在国际市场和事务中的竞争力和发言权产生重要的影响。世界经济近几十年的发展经验已经证明：凡能正确确立主导产业，并能及时培育新兴产业的国家，最终都获得了强大的经济竞争力和发展后劲。如在 20 世纪六七十年代，日本将汽车、钢铁等重化工业确定为主导产业，并大力加以扶植，从而使该国经济得到快速发展。进入 20 世纪 90 年代后，美国抓住电子、生物工程、电信技术等新兴产业，加大政策引导与扶持力度，以高科技取胜，率先迈向信息经济，又重新回到了西方经济"火车头"的地位。

1.3.4 财政、金融、外贸与国家经济安全

财政、金融是一国经济的"血液循环系统"，是资源和信息配置的中介，对于一国经济的健康运行和资源的有效利用，有着极为重要的作用。一般来看，一国的财政、金融也是其宏观经济运行的"晴雨表"和"调节器"。因此，财政、金融领域历来被各国政府视为稳定经济发展大局的重要领域，作为制定宏观经济政策的重点对象。值得注意的是，20 世纪 70 年代以来，特别是各国市场的开放以及信息技术和金融工程技术的发展，国际金融市场成

① 造成一国在战略资源方面对外依存度较大的原因主要有：国内自然条件的限制（如日本）；或者国家出于长期战略发展的考虑（如美国）。

为最不稳定的市场因素，直接对某些区域经济形成明显的冲击。例如，拉美国家和东南亚国家先后发生的金融危机，都直接危害了相关国家的经济运行与发展。另外，不少转轨国家或发展中国家，由于过快、过早地开放本国市场，再加上财政制度缺陷所积累的巨额赤字，引发了财政危机、金融危机，以致全面的经济危机。例如，俄罗斯 1998 年的国债偿还危机，导致了全球性的金融动荡。所以，目前很多国家都把经济安全研究的重点集中到金融和财政安全的监测和预警方面。

1.3.5 海外市场与国家经济安全

在经济日趋全球化的背景下，无论是发达国家，还是新兴的工业化国家、发展中国家，甚至转轨国家，都不同程度地参与国际分工。海外市场成为一国国家经济系统的重要组成部分，而且国际市场也是各国经济利益直接发生碰撞和冲突的场所，如垄断与反垄断、歧视与反歧视、倾销与反倾销、控制与反控制、制裁与反制裁，以及敌对政府之间在各自势力范围内对对方的相关经济利益采取的非常措施，例如冻结或没收对方在其境内的资产等，都会直接威胁一国国内经济体的利益。所以，海外市场也是不少国家在经济安全研究领域的重要内容之一。特别是在全球一体化的背景下，各国的经济利益中心有向世界市场转移的趋势。无论是微观企业还是宏观产业，当规模发展到一定程度，国内市场饱和之后，或者出于竞争战略的需要，最终都需要向海外渗透。另外，对国外经济的渗透还会为本国赢得经济利益以外的战略优势。因此，工业化国家都十分重视保护本国在海外市场的利益，同时重视保持在本国市场中相对的独立自主能力。典型的例子是日本，该国政府基于本国国土资源狭小、人口稠密、资源匮乏、市场有限这一基本国情，认为只有利用日本的"人力和智力资源换取海外的自然资源和市场"，走科技及贸易立国道路，日本经济才能真正自立、自强，才能追赶欧美。进而日本政府与企业强调，发展并扩大出口贸易是日本对外政策的"基轴"。

1.3.6 科技教育、经济竞争力与国家经济安全

目前，不少国外学者认为，国家经济安全涉及的是一国整体的根本性利益。提高一国经济的竞争力，才能增强该国经济抵御国内外各种力量、因素干扰和侵袭的能力。因此，一国的经济竞争力也是各国国家经济安全战略关注的核心问题之一。例如，20 世纪 80 年代后期，美国政府在《国家安全战略报告》中即明确强调，"促进美国经济的强大、繁荣和具有竞争力"是美国国家安全战略的"中

心目标”。日本长期以来一直将发展经济视为国家经济安全战略的首要任务，将在经济科技上“赶超欧美”作为国家经济发展战略的最高目标；认为保障经济安全最为有效的措施，就是增强一国国内的经济实力和国际竞争力。风光一时的亚洲“四小龙”和东盟国家均将振兴经济、增强企业竞争力置于国家经济安全的范畴。

1.3.7 可持续发展与国家经济安全

进入 20 世纪 90 年代后，在一些国家的经济安全战略中增添了一个新的领域——可持续发展，即力求实现一国国民经济与人口、资源、环境的协调发展。作为一种发展目标和模式，这一思想逐步被世界各国普遍接受，并作为著名的“21 世纪议程”，列入不少国家的“整体发展战略”之中。“可持续发展”的核心是环境、资源与发展的关系问题。这一课题涉及各地区乃至全球发展的各个方面。

1.4 关于本书

1.4.1 研究出发点

国家经济安全既是经济问题，也是政治问题。关于外资流入对发展中国家经济安全的研究，本书从根本上将其定义为经济问题研究，这样研究的角度就回归到经济问题的本质，即资源配置和资源效率。

从经济的角度看国家经济安全问题的意义在哪里呢？在开放经济条件下，国民收入的循环流动要经过国外部门，资金的流动、产品的流动、收入的实现都需要经过国际市场，经济的稳定、经济结构的平衡、资金的流动问题势必影响到国家经济安全问题。在众多的因素中，国际资本的投资流动、国际企业和产业技术的转移、市场占领和分割对于一国的经济安全影响最大。可以看到，这一系列问题都与对外开放和外资流入，尤其是外国直接投资（Foreign Direct Investment，FDI）直接相关，因此研究外资流入与国家经济安全的问题也由此产生。

在国家经济安全研究中，由于综合国力不足，绝大多数的发展中国家对国家经济安全的关切更多。同时绝大多数的发展中国家在发展过程中存在资金缺口，对外来资本的依赖较重，因此外资流入对发展中国家经济安全的影响较大。国家经济安全问题的研究在我国受到重视始于 1994 年的“谁来养活中国”的“布朗预言”[①]，受到普遍重视则是在 1997 年的东南亚金融危机之后。

从不少国家的经验和教训中可以看到：如果一国经济体系不健全，即使由于一时的有利条件或者正确的政策得到快速发展，这种经济体系也是脆弱的，极易在受到某些外部冲击后，使整个国家的经济安全状况迅速恶化，甚至会导致一国政局的动荡。如何准确评价一国的国家经济安全状况？我国经济存在哪些安全问题？需要用什么方式防止经济安全状况的不利变化？这些都是国家经济安全研究需要回答的问题。

1.4.2 本书的结构与基本结论

从经济运行和发展的现实来看，一国短期的经济安全问题主要是金融安全问题；一国中期的经济安全问题主要是产业安全问题；一国长期的经济安全问题主要是制度和文化因素对于一国经济可持续发展的影响。

1.4.2.1 本书基本结构

本书就外资流入对发展中国家经济安全的影响主要集中在中短期分析，也就是集中在外资流入对金融和产业安全的影响层面上。

本书包括导论部分共有九章。其中，第 1 章和第 2 章主要介绍国家经济安全的概念、国内外的主要研究成果以及影响发展中国家经济安全的主要因素；第 3 章和第 4 章是本书的第一个重点，运用量化分析的方法，分别从中观层面和宏观层面就外资流入对发展中国家经济安全的影响进行实证分析；第 5 章和第 6 章是本书的第二个重点，分别就 FDI 对我国产业和金融安全问题进行了实证分析；第 7 章介绍了其他发展中国家维护经济安全的主要政策与手段；第 8 章从影响因素、思路对策和法制建设三个方面阐述了如何实现中国的产业安全、金融安全和经济安全；第 9 章阐述了为维护我国经济安全所做的思考。

其中，中观层面的分析主要集中在产业层面，选取的产业集中在服务业、制造业和农业。关于中观影响，主要围绕产业安全的角度，确定了一些休现产业竞争力、产业对外依存度和产业控制力的指标，着重分析外资流入对于产业的竞争力和产业的对外依存度这两个指标的影响。在产业选择方面，主要在于服务业、制造业和农业。从国家层面，选择亚洲“四小龙”“四小虎”和“金砖五国”[②]

---

① 布朗预言：1995 年，美国环境分析师布朗（Lester Brown）在他的《谁来养活中国》一书中曾预言，中国的粮食进口将大幅度增加，因而也将促使粮食价格的大幅度提高。

② “四小龙”国家：指亚洲经济极为发达的四个国家和地区，即韩国、中国香港、中国台湾、新加坡；“四小虎”国家：指四个亚洲新兴国家，即泰国、菲律宾、马来西亚、印度尼西亚，“金砖五国”：指巴西、俄罗斯、印度、中国和南非。

进行分析，主要考虑这些国家吸引的外资在发展中国家占的比重比较大，而且他们的发展对中国也有很好的借鉴作用。

宏观经济运行的四大目标是持续的经济增长、稳定的价格水平、较低的失业率以及国际收支平衡。关于宏观影响，在实证方面主要从宏观政策目标角度来分析，也就是从通货膨胀、经济增长、国际收支（可以体现金融的波动）以及就业角度来分析。同时，本书也分析了外资对产业结构的影响，主要是对三大产业，农业、制造业和服务业的影响。

当涉及"发展中国家"这一概念时，研究对象主要集中在外资流入较多的国家，包括亚洲"四小龙"、亚洲"四小虎"和"金砖五国（BRICS)"，选取这些考察变量主要是考虑到其研究结果对我国的借鉴意义。

1.4.2.2 本书主要结论

本书以实证研究为主要的研究方法，涉及外资流入对发展中国家中观和宏观层面经济安全的影响以及对我国产业和金融安全的影响。通过实证分析，得出了一些比较客观的结论：

（1）产业的国际竞争力越高，产业的对外依存度越低，那么这个国家产业安全的程度就越高。综合来看，当外资流入达到一定规模后，发展中国家或地区的农业和服务业的国际竞争力降低而制造业的国际竞争力上升；而农业、制造业和服务业的对外依存度却都会呈现下降趋势。但具体到个体国家或地区分析，却凸显出不同的问题。

（2）外资的流入对发展中国家宏观经济目标的实现带来一定的促进或阻碍作用，这一作用的产生和外资引入的规模以及经济发展阶段紧密相关。

（3）对发展中国家来说，外资引入存在最佳规模。这意味着，引入的外资规模一旦超过一定幅度后，将会导致宏观经济目标转向相反的方向。所以，对于发展中国家或地区来说，在到底选择以什么样的宏观经济目标为发展核心时，也要关注本国引入的外资规模，这对宏观经济目标的实现会带来深远的影响。

（4）综合看来，随着FDI的增加，我国农业竞争力会降低；而在FDI流入达到一定规模之后，我国的制造业竞争力会增加，服务业竞争力会下降。而同时随着FDI流入的增加，我国产业对外依存度会增加；但是当FDI流入达到一定规模时，我国的制造业和服务业对外依存度会逐渐减少。但针对具体的产业，可以发现更多的问题。

（5）长期来看，外汇冲销操作短期有效，长期无效。因此外汇储备增长对基础货币供应量有着正向影响；基础货币供应量增长引起了消费者价格指数的上涨，即产生了通货膨胀效应。

(6) FDI大规模地进入促进了我国国际贸易的快速发展，在一定程度上增强了中国国际贸易的竞争力，并较大幅度地增加了我国国际收支的平衡力，但我们也无法忽视一个事实，FDI对于我国企业在对外贸易规模扩大的情况下所获得的实际利益分配却在不断下降。

(7) 外资的累积过度会带来货币汇率冲击，由储备因素引发的基础货币增量对我国的利率、通货膨胀等产生了极大的影响。

2 国家经济安全

军事安全、政治安全和经济安全是国家安全的三大要素。冷战时期，美国和苏联均将军事安全置于国家安全战略的首要地位，经济安全从属于军事安全，经济服从于军备竞赛的需要。冷战结束后，美、俄等国均先后调整了国家安全战略。经济安全地位上升，开始成为各国国家安全战略中“不可分割的重要组成部分”。20 世纪 90 年代初期，美国时任总统克林顿在其第一任期之初，曾把“经济安全”置于对外政策三大支柱的首要位置，使美国传统国家安全中军事、政治安全与经济安全之间的“主辅关系”得以改变。

1997—2010 年，这 10 多年间，全球多次爆发金融危机。1997 年亚洲金融危机对东南亚国家的经济造成了重创，导致了不可估量的巨大损失，且其负面影响也波及世界其他国家。2007 年之后始于美国次贷危机而逐渐波及全球的金融危机，则沉重地打击了包括最发达资本主义国家在内的全球经济，造成了其经济的全面衰退，这种负面的影响至今都尚未消退。与此类似的还有一些区域性的金融危机，比如发生在南美的墨西哥金融危机和阿根廷金融危机、南非金融危机、俄罗斯金融危机等。这些区域性和全球性的金融危机、经济危机引发了各界对全球化和国家经济安全更深层次的关注和思考。

2.1 国家经济安全的内涵与特征

美国学者 W. 哈德逊在《为了所有人的经济安全：如何消灭美国的贫困》(1996 年) 一书中指出[①]，经济安全不仅涉及就业机会和工资收入，还包括消除贫困和改善种族关系等。联合国妇女发展基金会在呼吁改善妇女地位时也经常会使用经济安全的提法。D. 罗德里克在分析拉美经济改革对就业和社会发展的影

① Wade Hudson. Economic Security of All：How to End Poverty In the United States，Economic Security Project，1996.

响时，提出"经济不安全"的观点[1]。他认为拉美"经济不安全"的根源是就业得不到保障，家庭收入不稳定，资本流动动荡不安，稳定化与实际经济脱节以及政治参与不够等。早在1968年，R. 麦克纳马拉（曾任美国国防部部长和世界银行行长）就在其《安全的本质》一书中指出，美国的安全不仅依赖军事安全，而且必须取决于经济的发展和稳定。[2]

首先在官方文件中使用经济安全这一概念的是日本在1980年发表的《国家综合安全报告》。该报告将经济安全与军事安全并列为国家安全的组成部分。[3] 冷战结束后，美国首先将经济安全作为其外交政策的三大支柱之一。此后，俄罗斯和一些欧盟成员国也先后调整了国家安全战略，加强对经济安全的维护。

2.1.1 国家经济安全的内涵

2.1.1.1 国内外对国家经济安全的界定

国内外学术界都对国家经济安全的内涵进行了界定。国内对国家安全的界定主要有三种。国外对国家经济安全的界定主要有两种。

1. 国内对国家经济安全的界定

（1）状态论。例如，史忠良认为："国家经济安全是指在经济全球化条件下，一国经济发展和经济利益不受到外来势力根本威胁的状态。它具体体现在国家经济主权独立，经济发展所依赖的资源供给得到有效保障，经济的发展进程能够经受国际市场动荡的冲击等。"

（2）状态与能力并重论。例如，柳辉认为："经济安全是指在开放的经济条件下，一国为使国民经济免受国内外各种不利因素干扰、威胁、侵袭、破坏而不断提高其国际竞争力，从而实现可持续发展、保持经济优势的状态和能力。"陈德照认为："经济安全是指国家生存与社会经济发展处于不受威胁和干扰的状态。它涉及国家的经济主权、重大经济利益、发展以及抵御重大经济风险的能力。"

（3）风险防范论。例如，张幼文认为："国家经济安全更多是指一国如何防

① Dani Rodrik，Economic Security in Latin America Cutting Across Class Lines，http://drclas.fas.harvard.edu/publications/revista/economy/rodrik.htm.

② 江时学．金融全球化与发展中国家的经济安全——拉美国家的经验教训［M］．北京：社会科学文献出版社，2004.

③ Rodert W. Barnett. Beyond War：Japan's Concept of Comprehensive National Security，Pergamon — Brassey's International Defense Publishers，1984.

范短期冲击引发经济大幅度波动，如何防范国民财富突然大量流失的问题。”

2. 国外对国家经济安全的界定

在国外，对国家经济安全的界定至少有两种。

(1) 状态论。例如，俄罗斯自然科学院院士维·康·先恰克夫认为：“经济安全是指一国在世界经济一体化条件下保持国家经济发展的独立性，所有经济部门稳定运行，公民具有体面的生活水平，社会经济稳定，国家完整，各民族文化具有自己的独特性。”

(2) 状态与能力并重论。例如，美国著名国际关系学者罗伯特·吉尔平将经济安全定义为“经济竞争力及其带来的相应的国际政治地位和能力”。①

总体上来看，国内外学者对国家经济安全概念内涵的表述虽然各有侧重，但是有一些共同之处：一是强调全球化和开放经济环境的背景；二是强调国家根本的经济利益不收侵害；三是强调竞争力。

因此，国家经济安全，是指经济全球化时代一国保持其经济存在和发展所需资源有效供给、经济体系独立稳定运行、整体经济福利不受恶意侵害和非可抗力损害的状态和能力。

2.1.1.2 国家经济安全的集中体现

总体来看，国际经济安全集中体现在以下几个方面：

(1) 国家经济主权保持独立。经济主权不仅表现在领土的管辖与治理，而且在全球化下更主要地体现了主权国家对国内经济事务的自主决策。独立自主决策是国家经济安全的关键。

(2) 自然环境能够得到合理保护，正常的资源需求得到稳定供给，经济发展所依赖的市场得到有效保障。

(3) 国家内部社会矛盾缓和，政治安定，经济基础稳定与持续增长。

(4) 社会总供求大致平衡，经济结构协调合理，支柱产业的国际竞争力不断增强。

(5) 国际经济、政治秩序相对有利，不存在对国家政治、经济构成直接威胁，经济发展的进程能够经受国际经济动荡的冲击。

(6) 企业的国际竞争力。

(7) 政府的宏观调控与治理能力。

国家经济安全不仅体现在微观方面的国民、企业与中观行业的竞争力，而且更重要的反映在政府的宏观调控与治理能力，集中体现在货币与财政政策独立有

① 中国现代国际关系研究院经济安全研究中心．国家经济安全［M］．北京：时事出版社，2005.

效运用。[①] 国家经济安全也不是国家一般的经济利益不受内部和外部因素的破坏和威胁的状态，而是指重大的特别是根本的经济利益没有受到破坏和威胁的状态。赵英认为："能够提到国家经济安全层面来认识，并由政府制定公共政策，甚至采取强硬手段予以支持的，只能是国家经济利益体系中的重大国家经济利益。"[②] 雷家骕认为："国家经济安全指一国作为一个主权独立的经济体的最为根本的经济利益不受伤害"，[③]"鉴于一国最为根本的经济利益主要表现为经济主权独立、基础稳固、稳健增长、充分就业、科技进步、持续发展。其中经济主权独立、基础稳固、稳健增长又可进一步表述为在国际经济生活中具有一定的自主性、自卫力和竞争力；充分就业、科技进步、持续发展又可进一步表述为能够避免或化解可能发生的局部性或全局性的经济危机，不至于因为某些问题的演化而使整个经济受到过大的打击和（或）损失过多的国民经济利益。"[④]

2.1.2 国家经济安全的特征

国家经济安全有其相应的特征。这些特征主要来自国家经济安全是国家安全的重要组成部分。[⑤]

2.1.2.1 国家性

国家经济安全强调的是一国经济整体上安全，而不是某一部分或某些领域的安全，可以分为战略资源安全、重要产业安全、金融安全、财政安全等。在一个国家，代表国家利益的中央政府是维护国家安全的主体。

2.1.2.2 根本性

国家经济安全强调一国最为根本的经济利益不受伤害。最为根本的经济利益包括一国的经济主权独立、国民经济基础稳固、经济运行稳健、居民充分就业、社会科技进步和经济可持续发展。

2.1.2.3 战略性

经济安全强调一国经济在较长时期内的生存和发展，所以其本身就是一种战略观。如前所述，一国经济安全往往带有本国主观上的某种战略目标追求，都将维护国家经济安全作为国家的战略利益，将维护国家经济安全作为国家整体战略

---

① 维基百科。

② 赵英．政府采购与国家经济安全［J］．政府采购信息报．2006-12-14.

③ 雷家骕．关于国家经济安全研究的基本问题［J］．管理评论．2006（7）.

④ 雷家骕．国家经济安全：理论与分析方法［M］．北京：清华大学出版社，2011.

⑤ 中国现代国际关系研究院经济安全研究中心．国家经济安全［M］．北京：时事出版社，2005.

的组成部分。

2.1.2.4　基础性

在国家综合安全体系中，国家经济安全是政治安全、国防安全、文化安全的基础，即所谓经济基础决定上层建筑。

2.1.2.5　国别性

国家经济安全对于不同国家来说，具有不同的含义和特征。对于同一国家，国家经济安全的内涵、意义和地位也会随着时代的不同而变化，原因在于国家经济安全与该国所处的经济发展阶段、所实行的经济制度、所置身的国际经济环境等都与国家经济安全存在高度的相关性，而不同国家之间恰恰在这些方面存在着较大的差别。

2.1.2.6　复杂性

国家经济安全是个巨型复杂系统问题，一是总体上看，国家经济安全涉及战略资源、能源、产业、财政、金融等多个领域的安全，这些领域之间存在复杂的相互依存关系；二是每个领域的安全都由众多因素决定；三是一国要维护本国的经济安全需要综合运用经济的、政治的甚至军事的手段，需要政府及民间的共同努力，但期间又会遇到各种利益集团的干扰，甚至阻击。

2.1.2.7　强调危机管理

在全球竞争时代，任何国家都存在本国经济陷入某种不安全的状态的风险。因此，为防范和应对可能发生的经济不安全，危机管理成为国家经济安全领域十分重要的课题。与国家经济安全相关的危机管理，包括三个层面：一是为防范可能发生的经济危机，需要建立相关的危机预警机制；二是当经济危机发生时采取有效的行动，需要提前制定相关危机应对预案，将可能造成的经济损失减少到最低程度；三是在危机过后，需要进行后危机管理，以消除已经发生的经济危机的后续影响，并为应对今后可能发生的新危机做好准备。

2.2　国家经济安全的评价指标

对一国的经济安全态势进行监测预警，首先需要设计一套符合该国国情的国家经济安全态势评级指标体系，通过应用指标体系的综合分析来正确评价、判断一国经济安全的状态和趋势。本节将主要介绍叶卫平关于国家经济安全的一级指标和二级指标设计以及雷家骕的国家经济安全基本指标体系框架。

2.2.1 国家经济安全评价的一级指标[①]

重大的特别是根本的国家经济利益主要是指那些事关一个国家的经济前途和命运的战略利益，而能够对它们构成严重威胁的莫过于基本经济制度、经济主权受损和经济危机发生这三个主要方面。

2.2.1.1 基本经济制度

基本经济制度是把国家经济安全与国家经济发展区分开来的重要一级评价指标。郑通汉认为："国家经济安全问题是个制度问题。"[②] 西方制度经济学家在研究国家经济安全问题时，也按照他们的价值观，把"自由在未来不会遭受侵害"[③] 作为一个重要标准。经济制度是占统治地位的生产关系的总和。

2.2.1.2 经济主权

经济主权是国家主权在经济领域的反映，对内主要表现为经济发展方针、政策的自主制定权、经济活动的管辖权、重要资源和战略产业的控制权等，对外主要表现为国际经济秩序的平等制定权、国际市场的自由利用权等。

（1）经济主权是把国家经济安全与国家经济发展区分开来的又一种一级评价指标。因为当一国经济主权受到侵害时，该国经济往往仍然在发展，甚至因为外资大量涌入而出现一时的繁荣。例如，20 世纪 80 年代的拉丁美洲国家依附型经济发展模式通过盲目引进外资发展经济，一度取得了高速度的经济增长，但却付出了经济主权受到较大损害的代价。这些情况表明，经济发展不等于经济安全，如果一国经济主权受到严重损害导致经济不安全，迟早会影响其经济发展。

（2）把经济主权作为国家经济安全独有的一级评价指标，有利于把国家经济安全与区域经济安全和产业安全区别开来。区域经济安全一般不涉及经济主权问题；非战略产业安全较少涉及经济主权问题，战略产业安全涉及经济主权问题但不能独自维护它。例如，应对国际经济禁运和封锁就不是某个具体产业或企业力所能及的，它属于国家经济安全甚至国防安全的范畴。再如，粮食和石油在产业安全的视角下，主要是一般商品，但在国家经济安全的视角下却主要是公共品甚至是国防公共品。[④] 这两种不同的视角使同样的产业安全具有不同的评价标准。同样，金融安全在国家经济安全与产业安全的不同视角下也有所不同。在国家经

---

① 叶卫平．国家经济安全定义与评价指标体系再研究［J］．中国人民大学学报．2010（4）．

② 郑通汉．经济全球化中的国家经济安全问题［M］．北京：国防大学出版社，1999.

③ 柯武刚，史漫飞．制度经济学：社会秩序与公共政策［M］．北京：商务印书馆，2000.

④ 叶卫平．国家经济安全的三个重要特性及其对我国的启示［J］．马克思主义研究．2008（11）．

济安全的视角下，由于考虑到战争因素，因此，会更加关注国外金融资产的“拿得到”和“用得了”的问题。

2.2.1.3 经济危机

经济危机风险状况也是国家经济安全独有的一级评价指标，因为经济危机意味着经济发展的暂时中断。经济危机风险状况指标还把国家经济安全与国家经济稳定区别开来。国家经济安全在内涵上指的是一个国家经济战略利益的无风险或低风险的状态，主要表现为基本经济制度和经济主权没有受到严重损害，导致经济危机的风险处于可控状态。这一定义及一级评价指标体系的再选择，使我们能够较好地把国家经济安全的概念同国家经济发展、国家经济稳定以及区域经济安全、产业安全等区别开来，从而为二级评价指标体系的再选择奠定基础。

2.2.2 国家经济安全评价的二级指标

除了定义方式和内涵方面的原因外，国家经济安全的评价指标体系一方面容易与国家经济发展或者经济稳定相混淆；另一方面还同经济主权安全状况和经济危机风险状况下的二级评价指标与国家经济发展或者经济稳定之间存在着联系。下面将分别展开分析。

2.2.2.1 经济主权安全状况下的二级评价指标

经济主权安全状况下的二级评价指标主要包括：

（1）经济方针、政策的自主制定率。它可以测度一国自主决定本国经济发展方针的状态。

（2）重要国际经济组织的投票权重。它可以测度一国是否能够平等地参与国际经济秩序的制定。

（3）重要海峡无危险通过率。它可以测度一国自由利用国际通道的程度。

（4）重要资源的外资勘探率和开采率。它可以测度一国有效掌握自己重要资源的状态。

（5）战略产业中的外资比重。它可以测度一国有效掌握自己战略产业的程度。

（6）被歧视性反倾销率、被歧视性反补贴率、对外投资的非国民待遇率。它们可以测度一国自由利用国际市场的状态。

上述指标中，有效掌握本国战略产业的指标似乎与国家经济发展或者经济稳定中的垄断程度指标相重合，但实际上，它们之间有较大的不同。

因为反垄断规范的对象不仅是外资企业，也有内资企业，维护的是国内市场的竞争秩序，而国内市场竞争秩序与国家经济安全不是同等的概念。因此，尽管美国先后颁布了《谢尔曼法》《克莱顿法》《联邦贸易委员会法》《哈特·斯考特·罗迪诺反托拉斯改进法》等反垄断法，但仍然于1988年通过了修正《1950年国防生产法》第721条的《艾克森－弗罗里奥国家安全法案》，2007年又通过了《外国投资与国家安全法》。再如，自由利用国际市场的指标似乎与国家经济发展或者经济稳定中的进出口和投资、引资指标相重合，但细分下去仍然是不同的。国家经济安全中的"自由利用国际市场"主要不是从进出口和投资、引资数额方面来评价，而是通过被歧视性反倾销率、被歧视性反补贴率、对外投资的非国民待遇率等二级评价指标来判别的。而自由利用国际通道的二级评价指标更是国家经济发展或者经济稳定中所没有的，因为从一般的进出口额上分析问题，能否自由利用国际通道的因素已经被抽象化了。

此外，可以考虑将有效掌握自己的重要资源、有效掌握自己的战略产业、自由利用国际市场这三个指标合并，设立GNP综合性指标。该指标作为一国国民在本土内外的所有产值，可以较好地反映外资对该国重要资源、战略产业的控制情况以及该国国民在国际市场遭受歧视的情况，而GDP指标在这些方面是无能为力的。

2.2.2.2 经济危机风险状况下的二级评价指标

经济危机风险状况下的二级评价指标主要包括：

(1) GDP负增长率。因为经济危机本质上是生产过剩的危机，GDP负增长是其最重要的表现。

(2) 采购经理指数、失业率。这两项指标可以进一步测度经济危机对企业和就业的损害程度。

(3) 社会固定资产投资负增长率。这也是经济危机的重要表现，因此，扩大对社会固定资产的投资成为政府应对经济危机的重要措施。

(4) 财政赤字率。经济危机爆发后，政府采取各种扩大公共开支的措施，势必造成或者加大财政赤字率。相对于前几个指标虽然有时滞性，但财政赤字率提高却是经济危机发生后的普遍现象之一。

(5) 通货膨胀率。财政赤字率增加、税收减少，一般会促使政府采取通货膨胀的措施。2008年国际金融危机全面爆发后，一些已无利率可降的西方发达国家中央银行实行的所谓"定量宽松"政策，就是实施通货膨胀的委婉说法。

(6) 物价指数。通货膨胀与物价上涨虽然不是同一个概念，但后者是前者最为直接的结果。

(7) 金融资产缩水率。在全球化时代，虚拟经济迅速膨胀，经济危机越来越表现为金融危机，因此，金融资产缩水已经成为现代经济危机最重要的现象之一。

（8）贸易收支赤字率、资本收支赤字率。这两项指标对一些加工贸易型的国家受国际经济危机影响的程度具有很好的指示作用。

（9）外汇资产安全率、外债偿付安全率。这两项指标可以测度经济危机对一些外向型国家的损害程度。

虽然上述评价指标与国家经济发展或者经济稳定有一些重合，但是它们之间的阈值是不同的。

如果说经济发展的阈值是“微起微落”，经济稳定是“小起小落”，那么，经济危机则表现为“大起大落”。因此，在指标方向设计上，经济发展基本上是正指标，经济稳定以正指标为主，而经济危机则以负指标为主。另外，经济发展或者经济稳定除了重合指标外，也有许多经济危机所不具有的评价指标。

通过对国家经济安全定义和评价指标的再选择，可以将国家经济安全的两级评价指标体系概括于表 2-1。

表 2-1　　国家经济安全的两级评价指标体系

一级评价指标	权重	评价方式	二级评价指标	权重
基本经济制度安全状况		定量	所有制结构	
			分配结构	
经济主权安全状况		定量	经济方针、政策的自主制定率	
			重要国际经济组织的投票权重	
			重要海峡无危险通过率	
			重要资源的外资勘探率	
			重要资源的外资开采率	
			战略产业中的外资比重	
			被歧视性反倾销率	
			被歧视性反补贴率	
			对外投资的非国民待遇率	

续 表

一级评价指标	权重	评价方式	二级评价指标	权重
经济危机风险状况		定量	GDP负增长率	
			采购经理指数	
			失业率	
			社会固定资产投资负增长率	
			财政赤字率	
			通货膨胀率	
			物价指数	
			金融资产缩水率	
			贸易收支赤字率	
			资本收支赤字率	
			外汇资产安全率	
			外债偿付安全率	

在表 2－1 的基础上，还有以下一些问题需要进一步研究：

1. 国家经济安全评价指标体系的完整性与全面性的关系需要进一步研究

完整性指的是面面俱到，全面性指的是涵盖了评价指标体系的主要方面，但不是方方面面。表 2－1 中的二级评价指标涵盖了国家经济安全评价的主要方面。未来应根据国家经济安全实践的需要，进一步补充能够提高主要评价方面精确度的指标，但不应该追求面面俱到，因为“预警指标过多，不仅会耗费大量的人力、物力和财力，延长预警周期，难以及时预警，而且还会降低预警效率，降低预警的可行性，难以达到预警的目的”。①

2. 国家经济安全的两级评价指标体系的权重确定

确定多指标权重的方法大致有两种：

（1）两级评价指标体系分别采用不同的权重确定方法。第一级评价体系的指标少，可以采用主观赋值法特别是专家打分法来确定它们之间的权重。一般来说，一个国家在未开放条件下，内源性风险大于外源性风险；在开放条件下，外源性风险则要大于内源性风险。因此，俄罗斯 1996 年 10 月公布国家经济安全指标体系时，由于既没有加入世界贸易组织，又深深陷入苏联解体后的经济危机

① 年志远，李丹．国家经济安全预警指标体系的构建［J］．东北亚论坛．2009（6）．

中，因此，24 个指标中只有 6 个是外源性风险指标，其余都是内源性风险指标。

反之，美国政府虽然没有完整的国家经济安全定义，也没有关于国家经济安全的专门法律，但它却通过《2007 年外国投资与国家安全法》等法律明确认定国家经济安全的威胁来自外国投资。我国加入世界贸易组织后已经进入了全面对外开放时期，因此，我国领导人更多的是从外源性风险方面来论述国家经济安全的。胡锦涛同志说："我国对外开放面临的内外条件正在发生深刻变化，既为我们扩大对外开放、推动经济又好又快发展提供了良好机遇，也对我们在日趋激烈的国际竞争中牢牢掌握我国发展的主动权、切实维护国家经济安全提出了严峻挑战。"[①] 而第二级评价体系指标数量多，则一般应采用因子分析法等客观赋值法来确定它们之间的权重。

（2）两级评价指标体系都采用客观赋值法来确定各自的权重。例如，先以因子分析法等客观赋值法处理第二级评价指标的原始值，计算出它们的各自权重和得分值；再以第二级评价指标的综合得分值为第一级评价指标的原始值，运用因子分析法等客观赋值法计算出它们的各自权重。

然而，不管采用哪种方法，都应该看到，专家打分法容易受主观经验的影响，客观赋值法在处理多指标的权重上仍然有局限性。

2.2.2.3 国家经济安全态势评价指标体系框架

在建立和选取一国的国家经济安全态势监测指标时，应该注意考虑准确性和适用性、系统性和层次性、全面性和实用性、定量和定性指标相结合的四大原则。

国家经济安全态势监测预警的对象主要有四个，即国内经济领域的安全现状、趋势和问题，国际经济领域的安全现状、趋势和问题，一国经济整体上抗风险的能力，发生重大冲突的可能性及其对于国家经济安全的影响。因此，基本的指标体系框架也应从这个四个方面来考虑，如图 2－1 所示。[②]

① 胡锦涛强调：坚定不移地实行对外开放的基本国策，http：//www.gov.cn/ldhd/2007－09/29/content－765298.htm.

② 雷家骕．国家经济安全：理论与分析方法［M］．北京：清华大学出版社，2011.

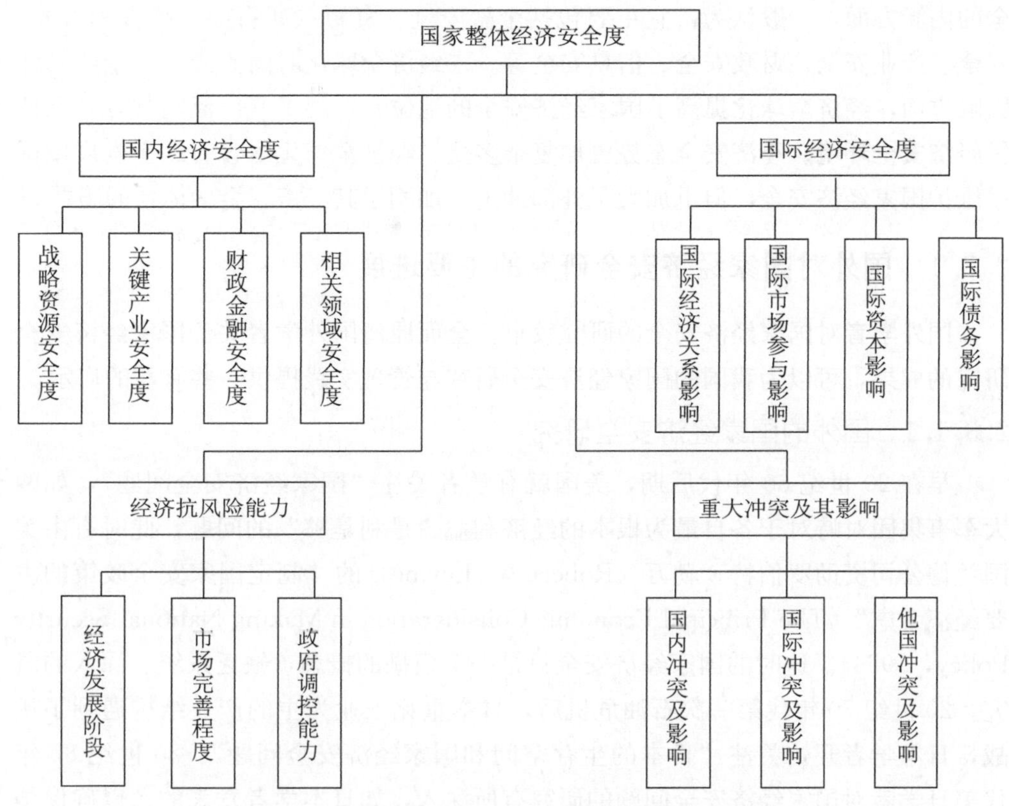

图 2-1 国家经济安全态势评价指标体系框架示意

2.3 国内外研究情况概述

国外有关国家经济安全的思想由来已久，但相关的学术研究是从第二次世界大战结束以后才真正开始的。国外的国家经济安全研究经历了三个阶段：

第一阶段，认为经济安全属于国家安全的范畴，是国家安全的基础和手段；

第二阶段，把经济安全看成是国家安全的核心部分，认为经济安全是国家安全的根本目标；

第三阶段，不再局限于国家安全范围来思考经济安全问题，而是把经济安全当做是国民经济体系本身的安全。

国内有关经济安全的研究始于 1996 年。在 1997 年亚洲金融危机爆发之后，国家经济安全开始成为热点问题。在国家经济安全的概念问题上，国内存在几种代表性观点，即国家安全说、经济主权说、竞争力说和抗风险说。在国家经济安全的内涵方面，一般认为，它主要包括金融安全、资源（如石油、粮食和人才）安全、产业安全、财政安全、信息安全等。在经济全球化对国家经济安全的具体影响方面，经济全球化提高了国家经济安全的地位，扩展了其内涵与外延，并使得经济安全环境、经济安全态势更加复杂多变。经济全球化尽管有助于发展中国家维护国家经济安全，但也加大了外部冲击，加剧了其经济、金融体系的脆弱。[①]

2.3.1 国外对国家经济安全研究的主要进展[②]

国外学者对国家经济安全的研究较早。全面厘清国外学者关于国家经济安全研究的成果，可以为我国的国家经济安全研究与管理实践提供一些有益的启示。

2.3.1.1 国外的国家经济安全研究

早在20世纪60年代后期，美国就有学者关注“国家经济安全问题”，如两大军事集团对峙对于各自最为根本的经济利益“是利是弊”的问题，此时有由美国兰德公司资助罗伯特·勒万（Robert A. Levine）的“制定国家安全政策的主要经济考虑”（The Principal Economic Consideration in Making National Security Policy，1964）。这时的国家经济安全只是一个模糊的概念，缺乏系统、深入的研究。20世纪70年代第一次石油危机后，日本重化工业为主的产业结构遇到了挑战，日本学者开始关注“日本的生存空间和国家经济安全问题”。20世纪80年代美日学者对国家经济安全问题的研究有所深入，如日本学者发表的《以确保国家经济安全保障为目标》国家经济安全报告，将保障国家经济安全的战略思路和政策运作贯穿于日本经济发展实践中。20世纪90年代，国家经济安全问题逐渐融入到很多国家的国家战略或政府政策之中。1994年美国政府的《国家安全战略报告》首次明确指出以“促进美国的繁荣”为美国国家安全战略中心目标，这表明经济安全已被定为其国家安全战略的三大目标之一。此后，世界各国也纷纷出台了类似的政策。俄罗斯是第一个明确提出国家经济安全战略的国家，1996年俄罗斯明确提出“国家经济安全战略”和“国家安全基本构想”，力求保证俄罗斯在经济利益上不受威胁状态下的转轨和持续发展。这些国家对国家经济安全问题的重视推动了该时期相关学术研究成果的出现，比如寇维、罗塞尔·迪恩的《在暮光之区的探险：墨西哥抒困中的权力分割与国家经济安全》［Covey，Russell Dean（105 Yale L. J. 1311 1995—1996）Adventures in the Zone of Twilight：Separation of Powers and National Economic Security in the Mexican Bailout］；

① 维基百科。

② 王梓薇．国家经济安全研究回顾与展望［J］．生产力研究，2008（23）．

兰德公司下属的国防研究所所辖的国防部长办公室资助项目，理查德·聂和查尔斯·沃尔夫的《国家安全的经济维度》[C. Richard Neu, Charles Wolf, Jr. (1994), The Economic Dimensions of National Security] 以及文森特·卡伯的《何为国际经济安全》[Vincent Cable (1995) What is International Economic Security?]

从 20 世纪 70 年代起，国外从各种角度对国家经济安全预警体系进行了研究。例如，1997 年前后的 KLR、外资风险视角下的中国国家经济安全预警指标体系 FR、STV、DCSD 等金融预警模型，联合国"驱动力—概念—响应"等可持续发展模型，以及 20 世纪 80 年代以来各国及国际组织建立的宏观经济监测预警系统等。其中，涉及外资的有 1997 年后易臣格瑞等人建立的以金融部门为中心的第三代金融危机模型，2001 年以来阿萨夫·拉辛等经济学家建立的以信息为基础的外国直接投资模型以及美国、欧盟等建立的反倾销预警机制等。但是，这些研究都没有从外资风险传导与扩散的角度来研究国家经济安全问题。①

目前，国家经济安全的研究在世界范围内普遍展开，美国、俄罗斯、法国、印度、日本等国都有相关研究出现，如美国兰德公司、斯坦福研究院，俄罗斯经济研究所，韩国产业研究院，法国及印度有关机构等都在有组织地研究国家经济安全问题。乔安娜·杨的研究《兰德研究：海湾国家的金融素养和经济安全》[Joanne Yoong (2009), Financial Literacy and Economic Security: Rand Research for the Gulf States]。此外，还有一些著名学者，如格林（Green，1996）、罗伯特（Robert，1999）、苏勒万（Sullivan，1988）、派瑞克（Patrick，2000）、克鲁格曼（Krugman，1999）也对国家经济安全进行了深入研究。这些研究奠定了国家经济安全的坚实基础。

2.3.1.2 国外经济安全研究的特点

到目前为止，国外对国家经济安全问题作了比较深入、系统的研究，取得了一系列成果。从国外经济安全研究的历史看，可以总结出以下五个特点：

（1）从传统安全向非传统安全的过渡。冷战期间，国外学术界对国家安全的理解趋于狭义化，军事安全和政治安全成了国家安全的主要内容，而国家经济安全只是军事和政治的附属。冷战结束后，国外一些学者认识到国家安全不仅仅是政治军事，还有经济、环境和人口等诸多维度。经济因素在国家安全中的地位相对上升，有人甚至认为它的重要程度已经超过了军事因素。

（2）研究领域与视角的拓展。随着传统安全向非传统安全的过渡，国家经济

① 张蓓文．外资风险视角下的中国国家经济安全预警指标体系［J］．世界经济研究，2012（1）．

安全的研究领域得以扩展。冷战早期，关注国家经济安全的学者主要来自国际关系领域，这些学者从国际政治视野探讨国家经济安全，维护自己的主权与国家利益。冷战中后期，国家经济安全地位逐渐取代传统安全，经济领域的学者纷纷加入到这一领域，注重经济全球化对国家经济安全的影响，强调如何应对外来的经济竞争的冲击与压力，保持国家经济竞争力与安全。不但学者、政治家、军事家们关心国家经济安全，企业家们出于经济全球化的考虑，也开始对国家经济安全问题表示出高度的兴趣。

（3）影响经济安全因素的深入分析。综合国外已有的研究成果，对国家经济安全的影响可以归纳为六大因素：科技政策与国家经济安全；产业政策与国家经济安全；贸易政策与国家经济安全；国家竞争力与国家经济安全；战争、生态环境与国家经济安全等。这些方面因素的深入分析成为当前研究的热点。

（4）编织了国家经济安全“防护网”。20 世纪 80 年代后，发达国家开始编织了国家经济安全“防护网”，主要采取严格控制高新技术扩散、政府大力扶持基础产业和关键产业、对引进外资严格限制、施行贸易保护主义、设立并强化与国家经济安全有关的机构等措施保护本国的经济实力和国家的经济安全。

（5）国内外学者对于这一问题的研究，基本上是从宏观经济目标着手。从经济增长目标来说，Borensztein 等（1998）认为 FDI 的流入增加了东道国的资本存量，由于降低了资本稀缺性而导致利率下降，进而推动新一轮投资和经济增长。

国外关于国家经济安全研究由浅入深，由面到点，由理论到实践，可谓成果显著。但是有一点不可否认：国家经济安全问题本质上是关于一国最为根本的国家利益问题。由于各国学者大都是从本国的国家利益出发，针对各自的国际环境、现实情况和未来发展趋势探讨国家经济安全的特定问题，不可避免带有局限性。

2.3.2 国内对国家经济安全问题研究的主要进展

随着中国对外开放步伐的加快，特别是亚洲金融危机的爆发，国家经济安全问题越来越引起国内学者的广泛关注，对此，我国已经出现了一系列卓有成效的研究成果。

2.3.2.1 中国国家经济安全研究

由于国家经济安全的国别性，国外几乎没有从维护中国国家经济安全角度研究中国国家经济安全的文献，较多的则是研究中国经济的安全与否对世界经济的影响。国内学者对国家经济安全研究无论从内容还是方法上都立足于本国。

中国对国家经济安全问题的研究较晚。20 世纪 80 年代中后期，学者们对“中国粮食安全”问题的提出引起了对国家经济安全问题的关注。随着对外开放的不断深入，一些学者和研究机构开始对外资进入中国后的产业安全问题进行研究。到 20 世纪 90 年代初期，中国国家经济安全的研究还处于起步阶段。有关国家经济安全的论文散见于一些杂志、报纸，主要关注粮食安全、制造业安全、石油安全等局部的某一个方面的国家经济安全，缺乏系统的研究。

20 世纪 90 年代中后期以来，政界和学界都越来越关注经济安全问题。党的十五大报告中明确提出要“维护国家经济安全”。这是党首次在代表大会的政治报告中，将国家经济安全问题提上议事日程。2001 年 11 月，中国正式加入了世界贸易组织，进一步加快了参与经济全球化的进程。既充分利用全球化所带来的发展机遇，又有效地维护好国家经济安全，成为亟待解决的重大课题。党的十六大报告强调指出，要“十分注意维护国家经济安全”。与此相呼应，国家各相关部门出台了一系列保护产业安全的相关政策法律。同时，国家经济安全相关研究也逐渐开展。国内先后建立了人工神经网络、基于案例推理 CBR、动态信息融合法等金融预警模型，与人口、环境有关的可持续发展模型以及宏观经济动态监测预警体系等，雷家骕等还专门就国家经济安全监测预警的理论和方法进行了研究。其中，赵英从能源、粮食、矿产、外资、信息等多个角度对国家经济安全预警体系进行研究；周汉民等提出的对外贸易预警机制也有部分内容涉及外资；张汉林、魏磊建立了带有预警性质的中国经济安全量度体系。但是，这些研究都没有从外资的角度建立国家经济安全预警模型。

出现较早的系统研究成果包括赵英（1994，1999）、雷家骕等人的一系列专著；近期出现的系统的研究成果包括中国现代国际关系研究院国家经济安全研究中心、叶卫平等的学术著作。另外，研究国家经济安全专门机构也相继建立，如以雷家骕为代表的清华大学国家经济安全研究中心、中国现代国际关系研究院国家经济安全研究中心等。

2.3.2.2 国内经济安全研究的特点

中国国家经济安全研究表明，20 世纪 90 年代中后期以来，中国国家经济安全的研究取得了较大的进展。具体表现在以下四个方面：

（1）国家经济安全研究框架基本确立。赵英是最早系统地进行国家安全研究的学者，他对国家经济安全的概念、影响因素、战略等方面的研究具有开创性。以雷家骕为代表的清华大学国家经济安全研究中心的相关研究则建立了国家经济安全基本理论框架。而中国现代国际关系研究院国家经济安全研究中心的研究更加丰富地充实了国家经济安全的理论。当然，这一领域还有其他学者提出了自己的看法。

（2）国家经济安全监测预警研究进展明显。中国社会科学院工业经济所赵英等人从理论上系统地论述国家经济安全监测预警问题。聂富强等在对国家经济安全预警的理论和方法进行论述的基础上，具体地对能源、金融等十几个对国家经济安全产生直接影响的领域进行了研究，研究成果对国家经济安全预警系统的建立与完善，以及国家经济安全政策的制定有较大参考价值。还有许多学者也讨论了中国国家经济安全的评测和预警问题，这些研究对丰富中国国家经济安全预警体系起到很大作用。

（3）全球化条件下的国家经济安全研究亦受到关注。对于一个开放的中国来说，经济全球化深刻地影响经济的发展，因此，从理论上广泛地研究经济全球化对中国国家经济安全的影响，是学者们关注的又一重大问题。20 世纪 90 年代中后期，尤其是 1997 年东南亚金融危机以后，国内学术界对这一领域特别是国家金融安全的关注热情日益高涨。如张幼文和伍贻康，主要从金融全球化的角度探讨国家经济安全；郑汉通用新制度经济学方法研究经济全球化条件下国家经济安全问题；陈叔红以经济全球化的理论视角研究国际投资、产业发展等具体国家经济安全问题，构建了比较完整的研究框架。

（4）产业安全研究日益深入。产业安全是国家经济安全的重要组成部分，以具体产业为对象的研究更加具有针对性和指导性。有些学者从总体上对产业安全的理论进行研究。如李孟刚，构建了一套包括理论体系和理论模型的产业安全理论；朱钟棣和孙瑞华，提出了产业安全指标。还有部分学者细化到对某些产业或某一产业进行深入的研究。如叶卫平，在“入世”视野下，研究了中国航空工业、电子信息产业、汽车工业等相关产业的安全问题，提出了应对策略，使国家经济安全真正深入到微观层次，增加了相关策略的实施性。高梁通对跨国公司并购中国装备制造业骨干企业引起的产业危机进行了反思。

外资流入对于发展中国家产业安全的影响并不是唯一的，目前这一问题也引起了国内许多学者的关注，毕竟中国已经成为吸引外资数量最大的发展中国家。大部分的文献观点集中于发展中国家的产业究竟是“利用外资”还是“被外资利用”。针对这样的问题，研究主要集中在三个方面：

①外资引入对国家产业安全的经验描述，如外资引入会造成对产业的垄断（方芳，1997）、李连成和张玉波（2001）、黄建军（2001）、周勤和余辉（2006）等分别从技术控制、股权控制、市场控制等几个方面分析了外资流入对产业发展的不利影响。

②产业安全评价体系。经验描述缺乏统一的标准，所以这一领域的研究更侧

重于通过指标体系的建立，用数据和案例分析外资流入的影响。何维达（2001）、景玉琴（2006）、李孟刚（2006）等以中国为基础构建了产业安全评价体系，在安全评价体系的基础之上，何维达等（2002）、乔颖等（2005）、李冬梅等（2007）展开了进一步的实证研究。

③对策研究。杨公朴（2000）、纪宝成（2006）、顾海兵和沈继楼（2009）从经济层面、行政层面以及法律层面提出了如何提高产业竞争力，如何建立高效的产业安全维护机制，如何完善一系列保护我国产业安全的法律法规等相关政策。

（5）实行了保障国家经济安全的一些措施。中国对保障国家经济安全问题的关注与研究相对较晚，但自从亚洲金融危机以来，中国政府已经从制度与非制度两方面做了一些努力来保障国家经济安全。在金融、石油等紧迫的领域，已经建立起或正在建立预防及保护国家经济安全的机制——为保证金融业安全高效稳健运行，成立了银监会、证监会、保监会，行业协调机制得以建立；为了防范石油短缺，中国于 2005 年正式实施战略石油储备计划。在一些非紧迫的领域，主要通过相关的政策法规进行短期的应急性的防范国家经济安全，例如，针对跨国公司并购中国装备制造业骨干企业引发的产业安全问题，国务院出台了《国务院关于加快振兴装备制造业的若干意见》等。这些政策有利于保障中国民族工业的自身发展。

（6）注重实证研究与分析。国内学者更多采用的是实证分析来研究 FDI 对经济增长的影响，萧政和沈艳（2002）认为 FDI 与 GDP 之间存在互动关系，FDI 每增加 1 个百分点会使 GDP 平均增加 0.0485 个百分点，而 GDP 每增加 1 个百分点会使 FDI 增加 2.117 个百分点。赵娜和张晓峒（2008）分析了外国直接投资影响我国经济增长的 6 种效应，即外国直接投资可通过资本积累、出口促进、投资拉动、技术溢出、产业结构优化和制度变迁来促进我国的经济增长。潘锡泉和郭福春（2012）运用 Pesaran 边限协整检验方法系统研究了升值背景下 FDI 与经济增长之间的动态时变效应，他们的研究结论是：FDI 流入对于经济增长的促进作用并不明显，并且表现出强烈的以“投机套利”为主要目的的“本土特征”模式。对物价水平这一目标来说，研究文献相对较少，王健超（2005）针对外商直接投资与通货膨胀的关系进行了实证研究，他的分析结果表明，在我国外商直接投资是造成通货膨胀的原因之一。在就业目标方面，Seyf（2000）研究了四个欧盟国家的 FDI 与就业创造的关系，其结果显示 FDI 对就业创造的影响并不显著。Ernst（2005）分析了阿根廷、巴西和墨西哥三个拉美国家服务业和制造业的 FDI 对就业的贡献，发现 FDI 的就业效应方向并不明确。国内方面，罗良文（2004）研究了 FDI 对我国就业的总量效应，结果显示有明显的直接效应。王美今、钱金保（2008）利用1985—2004年我国省区面板数据构建联立方程模型，从工资、生产效率、国内投资及它们的相互作用等方面研究FDI对东道国的就业效应，实证结果表明，FDI对我国产生显著的正向就业效应。从国际收支目标角度来说，王允贵（2003）认为外商直接投资将导致国际收支不平衡进而造成人民币升值压力增加，因此要适度控制利用外资规模。卢晓勇、孙宏和李红（2006）分析了外商直接投资对我国国际收支风险的影响，研究结果表明我国国际收支远期的危机较大，将会由潜在风险向显性化发展。许兆春（2011）采用定性分析与定量分析相结合的方法，客观分析了FDI对我国国际收支的影响及存在的潜在危险，并提出相关政策建议。

中国学者关于国家经济安全的研究由浅入深、由点到面、由理论到实践，层层深入。在与国际学术界接轨的同时，突出了中国作为发展中国家的特殊性，无疑有利于更好地保障国家经济安全。

3 外资流入与发展中国家经济安全

近 20 年间，发展中国家的外资流入[①]量发生了明显变化，总体来看，其占发展中国家 GDP 的比例发生了显著性的增长。外资流入是影响发展中国家经济的一个重要变量，其对发展中国家经济安全的影响不容忽略。

3.1 发展中国家的外资流入

3.1.1 国际资本流动的历史变迁

最早的资本流动大约始于 1300 年，工业城市的兴起、大规模贸易中心的形成、资本主义萌芽和资本的出现都推动了早期的资本流动，主要形成于当时的欧洲国家间。

1870—1927 年，迎来国际资本流动的第一次繁荣，当时主要的资本输出国是英国、法国和德国。最主要的资本输入国是与输出国有“亲源”的北美洲和大洋洲国家，比如加拿大、“新兴市场”美国、澳大利亚等，占世界资本输入的 50％以上；其次是东欧、俄国和北欧国家，约占 25％；包括中国、埃及、土耳其和非洲在内的殖民地和半殖民地国家的资本输入占其总额的比例不足 20％。

1927—1946 年，大萧条和两次世界大战等导致各国对跨境资本流动的管制，使得国际资本的流动萎缩。美国取代英国成为最重要的国际资本输出国，向欧洲国家，特别是德国，输出资本。

1946—1973 年，是国际资本流动的复兴和发展阶段。1944 年，布雷顿森林会议通过的《国际货币基金组织协定》和《联合国复兴开发银行协定》，以及据此设立的国际货币组织 IMF 和世界银行，使战后的国际资本流动在相当程度上具有了“美元”特色。1973 年，布雷顿森林体系解体使国际资本流动再次进入

① 本书所指外资流入均指私人资本流入。

动荡期。

1974—1990 年，迎来了国际资本流动的第二次繁荣。各国证券市场的蓬勃发展和金融产品的不断创新，使得国际资本流动呈现日益证券化和虚拟化的特点，资本的流动规模迅速扩大而且速度加快。从资本流动结构上看，首先是产业资本国际流动，即对外直接投资，即外商直接投资（FDI）；其次是金融资本投资。此时的国际金融市场自由放任、高速运转、充满投机、极不稳定，20 世纪 80 年代初爆发的拉美债务危机导致流向该地区的国际资本受到极大限制。

1990—2000 年，经济全球化不断深入，国际资本流动是经济全球化的重要标志之一，越来越虚拟化，流动方向极不稳定，这也导致多个主权国家发生金融危机的重要外部因素。1990—1995 年，美国实行宽松的货币政策促进了国际资本的流动，主要流入亚洲和拉丁美洲等新兴市场经济国家和地区，1994 年后美国实行紧缩的货币政策导致流出资本锐减。1997 年亚洲金融危机发生，国际资本金融减速调整阶段，2001 年阿根廷金融危机爆发，强化了国际资本谨慎流入新兴市场的态度。

2001—2007 年，掀起了国际资本的第三次繁荣。科技进步为资本集聚和积累创造了条件，从而出现了大量的资本过剩，同时世界经济一体化发展为过剩资本提供了新的跨国投资机会，所以出现了大量的跨国并购，掀起了一次跨国并购的浪潮。此间，美国是国际资本的最大流入国，但是“9·11”事件、欧元对美元升值等的影响导致向欧元区的资本流入增加，因此欧美是国际资本流入的主要国家和地区；对于发展中国家来说，资本流入逐步恢复，资本流向呈现多元化格局。

2007—2010 年，2007 年美国次贷危机爆发并逐步演变为全球性的金融危机。由于危机的冲击，世界经济陷入衰退，国际贸易增速大幅下滑，全球资本市场剧烈动荡，国际产业资本流动和金融资本流动都呈下降态势。从国际资本的流动发现来看，发达国家的“去杠杆化”进程导致资本回流，2008 年国际金融危机使发达国家的资本净流入达到历史最高值，2009 年资本净流入巨幅下降，2010 年进一步下降到 200 亿美元，为近年来的最小规模。而新兴经济体一直处于净输出状态，2008 年其资本净输出达到了历史最高值。①

2010—2013 年，后危机时代，世界经济和政治格局正进行深度调整，并将带来国际资本流动模式的显著变化。

① 张碧琼．国际资本流动对世界经济体系的影响［M］．北京：清华大学出版社，2010.

3.1.2 发展中国家的外资流入

1. 外资流入额与结构

(1) 外资流入额占 GDP 的比例

自 20 世纪 90 年代开始，外资流入额占发展中国家 GDP 的比例平均保持在 4% 左右，进入 21 世纪，流入发展中国家的外资额迅速增加，在次贷危机爆发前的 2003—2007 年，流入量进一步激增。2007 年第三季度，流入发展中国家的外资额超过 GDP 的 12%，达到历史高位。2008 年金融危机后流入额锐减，直至后危机时代才开始逐渐恢复，2010—2013 年，流入外资额占 GDP 的比例为平均 6%，见图 3-1。

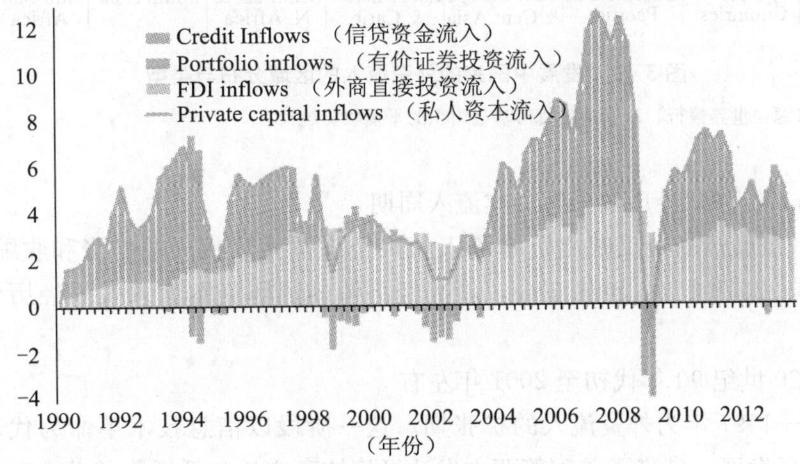

图 3-1 外资流入占发展中国家 GDP 的比例

资料来源：世界银行，基于国际货币基金组织的平衡收支统计。

(2) 2006—2013 年外资流入的区域分布

2006—2013 年外资流入的区域分布如图 3-2 所示。

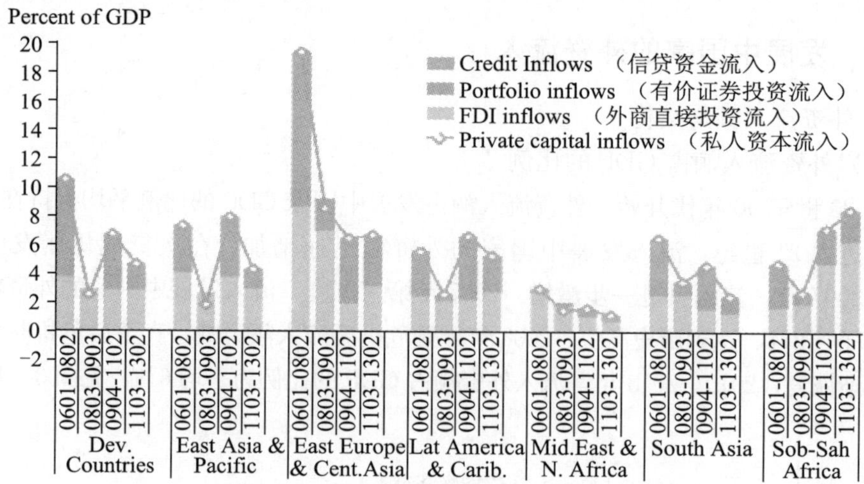

图 3-2　发展中国家的外资流入的区域分布与类型

资料来源：世界银行，基于国际货币基金组织的平衡收支统计。

2. 新兴经济体经历的国际资本流入周期

IIF 的统计清晰地反映出资本流入新兴经济体大致相同的扩张和收缩趋势，见图 3-3。20 世纪 90 年代至今，新兴经济体的国际资本流入大致经历了三个周期。

（1）20 世纪 90 年代初至 2001 年左右

1990—1997 年为外资流入的扩张期。这一阶段以信息技术革命为代表的高新科技迅猛发展，带来了美国等西方发达经济体高增长和低通胀的黄金时期，全球流动性比较充裕。发达经济体经济繁荣带动新兴经济体出口猛增。为进一步推动出口，大多数新兴经济体国内都经历了一轮以扩大产能、加快基础设施建设为重点的投资扩张。在出口和投资驱动下的新兴经济体高增长吸引了大量的国际资本流入。这一时期国际直接投资占资本净流入的比例超过 50%。然而，1994 年和 1997 年拉美国家和亚洲新兴经济体先后爆发金融危机，国际资本特别是证券投资大量外逃，导致新兴经济体经济金融市场剧烈震荡，拖累实体经济陷入低迷，进而进一步加剧国际直接投资大幅撤出，这种恶性循环构成了 1997—2001 年国际资本流入的收缩期。

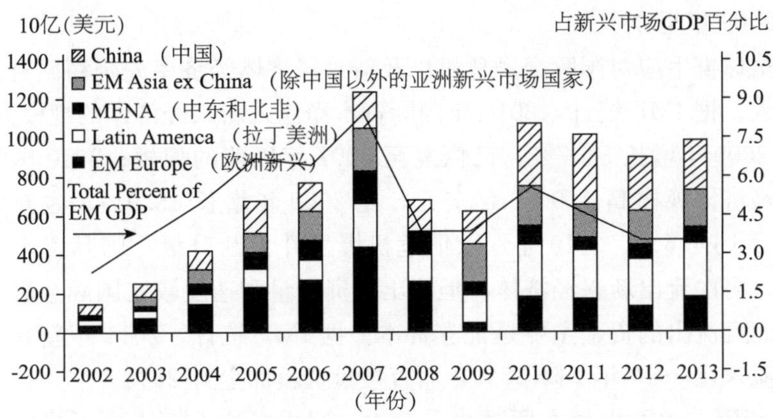

图 3-3 新兴经济体私人资本净流入情况（2002—2013 年）

资料来源：新兴经济体资本流入报告 www.iif.com。

（2）2002—2008 年

其扩张期是 2002—2007 年，收缩期是 2008 年国际金融危机爆发。2001 年网络经济泡沫破灭后，美国经济在 2001—2003 年陷入了中等程度的衰退。为刺激美国经济，美联储在短时间内将联邦基金利率从 6%调低至 1%，见图 3-4。历史性低水平的利率一方面直接促成了美国房地产市场从 2001 年至 2005 年的繁荣，同时也造成当时全球流动性过剩，导致大量国际资本涌入新兴经济体，推高其股票、房地产等资产价格；另一方面也为次贷危机以及后来的国际金融危机埋下了种子。2008 年国际金融危机爆发，市场极度恐慌导致全球流动性严重不足，国际资本大量撤出新兴经济体。据 IMF 统计，2008 年新兴经济体国际资本净流入比 2007 年陡然下降约 63%，其中，证券资本净流入下降约 1.7 倍。

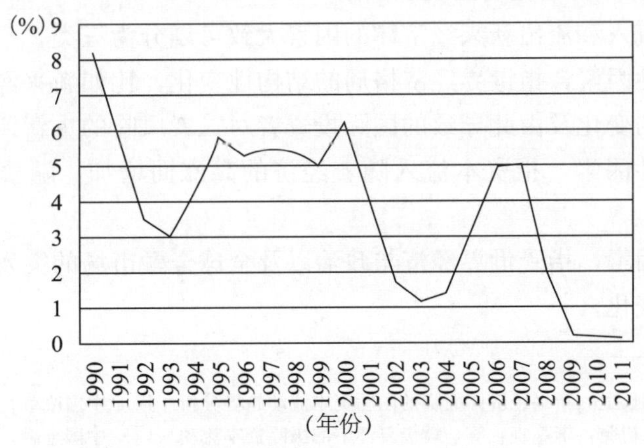

图 3-4 美国联邦基金利率（1990—2011 年）

(3) 2009 年至今

随着全球携手应对国际金融危机以及新兴经济体经济率先企稳回升，国际资本重新流入。据 IMF 统计，2010 年国际资本净流入新兴经济体的规模为 5270 亿美元，比 2009 年增长 84.7%，已恢复至 2007 年以前的规模；2010 国际资本净流入新兴经济体规模高达 9630 亿美元，比 2009 年增长 43.9%，占新兴经济体 GDP 的比例约 4.5%。2010 年，欧债危机爆发并不断升级，国际资本避险情绪明显抬升，再次流出新兴经济体，但流出的资金量和速度较之国际金融危机爆发时稍小，而且流出的资金主要是证券资本。据 IMF 统计，2011 年新兴经济体证券资本净流入比 2010 年下降 57%，而直接投资反而上升 26%。①

2012 年资本净输出额有所减少，其中，FDI 净流入额小幅下降，前三季度证券投资处于净流出状态，但随着第三季度末发达国家一系列量化宽松政策的实施，第四季度证券投资重新出现净流入。具体而言，直接投资方面，2012 年欧美债务危机影响新兴经济体出口，进而使其面临经济增长困难，恶化的经济基本面影响了其 FDI 净流入额。国际金融协会（IIF）报告指出，2012 年新兴经济体的 FDI 净流入额将达到 5160 亿美元，虽然较 2011 年减少 100 亿美元，但较 2010 年和 2009 年还是有所提升。中国作为 FDI 净流入额占新兴经济体 1/3 的国家，不断上升的工资使中国 FDI 净流入额从 2011 年的 2213 亿美元下降至 2012 年的 2016 亿美元，虽然降幅高达 8.88%，但仍高于 2010 年之前的历年净流入额。印度因为对外资征收新的税赋而减少了 2012 年 FDI 的净流入额。糟糕的宏观经济使俄罗斯 2012 年的 FDI 净流入额减少了 54 亿美元。只有巴西因为良好的经济基本面和快速发展的国内市场在 2012 年勉强维持了 550 亿美元的 FDI 净流入额。证券投资方面，在经历了前三季度的持续净流出后，美联储和欧洲央行的一系列量化宽松政策使新兴经济体的证券投资从第三季度末开始重新出现净流入。②

3. 新兴经济体资本流动的决定因素

决定资本流入和流出新兴经济体的因素大致可划分为三类。

(1) 结构性因素，指世界经济格局的结构性变化，比如新兴经济体与发达经济体实力对比的变化及由此导致的国际投资者对二者风险的重新评估等。

(2) 周期性因素，指资本流入随着经济的高涨而增加，随着经济的衰退而减少。

(3) 扰动因素，指受世界经济与政治以及全球金融市场的突发事件影响而出现的资本流动变化。

---

① 王晶晶，徐长生．新兴经济体面临的国际资本流动趋势分析［J］．中国改革，2013-7-24.

② 杨海珍，王初照，李苏骁，等，缓慢复苏下的国际资本流动［J］．中国金融，2013 (2).

从这三类因素看，新兴经济体面临的资本流动趋势如下：长期看，结构性因素将导致国际资本持续流入新兴经济体，并且结构性因素的作用将不断强化；中期看，周期性因素仍将决定资本流向，但新兴经济体与发达经济体的经济周期对资本流动的作用效果或将改变；短期看，扰动因素对资本流向的影响还将存在，但作用相对有限。

4. 国际金融危机爆发后新兴经济体面临的资本流动新特点

对比 20 世纪 90 年代以来国际资本流动的三个周期可以看到，国际金融危机爆发以后新兴经济体面临的国际资本流动呈现出以下三个新的特点：

（1）资本流入的扩张和收缩周期明显缩短，资本流动的波动性明显增强。20 世纪 90 年代初至 21 世纪前 8 年，新兴经济体面临的资本流入的平均周期为 8～10 年，其扩张期为 6～8 年，收缩期为 2～4 年。国际金融危机爆发至今，短短 4 年时间，新兴经济体已经历了一次新的资本流入周期，其扩张期和收缩期也就 1～2 年，时间明显缩短。短时期内资本频繁流入流出新兴经济体，资本流动的无序性和波动性显著增强。

（2）证券投资占比明显提高，资本流动对金融市场的敏感性明显增强。从 IMF 的统计数据看，在 1990—2001 年和 2002—2008 年两个资本流动周期中，证券资本净流入和流出额占资本流动总额比例分别为 28.3%和 22.3%，而 2009 年至今证券资本流动占资本流动总额的比例提高至 31.2%。在资本流动总量持续扩大的情况下，证券资本占比提高表明证券资本流动的规模加速增长。国际金融危机的演变和升级、欧债危机持续发酵和恶化、地缘政治对石油等大宗商品价格的冲击以及发达经济体的政治周期等带来的国际金融市场动荡对资本流动的方向、规模、速度的影响越来越重要，证券资本期限短、流动速度快、投机性强等特点越发明显。

（3）资本流入对发达经济体的顺周期性有所减弱，对新兴经济体的顺周期性明显增强。在 1990—2008 年资本流入新兴经济体的前两个周期中，资本的流入和流出与发达经济体的经济扩张和收缩周期比较吻合，反映出明显的顺周期性。1990—1997 年和 2000—2004 年是美国经济的扩张期，期间美联储分别将联邦基金利率由 8.1%下降至 5.35%，由 6.24%下降至 1.35%，使美元流动性比较充裕。而这两个时期正好也对应了新兴经济体资本净流入大幅增长的时期。相反，国际金融危机以后，新兴经济体资本流入对发达经济体的顺周期性有所减弱。2009 年至今，美联储将联邦基金利率维持在 0～0.15%的水平，并且通过两轮量化宽松的货币政策向金融市场注入大量美元，但随之而来的并不是新兴经济体资本流入的单边增长，而是形成了又一次资本流入和流出的周期。而这一周期与新兴经济体的经济周期较为吻合。2009—2010 年，新兴经济体在国际金融危机中率先企稳复苏，资本流入随之增长。2011 年至今，新兴经济体经济增速出现下滑，资本流入随之减少。①

3.2 影响发展中国家经济安全的因素

经济全球化下发展中国家的经济安全问题是一个不容回避的现实问题，对发展中国家经济安全的认识应从历史的、系统的、动态的角度去理解。②

影响发展中国家经济安全的因素既有来自国内、国际的因素，同时又有国内、国际因素的互动影响而产生的新因素。把发展中国家经济安全问题置于经济全球化中去系统地研究应成为我们分析经济安全问题、解决经济安全隐患所应采用的基本分析方法。

3.2.1 内在因素分析

近年来，经济全球化呈现加速发展的趋势，越来越多的发展中国家融入到经济全球化的大潮之中。从经济安全的角度看，发展中国家自身条件上的不利因素主要有以下几个方面。③

3.2.1.1 市场经济不完善

现代市场经济通常具备以下特征：市场结构完备，生产要素和产品流动无障碍；市场竞争充分、公平并有统一的规则；价格信息充分；市场活动主体的产权明晰。对照上述特征，不难发现发展中国家目前市场经济具有很大的不完全与不完善性。发展中国家市场经济的不完全与不完善对于发展中国家的经济安全极为不利。按照经济学理论，在竞争不公平且不充分的市场条件下，价格体系的扭曲是不可避免的。价格信号的失真会使价格失去真实反映资源稀缺程度的作用，其后果是造成资源配置的低效率。市场竞争的不公平还会抑制优胜劣汰规律的作用，不利于发展中国家培育自己的明星企业和发展自己的优势产业。

3.2.1.2 金融体系脆弱

发展中国家金融体系的脆弱主要表现在外债负担重、国有银行不良资产

① 王晶晶，徐长生．新兴经济体面临的国际资本流动趋势分析［J］．中国改革，2013-7-24.

② 华夏论坛．经济全球化下影响发展中国家经济安全的因素分析．

③ 崔健．外国直接投资与发展中国家经济安全［M］．北京：中国社会科学出版社，2004.

比例高和金融市场开放步伐过快三个方面。以墨西哥为例，1992 年墨西哥外债达 1060 亿美元，1994 年墨西哥外债占国内生产总值的 35%。外债负担重是造成这些国家汇率低估、货币贬值的重要因素。而国有银行不良资产比例高的情况在中国比较明显。此外，高不良贷款率使发展中国家的银行系统显得脆弱。同时，一些发展中国家金融市场的过早开放客观上为国际金融投资活动提供了便利条件。数量庞大的国际游资始终是威胁发展中国家金融安全的一大隐患。

3.2.1.3 本国产业竞争力较弱

在发展中国家，大多数产业处于起步阶段或发展培育阶段，外国直接投资 FDI 进入以后，尤其是 FDI 通过跨国并购的方式进入东道国以后，对东道国企业进行并购，导致本国品牌消失的情况时有发生，曾引发关于民族企业和民族品牌的可持续发展以及国家产业安全的很多讨论和研究。

以我国为例。入世后，我国的国内市场逐步开放，外资并购中资企业的事件频频发生，外资并购成为产业资本进入我国的主要方式；跨国公司从合资经营向独资经营发展。从 2003 年颁布实施《外国投资者并购境内企业暂行规定》到 2009 年 3 月 24 日，商务部累计批准了 4966 起并购案。跨国公司在我国的并购金额从 1995 年开始逐年提高，全国跨国直接投资额在 1999 年达到 8400 亿美元，其中外资并购金额是跨国直接投资总额的 85%，达到了 7200 亿美元，外资并购中单项交易超过 10 亿美元的在 2000 年有 109 起。

跨国公司并购境内企业带来了充足的资金、先进的技术和成熟的管理经验，有利于我国经济的发展。但是，在外资并购的规模扩大后，我们发现很多大家耳熟能详的国内知名品牌在被外资并购后渐渐在市场上销声匿迹，有些名存实亡或被外资所独有。如今，在我国饮料市场上，百事可乐、可口可乐已经吃掉了国内八大饮料公司中的七家。在碳酸饮料市场上，90%以上的市场被外国品牌占领，仅剩健力宝一家孤军奋战；在啤酒行业中，年产超过 500 万吨的企业中 70%是与外国合资的企业；在食品医药行业，外国品牌的市场占有率达到 30%以上；在洗涤用品市场上，外资收编了 4 家年产超过 8 万吨的洗衣粉厂中的 3 家；在轮胎橡胶行业，国内的大型企业几乎都被外企收购已经形成垄断趋势；在感光行业，除乐凯外都被柯达收购。那些曾经我们耳熟能详的品牌，像扬子冰箱、红梅音响、天府可乐、美加净牙膏、熊猫洗衣粉等都相继在市场上销声匿迹。中国的名牌正在外资并购的浪潮中不断沦陷。

并购完成以后，外方通过“雪藏”使原有驰名商标淡出市场；并购中低估商标价值导致驰名商标流失；合资期间产生的新驰名商标因归属不明而流失。

3.2.2 环境因素分析

经济全球化是影响发展中国家经济安全的环境因素，是影响发展中国家经济安全的深层因素。经济全球化有两大基本趋势即生产全球化和资本全球化，经济全球化深刻改变了世界经济的运行环境，当代世界市场变得更加开放，竞争更加激烈；资本、技术、信息、人才等生产要素的跨国流动更为便利。世界经济联系的加深，使发展中国家在分享经济全球化带来机遇的同时，也面临着更大的挑战。

3.2.2.1 生产全球化下的国际分工格局

发达国家推行这项战略的政策举措有：维护现有的“中心”与“外围”的国际分工体系；技术封锁；把持国际游戏规则的制定权。在维护和加强“中心”与“外围”的国际分工体系上，发达国家凭借其拥有的“经济技术优势”“创新优势”和“国际规则优势”将发展中国家置于国际分工梯度的中低层次，而将自己放置在国际分工梯度的高阶梯位置，以此来形成能使国际分工利益更多地向发达国家倾斜的国际分工格局。

这样的国际分工格局对发展中国家不利，它不仅使发展中国家获利较少，而且还在事实上形成了发展中国家经济对发达国家的高度依赖性，严重削弱发展中国家抵挡发达国家传递经济危机、维护自身经济安全的能力。此外，发达国家严格管制高新技术向发展中国家转移。据统计，世界最大的569家企业（基本上属于发达国家所有），只有10.6%把技术创新放在国外。在经济全球化进程中发达国家一直把持着游戏规则的制定权。这实际上等于剥夺了大部分发展中国家对制定和修改游戏规则的发言权和决策权。因此，现行国际游戏规则带有明显的偏向性和不合理性，在发达国家利益和发展中国家利益分配上存在失衡。

3.2.2.2 金融全球化下国际资本流动

金融全球化带来了国际资本的跨境流动，国际资本流动从主体来看分为官方资本流动和私人资本流动，其中私人资本的跨境流动主要包括对外直接投资(FDI)、对外有价证券投资（Portfolio）和跨国银行借贷。

国际资本流入与经常账户失衡及其应对外部冲击的脆弱性有高度的相关性，从国际收支平衡表的结构等式就能看出来。

资本流入与国际收支平衡表密切相关，因为资本账户余额就等于经常账户余额、储备资产的变化以及净错误与遗漏三项之和，如图3-5所示。

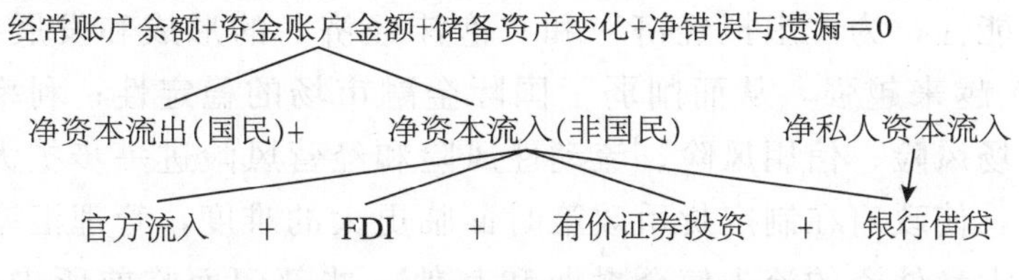

图3-5 私人资本净流入与国际收支平衡

资料来源：世界银行，国际金融协会。

从上述关系式可以得到一些结论：如果资本大量流入净额为正的资本账户，可能会导致流入国经常账户的恶化以及本国投资和储蓄的割裂，在资本流入对实际汇率产生显著的上行压力或者本国融资条件过度宽松时，上述情况就会发生。

观察一些发展中国家危机发生前的情况，可以发现这些国家可能通过本国居民的海外投资、外汇储备增加或者反周期的宏观政策来冲销大量的私人资本流入，从而不增加经常账户的赤字或盈余。但是，除了对经常账户的直接影响之外，大量的私人资本流入可能导致外债的逐步积累，从而对外部危机的传导产生深远的影响，因此放大全球金融状况变化对各国的影响，对经常账户本身存在严重赤字的国家来说，资本流入突然逆转带来的风险显然是更明显的；但是对经常账户存在盈余但借了大量外债以及本国信贷过度扩张的国家来说，资本流入突然逆转带来的风险同样也是一种威胁。通过对流入所有发展中国家的私人资本的格局进行分析，结果发现私人资本的流动格局与全球金融状况收紧的预期显著相关。

尽管在“正常”情况下，流入发展中国家的资本大量增加意味着投资和增长的机会；但在非常态时，大量的资本流入也会放大全球金融震荡的传递效应，2008年金融危机期间这点显露无遗。

3.2.2.3 生产要素跨境流动频繁

发展中国家的市场开放和生产要素跨国界流动对发展中国家经济既有积极影响，也有消极影响。伴随着生产要素大量流入与流出的是发展中国家经济繁荣与萧条的更替，萧条对发展中国家而言就是最大的经济不安全。此外，由市场开放带来的外国长期资本、技术和商品的大量流入也会对发展中国家的民族企业产生巨大冲击。

总而言之，全球化尤其是金融全球化既对发展中国家的经济安全有着积极影响，但同时也构成巨大的威胁和挑战。这一威胁主要体现在①：国际游资能够更容易地向新兴市场的货币和金融市场发动攻击，从而增加了爆发金融危机的可能性；为“虚拟经济”和“泡沫经济”的形成和发展推波助澜；“传染效应”越来越强，从而削弱了国际金融市场的稳定性；利率风险、货币风险、市场风险、信用风险、流动性风险和经营风险进一步扩大；国际资本大进大出，使政府在制定货币政策时面临更大的难度，管理汇率制度的难度也增大；大量外资的流入使金融业和其他一些部门面临前所未有的竞争；金融衍生品的广泛使用使国际游资能更加容易地通过国际金融市场来掠夺发展中国家的财富。此外，由于资本的流动速度加快，信息“不对称”进一步凸显，这正是增加金融风险的重要因素之一。所以，在全球化趋势下，发展中国家的经济安全风险主要来自外部。

金融危机一旦爆发，对国民经济的破坏作用非常大。比如，1994 年墨西哥金融危机使整个国家损失了 450 亿美元，相当于其 GDP 的 16%；1995 年墨西哥的 GDP 下降了 6.9%，是 20 世纪初墨西哥革命爆发以来经济增长率下降幅度最大的一年；通货膨胀率超过 50%，实际工资降低了 20%；失业人口增加了 200 万；大批企业倒闭。1997 年东南亚金融危机使该地区损失了约 5000 亿美元。在危机爆发的一年内，泰国失业率增加了一倍，韩国的失业率增加了两倍。1999 年的巴西货币危机和 2001 年的阿根廷危机同样使这两个国家深受损害。

3.3 外资流入与发展中国家风险

3.3.1 外资流动与危机的相关性

Laeven 和 Valencia（2012）根据国际货币基金组织 IMF 数据进行梳理，得出结果：1970—2011 年总共发生了 147 次金融危机，见图 3-6，其中 123 次都发生在发展中国家，其中有 95 个发展中国家发生了两次以上的危机。

① 江时学．金融全球化与发展中国家的经济安全——拉美国家的经验教训［M］．北京：社会科学文献出版社，2004.

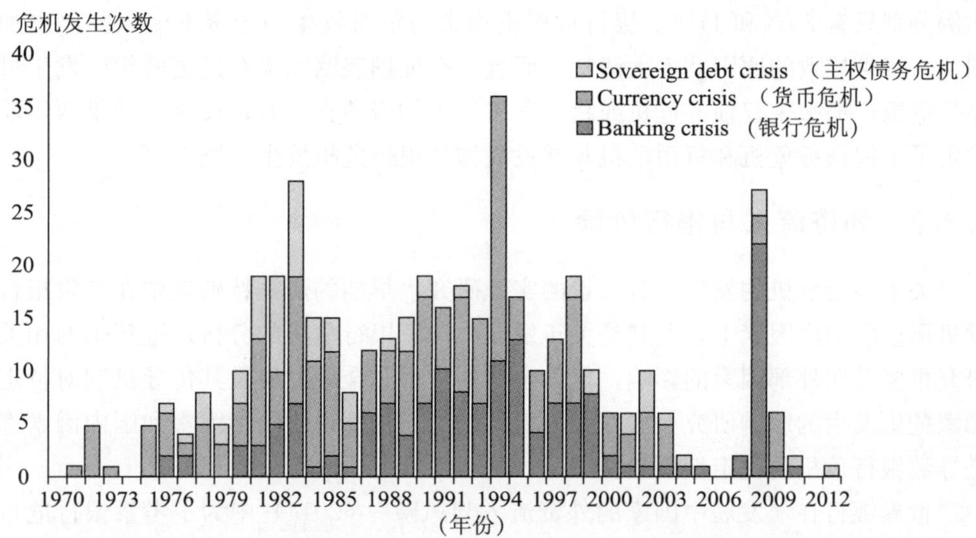

图 3-6 主权债务危机、货币危机和银行危机发生的频率

资料来源：Laeven 和 Valencia（2012），世界银行。

从数据中可以看出，这些危机发生得非常集中，相比主权危机来看，货币危机和银行危机发生得更加频繁，这些危机通常都发生在资本大量流入后，资本流入骤减的当年，见图 3-7。

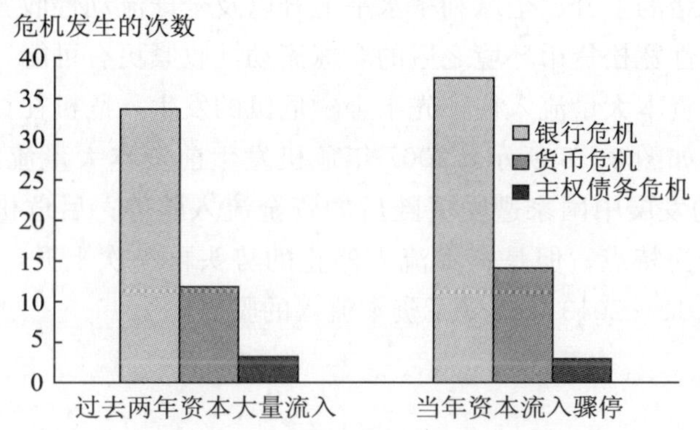

图 3-7 资本流入波动、停止与发展中国家经济危机的相关性

资料来源：Laeven 和 Valencia（2012），世界银行。

这在银行危机的爆发上表现得尤其明显，34％的银行危机都发生在发展中国家经历大量外资流入后的两年内，相对于货币危机和主权债务危机的发生，这个比例分别只有20%和17%。银行危机也通常与危机发生当年资本流入骤停更加相关，尽管导致的原因并不太清楚。而且，有证据表明如果在过去两年中发生过银行危机，那么主权债务危机或货币危机发生的概率会上升；反之，如果两年前发生了主权债务危机和货币危机却并没有增加银行危机发生的概率。[①]

3.3.2 外资流入与银行风险

关于银行危机的发生，有大量的实证研究，早期的研究特别集中在导致银行危机形成的国内因素上，尤其是关于发展中国家银行危机的分析；近年来的相关研究主要转向外部因素的影响，比如全球的货币和金融发展及其传导机制对特定国家危机发生的影响研究上。回归分析的结论通常都说明国际因素和国内因素都是导致银行危机的决定性因素。

世界银行在"发展中国家的外资流入与风险"（2014）中为了考量银行危机的发生与全球因素、本国因素和传导因素之间的关系，设立了一个回归方程式如下：

$$P\ (Crisis_{it}\mid W_{t,t-1},\ X_{it-1},\ Z_{it-1}) = F\ (\beta W_{t,t-1}+\lambda X_{it-1}+\theta Z_{it-1})$$

式中：P（·）——i 国可能在 t 期发生银行危机的概率；

W，X，Z 分别为全球因素、传导性因素和本国因素，均为解释变量；

F（·）——一个标准正态分布的方程式。

回归模型[②]说明某些变量在银行危机的形成风险上具有显著性，这些变量包括全球性避险情绪的上升、全球利率水平上升以及全球流动性收紧，尤其是经历一段时间的全球性宽松货币环境之后的全球流动性收紧更有可能导致银行危机。

如上所述，资本大量流入往往先于金融危机的发生，危机往往发生在资本流入骤停的当年，如图3-8所示，2007年危机发生前资本大量流入发展中国家，而样本中80%的发展中国家遭受了随后的资金流入骤停；后危机时期的反弹仍以大量资本流入为特点，但是资本流入停止的势头再一次上升，其中有15%的发展中国家在2012—2013年遭受了资本流入的骤停。

---

① The world bank, capital flows and risks in developing countries, Global Economic Prospects, 2014, January.

② 同上

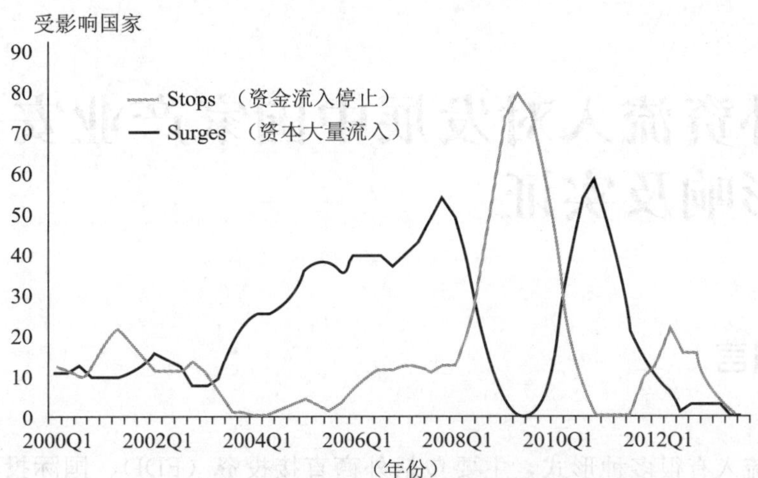

图 3-8 流入发展中国家的资本变动

资料来源：世界银行。

图 3-9 显示了实证模型中影响银行危机发生风险的不同变量的显著性，其绝对值表示每一个变量在银行危机发生似然率上升或下降中的相对重要性。通过实证发现 1970—2011 年，全球变量发挥的作用最大，解释了 58%的发生在发展中国家的银行危机的风险变化，本国变量解释了 29%的风险变化。然而，不能忽视外部变量对本国变量的影响，因为本国变量不是与外部变量相互孤立的，其中诸如宽松的全球金融市场就可能带来本国借贷的快速上升，汇率的变动以及储备的变动等与外部因素的关联度尤为密切。国与国之间的区别仅在于政策杠杆的使用，来影响全球金融状况对本国的影响，从而避免本国经济遭受过度的损失。

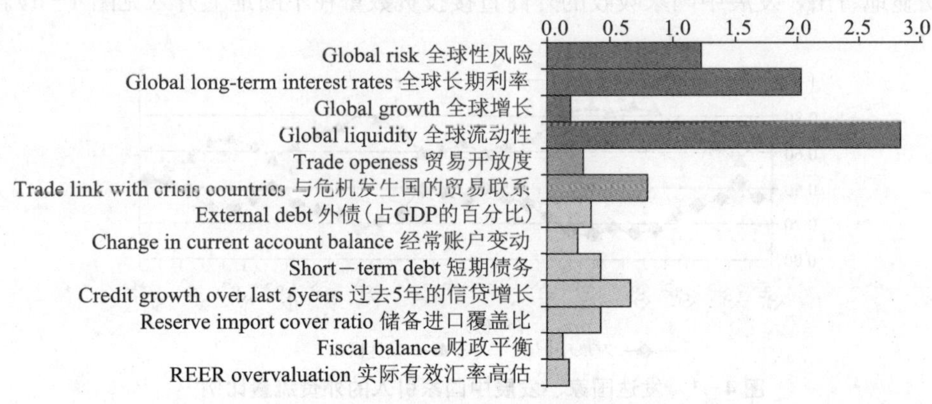

图 3-9 影响银行危机发生风险的相关变量

资料来源：世界银行。

4 外资流入对发展中国家产业安全的影响及实证

4.1 引言

外资流入有很多种形式，主要包括外商直接投资（FDI）、国际投机资本以及国际债务。对于产业经济安全影响更为直接的是外商直接投资，国际投机资本以及国际债务更多的是通过宏观领域来间接的影响一国的产业经济安全。所以本章中的外资流入主要是指外商直接投资。

Vernon（1966）从产业发展角度阐述了外商直接投资对于母国和东道国的影响。对于母国来说，外商直接投资是发生于其产业发展的成熟阶段和标准化阶段，目的是打开其他国家或地区的市场以及减少贸易成本和要素成本而提升企业的竞争优势。对于东道国来说，外商直接投资可以为其带来所需的资本、技术以及先进的管理经验等。看上去是一个双赢的局面。这一解释可以被第二次世界大战之后的美国对日本以及欧洲的对外直接投资的影响所验证。第二次世界大战后，美国经济快速发展，同时日本经济和欧洲经济的快速复苏也说明了这样一种发展模式的优势所在。自从 20 世纪 80 年代开始，虽然对外直接投资仍然主要发生在发达国家，但可以明显地看出，发展中国家吸收的外商直接投资数量在不断地上升（见图 4－1）。

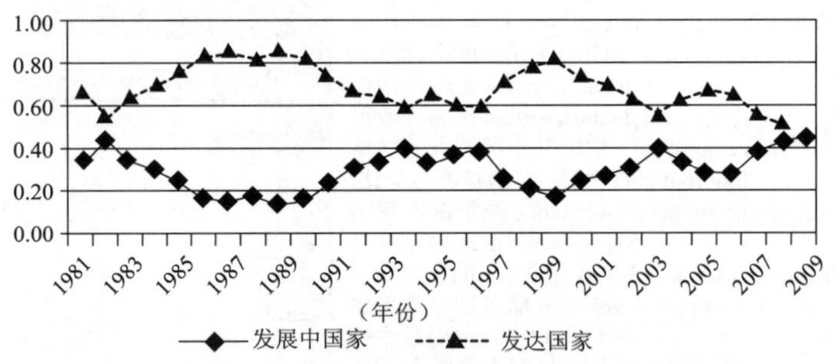

图 4－1 发达国家、发展中国家引入的外资流量比例①

① 数据来自联合国贸易和发展会议，www.unctad.org。

亚洲和美洲地区经济的快速发展，这些地区的发展中国家对于外资的吸引力更大（见图 4-2）。比如，20 世纪 80 年代起飞的亚洲四小龙（中国香港、新加坡、韩国、中国台湾），随后是 20 世纪 90 年代快速发展的亚洲四小虎（泰国、马来西亚、印度尼西亚和菲律宾），以及走向外向型经济的中国、印度、巴西等国家。那么，相同时段的外资流入的增长是否对这些国家的产业发展起到了促进作用呢？

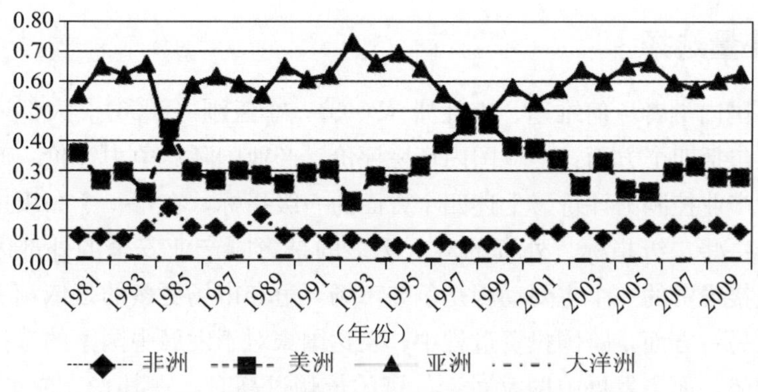

图 4-2　发展中国家外资流入在不同区域的分布①

按照 Vernon 的产品生命周期理论，外资流入发展中国家，应该发生在产业的标准化阶段。在这一阶段，产品的技术已经成熟并且标准化生产，外资流入发展中国家更多的是获得区位优势（成本优势）。但在这一过程中，对于发展中国家来说，机遇和风险并行。如果本国技术水平相对较高，可以在这一过程中，通过资本和先进技术的引入，提高本国产业的竞争力，促进本国产业结构的快速升级；然而对于技术水平较低的国家，可能只能承担加工组装环节，沦为产业价值链的底端，同时，其产业的发展过度依赖于外资，当由于劳动成本变化出现产业转移时，其产业发展将面临巨大风险。

如上所述，目前国内对于外资流入影响的研究已经做了大量的工作，有了比较完善的产业安全评价体系，但其研究重点依然仅集中于中国，并且更多的是产业安全体系指标的构建，对一国产业安全动态的实证分析文献还不是很多。对于不同发展阶段的国家，研究外资在其产业发展过程中的作用，对中国来说具有很大的借鉴意义。因此，本章将在国内学者构建的比较完善的产业安全评价体系基础之上，根据研究的问题以及可获得的数据，选取一些代表产业安全的指标，通

① 图形中的数据是由各洲发展中国家的外资流入与全世界发展中国家外资流入之比所得，数据来源同图 4-1。

过建立面板数据模型，从国别和时间两个维度上来分析，外商直接投资对于发展中国家产业安全的影响。

4.2 模型构建

4.2.1 变量选择

目前，国内学者［何维达、宋胜洲（2003），李孟刚（2006）］大都认为产业安全评价体系包括四个方面：产业国内环境评价、产业国际竞争力评价、产业对外依存度评价和产业控制力评价。上述四个方面为一级指标，在每一个一级指标下面具体的还包括一些二级指标。外资的流入更多的是影响产业安全的外部因素，一方面，跨国直接投资的一个主要动因是争夺市场，争夺市场更多的是依赖于产业的国际竞争力；另一方面，跨国投资过程中，发达国家对于发展中国家的选择更多的是基于成本优势，而当发展中国家对于外资的依赖过高时，在其丧失成本优势之后，产业安全会面临巨大的风险。因此，本章中由于外资的流入所引起的产业安全问题将集中于对产业的国际竞争力和产业的对外依存度这两个方面。

4.2.1.1 产业国际竞争力

产业安全指标体系中包括的二级指标有：产业国际市场占有率，产业国内市场占有率，产业国际竞争力指数，显示性比较优势指数，产业研发费用，价格比，产业集中度，产业国内竞争度等。而处于探讨的问题以及数据的可获性，本章选择了产业国际市场占有率、产业国际竞争力指数和显示性比较优势指数。下面为三个指标的概念及评价标准：

（1）产业国际市场占有率为一国某产业的出口与世界该产业出口总额之比。

（2）产业国际竞争力指数，又称产业贸易竞争力指数。它用产业的净出口与产业进出口总额的比值来衡量，直接反映产业的国际竞争力大小。这一指数的取值范围在−1 和 1 之间。当它小于 0 的时候，表明产业缺乏竞争力或处于比较劣势，其中，当一国的产业国际竞争力指数等于−1 的时候，则该国产业为完全进口，而大于−1 小于 0 时，该国产业为进口主导型产业，产业国际竞争力很弱；当这一指数等于 0 的时候，说明该国产业处于贸易平衡状态，该国和其竞争对手国家因为产品的差异化而各有竞争优势，所以此时本国产业具有中性竞争力或中性比较优势；当这一指数大于 0 并且趋于 1 的时候，说明该国产业是出口导向型产业，具有较强的竞争力或者比较优势。

(3) 显示性比较优势指数(Revealed Comparative Advantage Index, RCAI)。这一指数是由贝拉·巴拉萨(1965)提出,为一国某产业出口额占其出口总值的份额与世界该产业出口额占世界出口份额的比例。当这一指数大于2.5时,表明该国产业具有极强竞争力;在1.25和2.5之间,具有比较强的竞争力;在0.8和1.25之间,具有中等竞争力;小于0.8,表明该产业不具有竞争力。

4.2.1.2 产业对外依存度

产业对外依存度体系下面包括的二级指标有:产业进口对外依存度、产业出口对外依存度、产业资本对外依存度、产业技术对外依存度、产业出口对外资企业依存度等。由于所获数据的局限性,并且由于发展中国家在全球产业链的位置,本章将采取产业出口对外依存度和产业进口对外依存度作为衡量发展中国家产业对外依存度的指标。指标具体构成如下:

(1) 产业进口对外依存度可以说明产业对进口的原材料、零部件等的依赖程度。它等于产业当年进口的原材料、零部件等的金额与产业产值或总销售额之比。产业进口对外依存度越高,说明产业发展的风险越高。

(2) 产业出口对外依存度可以说明产业对国外市场的依赖性。它等于产业当年出口额占当年的总销售额之比。同样,这一指标越高,一国的产业安全面临的风险越高。

4.2.1.3 外资

如前所述,外资流入有很多种形式,主要包括外商直接投资,国际投机资本以及国际债务。对于产业经济安全影响更为直接的是外商直接投资,本章中的外资为外商直接投资(FDI)。

4.2.2 数据说明及来源

本章研究的是发展中国家的产业安全情况,由于过细的产业分类对于所有国家的数据获得来说难于实现,所以本章主要考察外资流入对发展中国家的农业、制造业、服务业三大产业安全的影响情况。

各地区发展中国家外商直接投资的比例如表4-1所示。

表4-1 各地区发展中国家外商直接投资的比例 (单位:%)

年份	非洲	美洲	亚洲	大洋洲
1981	8.12	35.87	55.43	0.58
1982	7.86	26.64	64.97	0.53

续 表

年份	非洲	美洲	亚洲	大洋洲
1983	7.53	29.45	62.00	1.02
1984	10.70	22.71	65.63	0.96
1985	17.22	43.86	38.04	0.87
1986	11.22	29.40	58.65	0.72
1987	11.21	26.49	61.68	0.61
1988	9.97	29.99	59.05	0.99
1989	15.27	28.53	55.15	1.05
1990	8.16	25.61	64.92	1.30
1991	8.87	29.15	60.64	1.34
1992	7.16	30.43	62.05	0.36
1993	7.09	19.73	72.93	0.25
1994	5.91	28.06	65.88	0.16
1995	4.88	25.49	69.16	0.47
1996	4.12	31.55	64.25	0.09
1997	5.79	38.55	55.50	0.16
1998	5.22	44.86	49.73	0.19
1999	5.50	45.54	48.73	0.22
2000	4.26	37.92	57.74	0.09
2001	9.69	37.35	52.86	0.10
2002	9.20	33.47	57.25	0.07
2003	11.12	24.85	63.84	0.19
2004	7.41	32.89	59.58	0.12
2005	11.48	23.49	64.95	0.08
2006	10.77	22.93	66.00	0.30
2007	11.02	29.58	59.20	0.20
2008	11.16	31.42	57.09	0.33
2009	11.78	27.62	60.23	0.37
2010	9.60	27.75	62.39	0.26

注：表中数据根据联合国贸易和发展会议网站（http：//unctad.org/）数据整理所得。

从图4-2中可以看出FDI流入的发展中国家主要集中于亚洲和美洲。表4-1中的数据可以更明显地看出这一点。在发展中国家里，亚洲和美洲地区所吸引的外商直接投资可以占到90%以上，其中又以亚洲地区所占比例最大。同时，即使在亚洲和美洲，外资流入的区域也并不均衡。在美洲，外商直接投资流入南美洲和中美洲的比例相对较高（见图4-3），其中主要是流向巴西和墨西哥。巴西一国所吸引的外资在美洲的比例平均可以达到1/5以上，墨西哥的外资流入在美洲区域的比例平均接近30%。发展中国家经济发展模式的类型之一“拉美模式”也是以巴西、墨西哥作为代表，所以在美洲的发展中国家中，本章选择了巴西和墨西哥作为考察的个体。

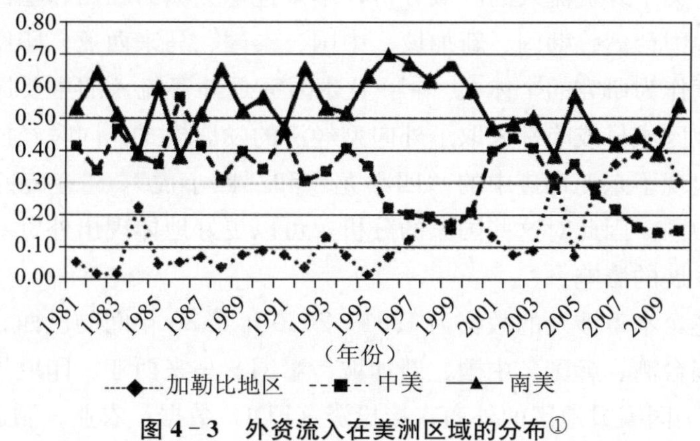

图4-3 外资流入在美洲区域的分布[①]

图4-4为外资在亚洲地区的分布情况。流入东亚的外资从20世纪80年代后期开始迅速上升，成为亚洲吸引外资的主要区域。吸引外资的区域较多的还有东南亚地区，尤其是在20世纪80年代到90年代上半期。有意思的是，从图形中可以看出东亚和东南亚对外资的吸引呈现此消彼长之势，这可能与产业的区域转移相关。具体到国家或地区的数据可以发现，在东亚，中国香港、中国台湾、韩国和中国的外资流入比例较大；对于东南亚地区，新加坡是外资流入的主要地区，其次是泰国、马来西亚、印度尼西亚、菲律宾。南亚地区的外资流入一直很低，但具体到国家数据可以发现，印度从20世纪90年代后期开始，外资流入的速度得到快速增长。

① 图中数据使用美洲各地区发展中国家的外商直接投资与整个美洲的发展中国家外商投资之比求得，数据来源于 http：//unctad.org/。

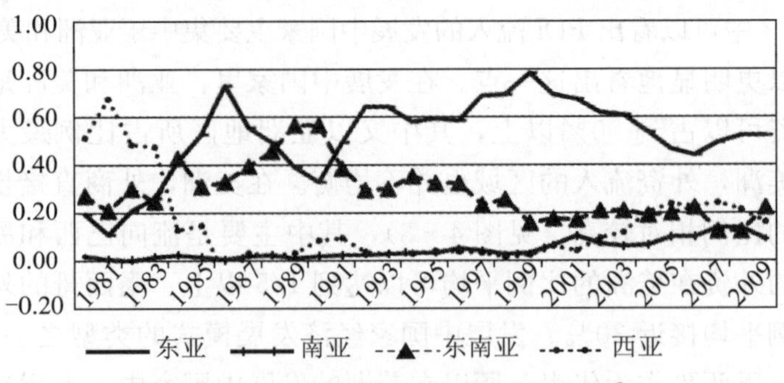

图 4－4 外资流入在亚洲区域的分布[①]

通过以上关于外资流入的区域分析，本章选择美洲的巴西和墨西哥，亚洲的中国香港、中国台湾、韩国、新加坡、中国、泰国、马来西亚、印度尼西亚、菲律宾以及印度作为研究的个体[②]。除了上述国家是外资流入的主要区域，并且这些国家或者地区或早或晚都采取了外向型经济的发展模式，同时经济也取得了快速的增长，出现了东亚奇迹中的“四小龙”和“四小虎”，“金砖四国”中的巴西、印度和中国。因此对这些国家的分析，可以更好地体现出外资对于外向型经济国家产业发展的影响。

综上所述，本章涉及的数据为 1981—2010 年共 30 年间的巴西、墨西哥、中国香港、中国台湾、韩国、中国、新加坡、泰国、马来西亚、印度尼西亚、菲律宾和印度 12 个国家或地区的外商直接投资（FDI）数据，农业、制造业和服务业的产业国际竞争力和产业对外依存度数据。具体数据来源如下。

4.2.2.1 外商直接投资（FDI）

外商直接投资的数据来源于联合国贸易和发展会议（联合国贸发会议），本章采用的是各国 FDI 的流量数据，原因在于产业国际竞争力和产业对外依存度的计算采用的都是流量数据。

4.2.2.2 产业国际竞争力

产业国际竞争力主要包括产业国际市场占有率、产业国际竞争力指数和 RCAI 三个指标，它们的计算涉及的具体指标包括各国或地区农业、制造业和服务业的出口额和进口额，世界农业、制造业和服务业的出口额以及各国或地区的

---

① 图中数据使用美洲各地区发展中国家的外商直接投资与整个美洲的发展中国家外商投资之比求得，数据来源于 http：//unctad. org/。

② 实际上，目前，韩国、新加坡已进入发达国家行列，但都是在 20 世纪 90 年代之后。所以在样本研究周期内，依然将其算入发展中国家。

出口总值和世界出口总值。这些指标的数据来源于国研网世界经济数据库中的世界贸易组织数据库。

4.2.2.3 产业对外依存度

产业对外依存度主要包括产业进口对外依存度和产业出口对外依存度两个指标。产业出口对外依存度计算过程中涉及的具体指标包括各国或地区农业、制造业和服务业的出口额和总销售额（或总产值），其中出口额的数据来源于国研网世界经济数据库，总销售额的数据来源于联合国数据库中的国民收入和生产核算账户数据库。由于数据的限制，本章仅考虑了各国或地区的制造业进口对外依存度。制造业进口对外依存度，除了制造业产值之外还需要知道各国或地区的制造业的中间产品的进口额，数据来源于国研网世界经济数据库。

4.2.3 模型设定

本章分析的问题为12个发展中国家或地区在1981年到2010年期间，外商直接投资（FDI）分别对农业、制造业和服务业的影响。这一问题面临的数据既包括个体维度又包括时间维度，因此下文中将应用面板数据模型分别对不同产业分析外资对其安全性的影响。模型形式如下：

$$y_{it}=\alpha_{it}+X_{it}'\beta+\varepsilon_{it} \quad (4-1)$$

式中：$i=1, 2, \cdots, 10$；

$t=1, 2, \cdots, 20$。

式（4-1）中，y_{it}为被解释变量，表示产业安全的各个指标；X_{it}为解释变量，表示各国或地区在30年间的FDI；α_{it}表示截距项，ε_{it}为误差项。

用面板数据建立模型并估计，首先需要进行是模型形式的选择，即在混合回归模型，固定效应模型和随机效应模型中选择最适合样本数据的模型。具体来说，就是对于截距项α_i的设定。如果对于任何个体或任何时点来说，截距项α_i均相等，那么需要建立的是混合回归模型；如果截距项都不相同，并且和模型中的解释变量相关，建立的应该是固定效应模型；如果截距项不相同，但和模型中的解释变量无关，建立的应该是随机效应模型。下文中将通过对模型的检验，来解决模型形式选择问题。

4.3 外资流入对发展中国家产业国际竞争力的影响

这一部分解决的问题是，FDI对于发展中国家或地区农业、制造业和服务业的国际竞争力的影响。产业国际竞争力在本章中是用三个不同的指标来分析的，下文将分别考察FDI对三个指标的影响，最后对结果进行综合分析。

4.3.1 外资流入对发展中国家农业国际竞争力的影响

4.3.1.1 变量的描述性统计分析

表4-2给出了农业国际竞争力指标的基本统计量分析。农业的国际市场占有率和RCAI为右偏的尖峰态分布，贸易竞争力指数为右偏的平峰态分布，因此，中位数相对于均值来说，对于集中趋势的描述要更为精确。因此，综合来看，12个发展中国家或地区在30年间，农业的国际市场占有率平均为0.011，贸易竞争力指数平均为0.065，RCAI平均为0.864。贸易竞争力指数虽然大于0但却离0非常近，意味着对于发展中国家来说，农业倾向于是贸易平衡性产业。RCAI的中位数为0.866，根据贝拉·巴拉萨的结论，显示性比较优势在0.8和1.25之间，表明12个发展中国家或地区的农业具有中等竞争力，与贸易竞争力指标的结论相似。

表4-2　　农业国际竞争力各项指标的统计量

	国际市场占有率	贸易竞争力指数	显示性比较优势指数
均值	0.0141	0.0658	1.2549
中位数	0.0109	0.06469	0.8645
最大值	0.0522	0.8163	4.6608
最小值	0.0028	−0.5968	0.1468
标准差	0.0097	0.3721	1.0468
偏度	1.3668	0.0706	1.2137
峰度	4.6069	1.8648	3.9435
观测值	360	360	360
横截面	12	12	12

以上是各国或地区的综合情况，下面将给出每一个国家或地区的具体分析。本文在具体国家情况分析时，将12个发展中国家或地区按照其经济发展程度的高低以及经济起飞时间的先后，分成三组。这样分组的目的在于更进一步地分析外资对于不同发展阶段国家产业的影响。第三部分为经济较为发达的发展中国家或地区（新加坡、中国台湾、中国香港和韩国），其经济起飞时间或者实行外向型经济的时间较早，紧跟其后的东南亚四国为第二部分，而巴西、墨西哥、中国

和印度这些新兴的工业化国家则属于第一部分。

首先从产业国际竞争力各个指标的序列图分析开始。图 4－5 为各国或地区农业国际市场占有率的情况，第三部分较为发达的国家或地区的农业国际市场占有率基本呈现倒 U 形的曲线；东南亚四国中，除了菲律宾的变化不大外，其余三国农业的国际市场占有率呈现上升趋势；第一部分国家的农业国际市场占有率处于上升状态。

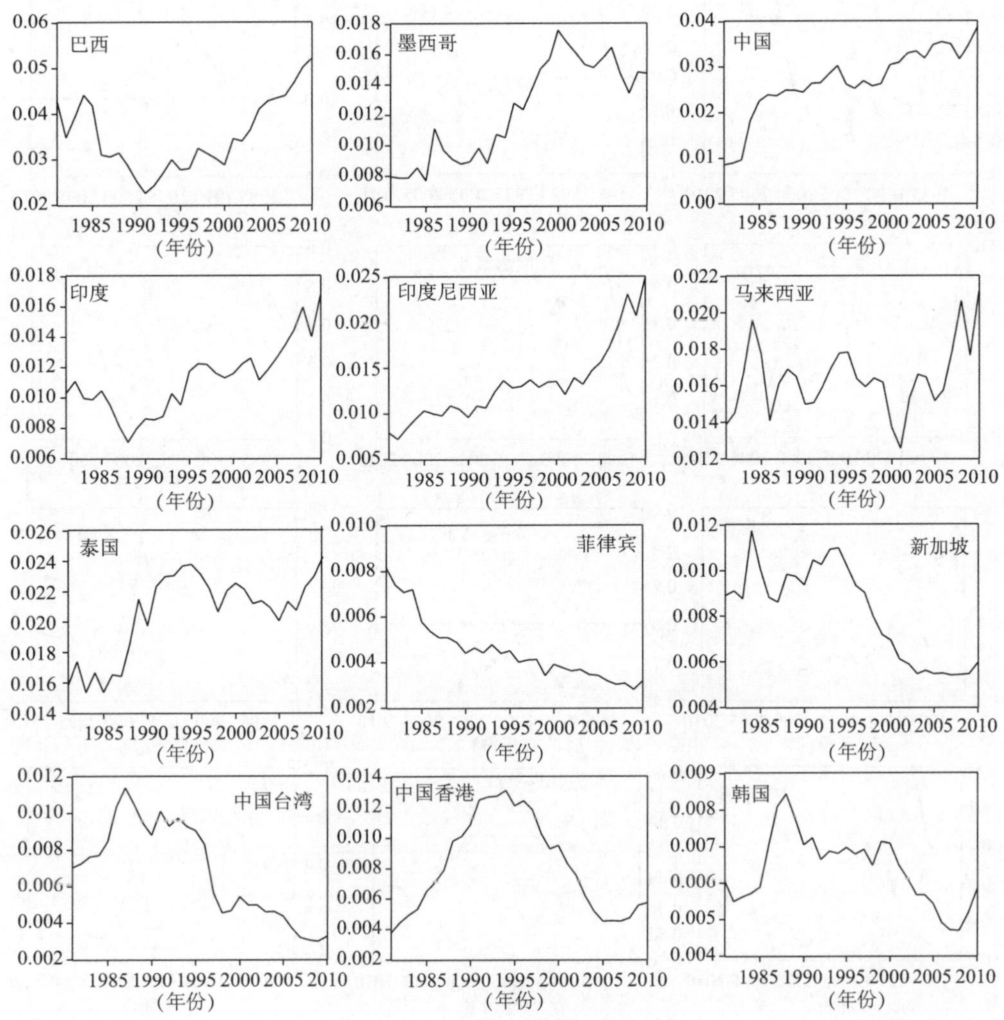

图 4－5 农业的国际市场占有率

图 4－6 显示的是农业贸易竞争力指数，第三部分国家或地区的农业贸易竞

争力指数在零线下方呈下降趋势，说明农业是其进口主导型产业，不具有竞争力；第二部分的国家中，除了印度尼西亚之外，马来西亚、泰国、菲律宾农业的贸易竞争力指数表现出持续下降的趋势；第一部分的国家，巴西和印度的农业贸易竞争力优势在零线上方，表明这两个国家的农业为出口导向型产业，而中国和墨西哥的农业则是从出口导向型转变为进口导向型。

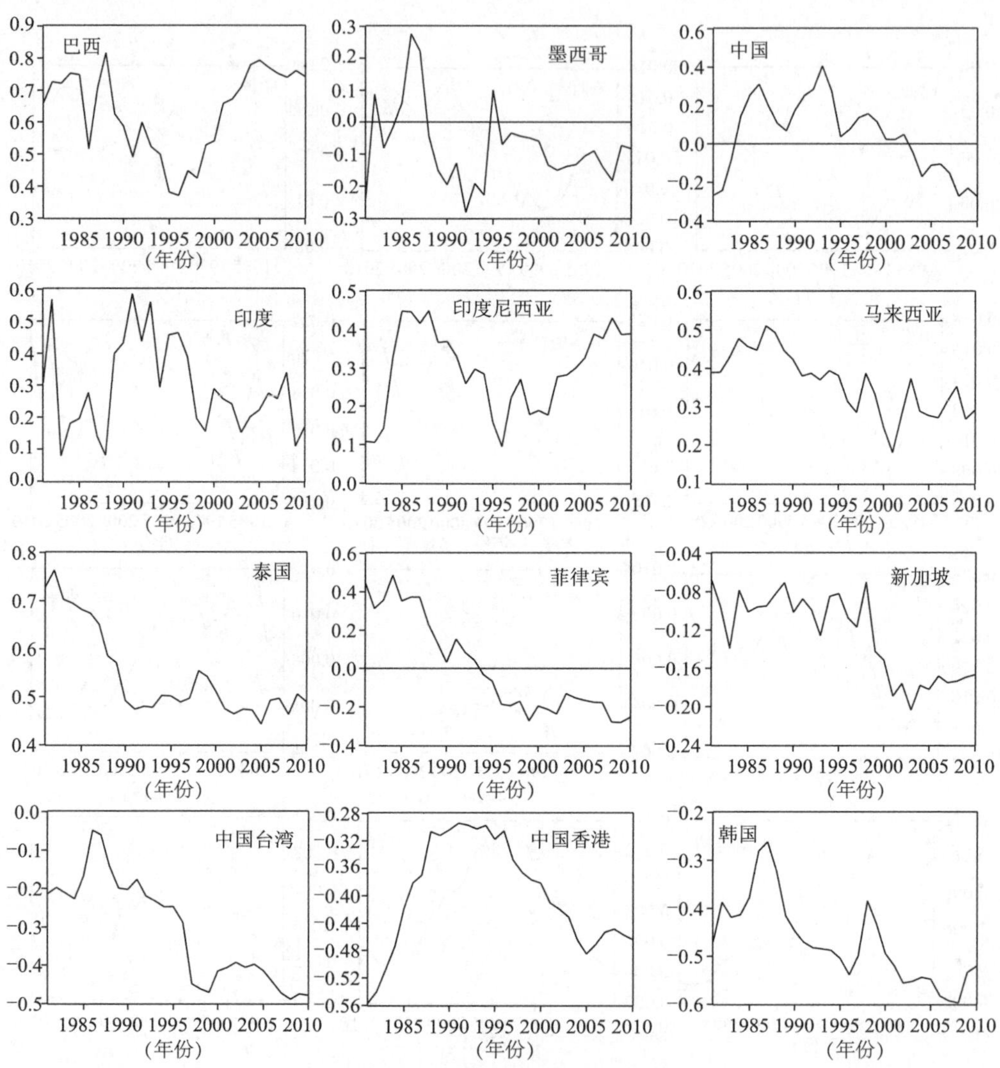

图 4-6　农业的贸易竞争力指数

图 4-7 给出的是显示性比较优势指数。第三部分的新加坡、中国台湾、中国香港和韩国，其农业的 RCAI 逐年递减并且均小于 0.8，表明农业不是这些国

家或地区具有竞争力的产业。第二部分的东南亚四国情况各不相同，但总体来说，除了菲律宾之外，其余三国农业仍然具有较强的竞争力；第一部分的国家，巴西的农业竞争力指数不断上升，并且一直具有极强的竞争力；墨西哥、印度和中国农业的比较优势处于下降趋势，但印度农业的比较优势仍然要大于墨西哥和中国，是其具有较强竞争力的产业，而对于中国和墨西哥来说，农业已逐渐成为其不具有竞争力的产业了。

从图 4－7 中三个指标的变动趋势，可以看出对于不同发展阶段的国家，工业化程度越高的国家或地区，农业的国际竞争力反而越低，这是否和流入的外商直接投资有关系呢？这一问题可以通过变量间的相关分析得到初步解释。

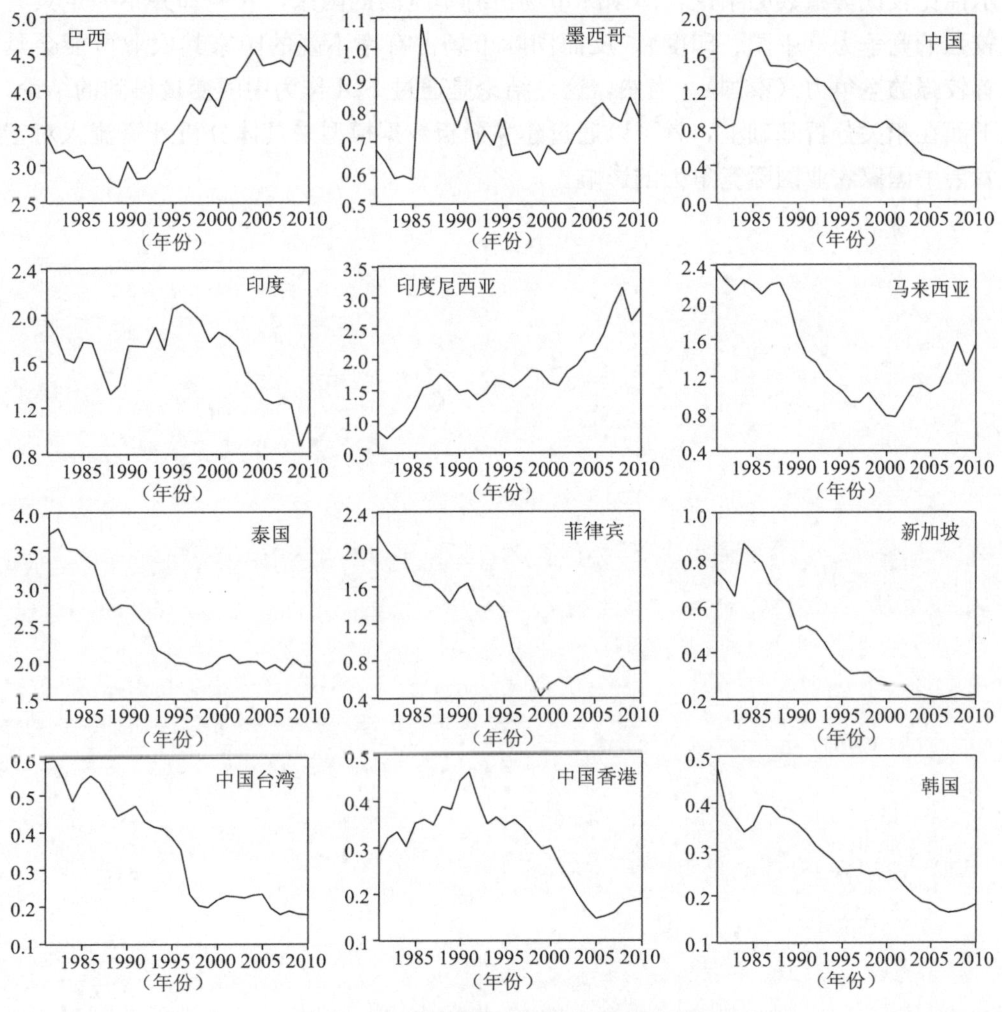

图 4－7　农业的显示性比较优势指数

4.3.1.2　变量的相关分析

表 4－3 为外商直接投资（FDI）与农业的国际市场占有率，贸易竞争力指数和显示性比较优势指数之间的相关关系。明显地，外资的流入与农业国际竞争力具有显著的相关关系。综合三个指标来看，相关系数分析基本上可以得到三种情况：一是三个指标和外资的关系都呈现正相关，这表明外资的流入对于提升农业的竞争力是有正向影响的（巴西、印度尼西亚）；二是三个指标和外资的关系都呈现负相关，这表明外资的流入会降低农业的竞争力（菲律宾、马来西亚、新加坡、中国台湾、中国香港、韩国），这种现象更多出现于第三部分国家；三是三个指标和外资的关系不一致，其中，国际市场占有率得出不同于贸易竞争力和显示性比较优势指数的结论，即国际市场占有率越高的国家，农业却并不一定具有较强的竞争力（中国、印度），反而国际市场占有率不高的国家其农业可能会具有较强的竞争力（泰国）。当然，这一结论是通过 FDI 作为中间变量得到的结论。下面在相关分析基础上，就可以通过建立面板数据模型来具体分析外资流入对于发展中国家农业国际竞争力的影响。

表 4-3　外商直接投资与农业产业竞争力的相关系数

FDI \ 市场占有率	巴西	墨西哥	中国	印度	印度尼西亚	马来西亚	泰国	菲律宾	新加坡	中国台湾	中国香港	韩国
巴西	0.51***											
墨西哥		0.87***										
中国			0.78***									
印度				0.80***								
印度尼西亚					0.75***							
马来西亚						−0.46**						
泰国							0.45**					
菲律宾								−0.68***				
新加坡									−0.67***			
中国台湾										−0.59***		
中国香港											−0.39**	
韩国												−0.33*
FDI \ 贸易竞争力	**巴西**	**墨西哥**	**中国**	**印度**	**印度尼西亚**	**马来西亚**	**泰国**	**菲律宾**	**新加坡**	**中国台湾**	**中国香港**	**韩国**
巴西	0.14											
墨西哥		−0.30										
中国			−0.57***									

续 表

贸易竞争力 FDI	巴西	墨西哥	中国	印度	印度尼西亚	马来西亚	泰国	菲律宾	新加坡	中国台湾	中国香港	韩国
印度				−0.21								
印度尼西亚					0.29							
马来西亚						−0.46**						
泰国							−0.61***					
菲律宾								−0.71***				
新加坡									−0.63***			
中国台湾										−0.62***		
中国香港											−0.33*	
韩国												−0.49***
RCAI FDI	巴西	墨西哥	中国	印度	印度尼西亚	马来西亚	泰国	菲律宾	新加坡	中国台湾	中国香港	韩国
巴西	0.79***											
墨西哥		−0.01										
中国			−0.86***									
印度				−0.71***								
印度尼西亚					0.67***							
马来西亚						−0.53***						

续 表

FDI \ RCAI	巴西	墨西哥	中国	印度	印度尼西亚	马来西亚	泰国	菲律宾	新加坡	中国台湾	中国香港	韩国
泰国							−0.72***					
菲律宾								−0.66***				
新加坡									−0.72***			
中国台湾										−0.66***		
中国香港											−0.74***	
韩国												−0.75***

注：*、**、***分别表示在10%、5%、1%的水平上显著不为0。

4.3.1.3 面板模型设定和估计

本节将分别建立并估计 FDI 对农业的国际市场占有率、贸易竞争力指数和显示性比较优势指数的影响三个面板数据模型，再针对模型的结果给出综合的分析。这样模型中的被解释变量分别为农业的国际市场占有率、贸易力竞争指数和显示性优势指数。样本研究的跨度为 30 年，在这期间很有可能 FDI 对于农业产业竞争力的影响是非线性的，因此解释变量为 FDI 和 FDI 的平方项。通过面板数据的 F 检验和 Hausman 检验，本章采取的是个体时点固定效应回归模型(time and entity fixed effects regression model)，模型的估计结果参见表 4－4。

表 4－4　　外资流入对农业国际竞争力影响模型的估计结果

	国际市场占有率（%）(1)	贸易竞争力指数（2）	显示性比较优势指数（3）
FDI（百亿）	0.1499***	0.0815***	0.1574***
FDI^2	－0.0040	－0.0097***	－0.0217***
Constance	1.2862***	0.0236**	1.1843***
R^2	0.8727	0.9191	0.8697
F	51.7475***	85.7640***	50.3707***
obs	360	360	360

注：***、**、*分别表示在 1%、5%、10%的水平上，系数是显著的。

4.3.1.4 估计结果解释

表 4－4 给出了 12 个发展中国家或地区的 FDI 对于农业国际竞争力的影响。除了农业的国际市场占有率随着 FDI 规模的扩大呈现上升趋势外，FDI 对于农业的贸易竞争力和比较优势的影响均是非线性的，并且呈现倒 U 形。也就是说，当外资流入达到一定规模前，FDI 增长会导致农业国际竞争力的上升；当外资流入达到一定规模后，FDI 增长则会引起农业国际竞争力的下降。我们在前面的变量描述性统计分析中也曾经提到过，国际市场占有率的扩大并不一定表明该产业的国际竞争力上升。因此，对于这 12 个外资流入规模较大的发展中国家或地区来说，综合来看，外资的流入最终会导致其农业的竞争力呈现下降趋势。

是不是 FDI 对所有的发展中国家或地区的影响都是一致的呢？还是对处于不同发展阶段的发展中国家或地区的影响会有所不同？这个问题在模型中就等同于，是不是所有国家或地区的 FDI 平方项系数的符号均为负？

表 4-5 **FDI 平方项影响的分析**

		国际市场占有率（%）(1)	贸易竞争力指数（2）	显示性比较优势指数（3）
FDI（百亿）		0.0024***	0.0754***	0.0642
FDI^2	巴西	0.0001	−0.0053	0.0605***
	墨西哥	0.0001	−0.0160*	0.0007
	中国	−0.0001*	−0.0094***	−0.0147***
	印度	−0.0003	−0.0173**	−0.0652***
	印度尼西亚	0.0066***	0.0988*	1.1045***
	马来西亚	0.0007	−0.0545	−0.7873***
	泰国	−0.0001	−0.0506	−1.0758***
	菲律宾	−0.0521*	−4.7968***	−12.0382***
	新加坡	−0.0010***	−0.0145**	−0.0392*
	中国台湾	−0.0129***	−0.3513**	−0.5772
	中国香港	−0.0005***	−0.0101***	−0.0114
	韩国	−0.0031	−0.0026	0.0127
Constance		0.0126***	0.0402***	1.2661***
R^2		0.9110	0.9282	0.9130
F		59.1232***	74.6716***	60.6216***
obs		360	360	360

注：***、**、*分别表示在1%、5%、10%的水平上，系数是显著的。

从表 4-5 中二次项的符号可以看出，工业化程度较高的第三部分国家或地区（新加坡、中国台湾、中国香港和韩国），FDI 与农业的竞争力之间是倒 U 形关系。即随着外资流入的规模扩大，这些国家或地区的农业国际竞争力将呈现下降趋势，这与这些国家对于产业发展结构的选择有关，外资的流入使得国内的资源也倾向于流向农业外的其他产业。

对于第二部分的东南亚国家来说，外资对其农业的影响并不一致，印度尼西亚农业的国际竞争力在不断上升，而其他三国农业的国际竞争力却在不断下降，这与印度尼西亚本身特有的禀赋优势相关。

对于第一部分的新兴工业化国家来说，除了巴西以外（巴西和印度尼西亚的情况相似，都是由于木身的禀赋条件），其他三国的农业国际竞争力随着外资规模的扩大呈现下降趋势。对于第一部分的国家或地区来说，农业不是其优势产业，更多是受其本身资源限制，但是像中国、印度和泰国这些农业比较发达的国家，农业的国际竞争力却随着外资的流入而逐渐下降，这也体现了外商直接投资或者说跨国企业经营对于东道国所带来的不利影响，将更多的资源吸引到单一产业，不利于产业结构的均衡发展。

4.3.2 外资流入对发展中国家制造业国际竞争力的影响

4.3.2.1 变量的描述性统计分析

表4-6给出了制造业国际竞争力指标的基本统计量分析。国际市场占有率指标为右偏的尖峰态分布，贸易竞争力指数为左偏的尖峰态分布，而显示性比较优势指数在5%的显著水平上为正态分布。因此，对于前两个指标，用中位数作为其集中趋势的表述更准确；对于显示性比较优势指数来说，均值和中位数没有显著差异，都可以作为集中趋势的表述。因此，12个发展中国家或地区在30年间，制造业的国际市场占有率平均为0.0140，贸易竞争力指数平均为0.0235，显示性比较优势指数平均为1.2070。贸易竞争力指数虽然大于0但却离0非常近，说明这些国家在30年间，制造业倾向于是贸易平衡性产业。显示性比较优势指数的中位数为1.2070，明显高于农业的比较优势指数，根据贝拉·巴拉萨的结论，显示性比较优势在0.8和1.25之间表明12个发展中国家或地区的制造业具有中等竞争力。

表4-6　　　　制造业国际竞争力各项指标的统计量

	国际市场占有率	贸易竞争力指数	显示性比较优势指数
均值	0.0205	0.0095	1.1193
中位数	0.0140	0.0235	1.2070
最大值	0.1567	0.4977	2.0102
最小值	0.0007	−0.8351	0.0785
标准差	0.0200	0.1987	0.3459
偏度	3.0739	−0.7482	−0.2878
峰度	17.9704	4.8601	2.8658
观测值	360	360	360
横截面	12	12	12

以上是12个国家或地区在30年间的综合情况分析，每一个国家的具体情况可

以从以下的图形分析得到一些初步结论。首先从各个变量的序列图分析开始。图4-8中显示的是各个发展中国家或地区制造业的国际市场占有率指标，可以看出与农业的情况并不一样。第三部分的国家或地区，除了中国台湾制造业的国际市场占有率呈现一个倒U形之外，其余三个国家或地区制造业的国际市场占有率均呈现上升趋势，其中新加坡和中国香港的国际市场占有率的增长速度在1995年后开始变缓。第二部分的东南亚四国，变化趋势相似，都在经历了快速的上升后，或是上升趋于平缓或是有上升趋势转为下降趋势。第一部分的国家，与农业国际市场占有率表现相反，巴西制造业的国际市场占有率在波动的下降，而墨西哥、中国和印度却一直呈现上升趋势，尤其是中国和印度在2000年后上升的速度更快。

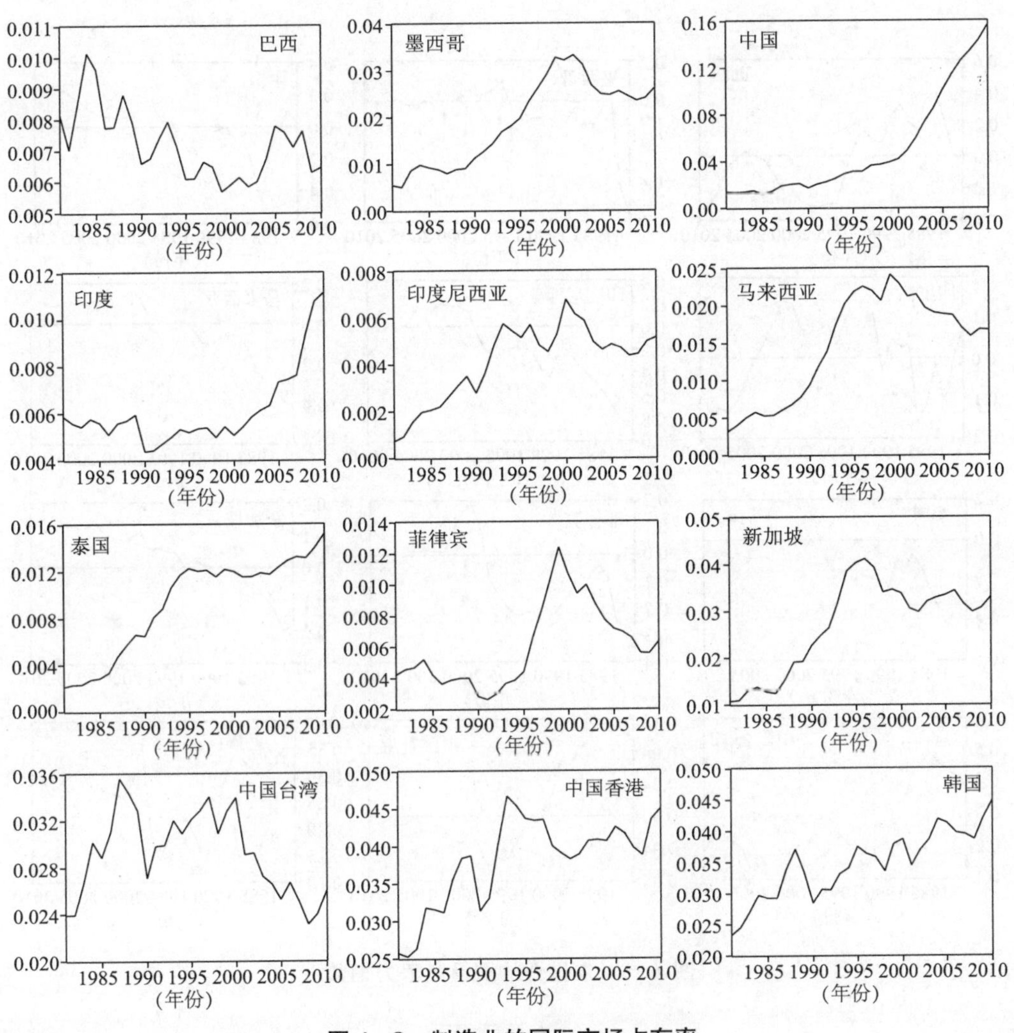

图4-8　制造业的国际市场占有率

图 4－9 为各国或地区制造业的贸易竞争力指数。第三部分“东亚模式”代表的新加坡、中国台湾、中国香港、韩国制造业显然比农业的贸易竞争力更高，除了中国香港的制造业从 20 世纪 90 年代后成为进口主导型外，其余三者均是出口导向型，尤其是新加坡一直处于上升的势头。第二部分的国家中，除了印度尼西亚之外，马来西亚、泰国、菲律宾制造业的贸易竞争力指数表现出持续上升的趋势，逐步从进口导向型转变为出口导向型。第一部分中的新兴工业化国家的情况则有些复杂，它们的贸易竞争力指数一直处于波动状态，其中巴西是典型的进口主导型，而墨西哥、中国还有印度则是逐渐从贸易平衡型向出口导向型发展，这其中中国表现很好，而印度在 2000 年后其贸易竞争力开始下降，这可以清楚地看出市场占有率的快速上升并不代表贸易竞争力的上升。

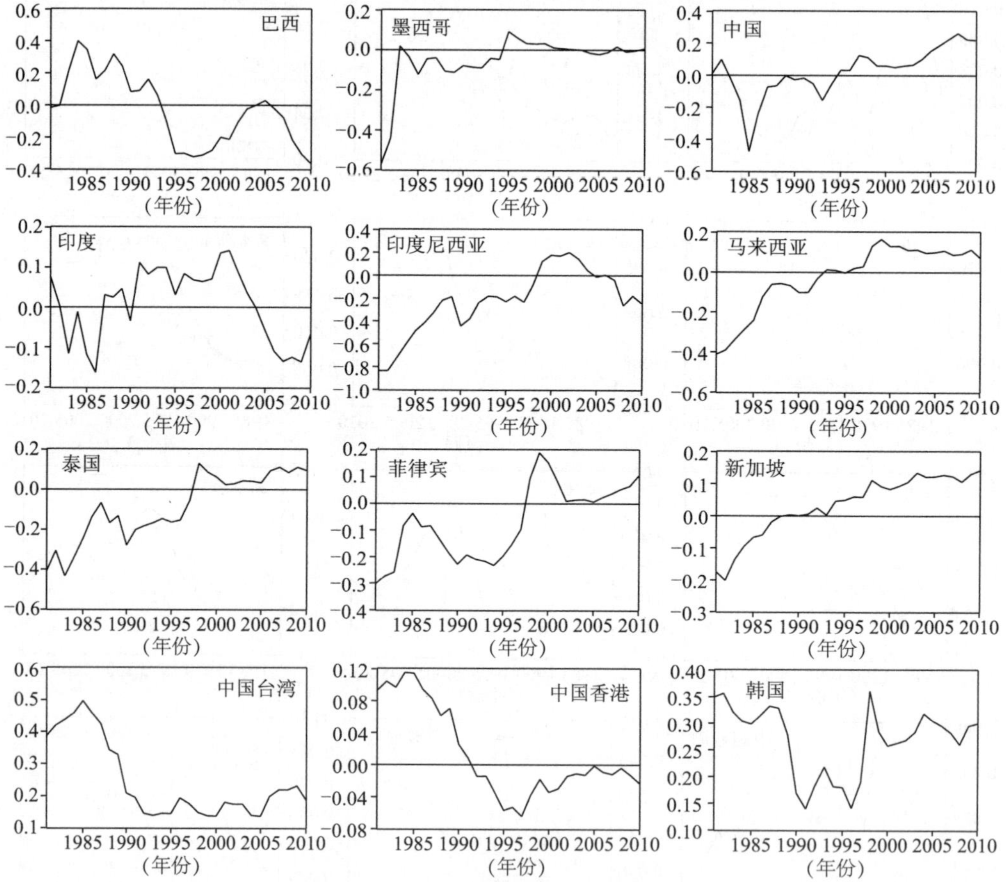

图 4－9　制造业的贸易竞争力指数

图 4－10 为各国或地区制造业的显示性比较优势指数。第三部分的国家或地区的显示性比较优势大都处于 1.25 和 2.5 之间，表明这些国家或地区的制造业具有比较强的国际竞争力，但从图 4－10 中的变化趋势可以看出这些国家或地区的比较优势下滑至比较稳定的阶段。第二部分的东南亚四国，除了印度尼西亚的显示性比较优势指数小于 0.8 之外，其余三国均位于 0.8 和 1.25 之间，表明这些国家的制造业具有中等竞争力。对于第一部分的国家来说，除了巴西的小于 0.8 之外，其余国家都处于中等竞争力阶段。和国际市场占有率相反的仍然是印度，从图 4－10 中可以看出印度制造业的比较优势指数仍然在不断地下降。

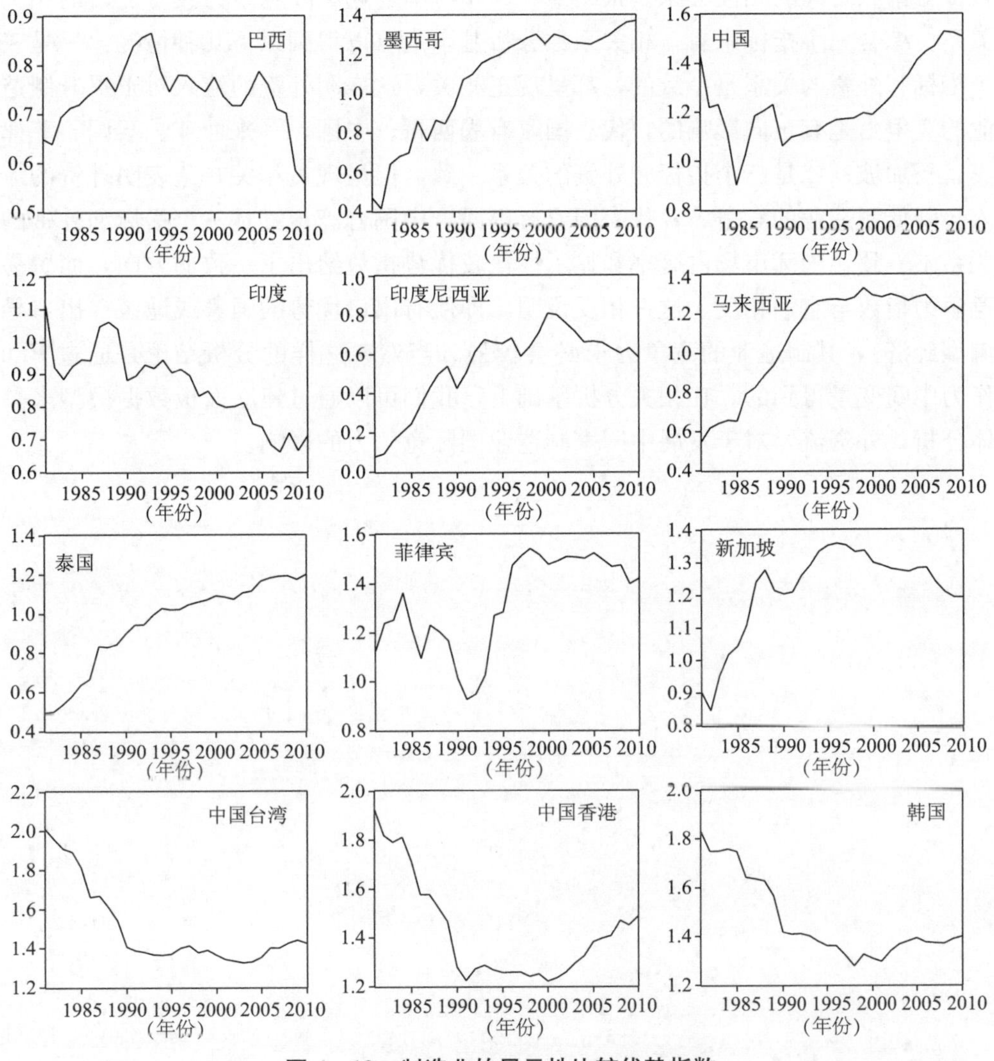

图 4－10　制造业的显示性比较优势指数

以上是代表制造业竞争力的三个指标的变动趋势，从中可以发现对于不同发展阶段的国家和地区，制造业竞争力表现出不同的状态。稍微成熟的工业化国家，制造业竞争力开始呈现下降态势，但仍然保持在比较具有竞争力的状态；而新兴的工业化国家则表现出竞争力不断上升的趋势，以农业资源为主的发展中国家其制造业呈现下降趋势。这种状态的变化是否和流入的外商直接投资有关呢？这一问题可以通过变量之间的相关分析得到一个初步的认识。

4.3.2.2　变量的相关分析

表 4 - 7 为外商直接投资与制造业的国际市场占有率，贸易竞争力指数和比较优势指数之间的相关关系。很明显，FDI 与制造业国际竞争力具有显著的相关关系。综合三个指标来看，相关系数分析基本上可以得到以下几种情况：一是三个指标和外资的关系是一致的，都呈现正相关，这表明外资的流入对于提升制造业的竞争力是有正向影响的，代表国家有墨西哥、中国、马来西亚、泰国、菲律宾、新加坡；二是三个指标和外资的关系一致，但呈现负相关，这表明外资的流入会降低制造业的竞争力，代表国家有巴西、中国台湾；三是三个指标和外资的关系不一致，国际市场占有率和显示性比较优势指数给出了一致的方向，而贸易竞争力指数与它们相反。这一相反说明，即使有出口优势的国家或地区（出口导向型经济），其制造业的竞争力未必会较强。当然，这样的分析结论是通过 FDI 作为中间变量得到的。在相关分析基础上，我们可以通过建立面板数据模型来具体分析，外资流入对于发展中国家制造业国际竞争力的影响。

表 4-7 外商直接投资与制造业产业竞争力的相关系数

市场占有率 / FDI	巴西	墨西哥	中国	印度	印度尼西亚	马来西亚	泰国	菲律宾	新加坡	中国台湾	中国香港	韩国
巴西	−0.41**											
墨西哥		0.76***										
中国			0.76***									
印度				−0.74***								
印度尼西亚					0.14							
马来西亚						0.63***						
泰国							0.79***					
菲律宾								0.50***				
新加坡									0.38**			
中国台湾										−0.44**		
中国香港											−0.23	
韩国												−0.61***
贸易竞争力 / FDI	**巴西**	**墨西哥**	**中国**	**印度**	**印度尼西亚**	**马来西亚**	**泰国**	**菲律宾**	**新加坡**	**中国台湾**	**中国香港**	**韩国**
巴西	−0.46**											
墨西哥		0.83***										
中国			0.95***									

续 表

贸易竞争力 / FDI	巴西	墨西哥	中国	印度	印度尼西亚	马来西亚	泰国	菲律宾	新加坡	中国台湾	中国香港	韩国
印度				0.89***								
印度尼西亚					0.17							
马来西亚						0.59***						
泰国							0.75***					
菲律宾								0.38**				
新加坡									0.58***			
中国台湾										−0.21		
中国香港											0.43**	
韩国												0.75***
RCAI / FDI	巴西	墨西哥	中国	印度	印度尼西亚	马来西亚	泰国	菲律宾	新加坡	中国台湾	中国香港	韩国
巴西	−0.41**											
墨西哥		0.76***										
中国			0.76***									
印度				−0.74***								
印度尼西亚					0.14							
马来西亚						0.63***						

续 表

RCAI / FDI	巴西	墨西哥	中国	印度	印度尼西亚	马来西亚	泰国	菲律宾	新加坡	中国台湾	中国香港	韩国
泰国							0.79***					
菲律宾								0.50***				
新加坡									0.38**			
中国台湾										−0.44**		
中国香港											−0.23	
韩国												−0.61***

注：*、**、***，分别表示在10%、5%、1%的水平上显著不为0。

4.3.2.3 面板模型设定和估计

与农业竞争力的考察一样，我们将分别考虑外资流入对制造业竞争力的三个指标的影响，建立三个面板数据模型，再针对模型的结果给出综合的分析。这样模型中的被解释变量分别为制造业的国际市场占有率、贸易竞争指数和显示性优势指数。考虑到样本研究跨度为30年，在这期间，很有可能外资的流入对于农业产业竞争力的影响是非线性的，因此解释变量为FDI和FDI的平方项。通过面板数据的F检验和Hausman检验，本章采取的是个体时点固定效应回归模型（time and entity fixed effects regression model），模型的估计结果参见表4-8。

表4-8　外资流入对制造业竞争力影响模型的估计结果

	国际市场占有率（%）(1)	国际贸易竞争指数（2）	显示性比较优势指数（3）
FDI（百亿）	−0.4306***	−0.1032***	−0.0720***
FDI^2	0.1508***	0.0108***	0.0087***
Constance	1.9157***	0.0680***	1.1561***
R^2	0.9008	0.5757	0.7335
F	68.5149***	10.2399***	20.7697***
obs	360	360	360

注：***、**、*分别表示在1%、5%、10%的水平上，系数是显著的。

4.3.2.4 估计结果解释

表4-8给出了发展中国家或地区的FDI对于制造业国际竞争力的影响。与农业不一样，对于制造业来说，这三个指标的结论是一致的。即FDI对于制造业的国际市场占有率、贸易竞争力和显示性比较优势的影响均是非线性的，并且呈现U形。也就是说，当外资流入达到一定规模前，FDI增长会导致制造业国际竞争力的降低；当外资流入达到一定规模后，FDI增长则会引起制造业国际竞争力的上升。原因可能在于，引入外资之初，发展中国家的制造业处于起步阶段，而此时的外资流入更多的是在全球范围内寻找最佳的资源配置和扩大市场容量，同时发展中国家的技术弱势，使得发展中国家与发达国家的分工格局中处于产业价值链中较低的部分。随着发展中国家制造业实力的上升、技术水平、管理经验的上升，外资流入的目的不仅是成本和市场，更多的是技术研发的合作，同时发展中国家也意识到外资可以带来更高附加价值的行业，这加强了发展中国家制造业的实力。

具体到个体分析，是不是FDI对所有发展中国家或地区的影响都是一致的呢？还是对处于不同发展阶段的发展中国家或地区的影响会有所不同？这个问题在模型中就等同于，是不是所有个体的FDI平方项系数的符号均为正。

表4-9　FDI平方项影响的分析

		国际市场占有率（%）(1)	贸易竞争力指数（2）	显示性比较优势指数（3）
FDI（百亿）		0.1795**	−0.0705***	−0.0672**
FDI^2	巴西	−0.0647***	−0.0141**	0.0052
	墨西哥	0.1139***	0.0167	0.0733***
	中国	0.1070***	0.0085***	0.0093***
	印度	−0.0241	−0.0014	−0.0042
	印度尼西亚	−0.2879	0.0747	0.1361
	马来西亚	0.5802	0.2536**	0.5644***
	泰国	0.1259	0.2529***	0.4098***
	菲律宾	−5.2918	0.9035	2.8861*
	新加坡	0.0067	0.0200**	0.0185*
	中国台湾	−1.6324***	−0.3685***	−0.4143*
	中国香港	−0.0229*	0.0057	0.0066
	韩国	0.4452	−0.0865	−0.3403***
Constance		1.6848***	0.0456***	1.1267***
R^2		0.9503	0.6427	0.7876
F		110.4158***	10.3869***	21.4045***
obs		360	360	360

注：***、**、*分别表示在1%、5%、10%的水平上，系数是显著的。

从表4-9中二次项的符号可以看出，第三部分工业化程度较高的新加坡、中国台湾、中国香港和韩国，外资流入对其制造业竞争力的影响并不一样，随着外资流入的扩大，新加坡制造业的竞争力处于上升态势，而中国台湾、中国香港和韩国的竞争力却处于下降状态，尤以中国台湾地区的影响更为严重。对于第二部分的东南亚四国（印度尼西亚、马来西亚、泰国和菲律宾）来说，除了印度尼西亚制造业的竞争力在不断下降（其二次项均不显著），而其他三国制造业的竞争力在外资流入达到一定规模后都呈现上升趋势。对于第一部分的新兴工业化国家巴西、墨西哥、中国和印度来说，巴西和印度的制造业竞争力处于下降态势，而墨西哥和中国制造业的竞争力在外资流入达到一定规模后开始呈现上升趋势。可见对于制造业来说，即使处于同一发展阶段的国家或地区，外资对于制造业国际竞争力的影响也不尽相同。原因可能在于本土资源禀赋的影响，以及各国或地区产业结构变迁的不同步。

4.3.3 外资流入对发展中国家服务业国际竞争力的影响

4.3.3.1 变量的描述性统计分析

表 4 - 10 给出了服务业国际竞争力指标的基本统计量分析。国际市场占有率和显示性比较优势指数为右偏的尖峰态分布，而贸易竞争力指数则为正态分布。所以，对于前两个指标来说，用中位数作为集中趋势的表述更为准确，对于贸易竞争力指数来说，均值和中位数没有显著差异，都可以作为集中趋势的表述。因此，12 个发展中国家或地区在 30 年间，服务业的国际市场占有率平均为 0.0085，贸易竞争力指数平均为—0.0792，RCAI 平均为 0.6547。从数值大小来说，服务业国际竞争力指数比农业和制造业都要小。贸易竞争力指数小于 0，表明服务业对于发展中国家或地区整体来说仍然是进口主导型。显示性比较优势指数为 0.6547，根据贝拉 · 巴拉萨的结论，显示性比较优势小于 0.8 的时候，说明发展中国家或地区的服务业不具有竞争优势。以上是 12 个国家或地区在 30 年间的综合情况分析，每一个国家或地区的具体情况可从图 4 - 11 的图形分析得到一些初步结论。首先从各个变量的序列图分析开始。

表 4 - 10　　服务业的产业竞争力各项指标的统计量

	国际市场占有率	贸易竞争力指数	显示性比较优势指数
均值	0.0113	—0.0774	0.7311
中位数	0.0085	—0.0792	0.6547
最大值	0.0461	0.4426	2.0813
最小值	0.0006	—0.8306	0.0971
标准差	0.0081	0.2296	0.3461
偏度	1.1034	—0.2254	0.9996
峰度	3.7605	3.2851	4.0943

续 表

	国际市场占有率	贸易竞争力指数	显示性比较优势指数
观测值[①]	359	359	359
横截面	12	12	12

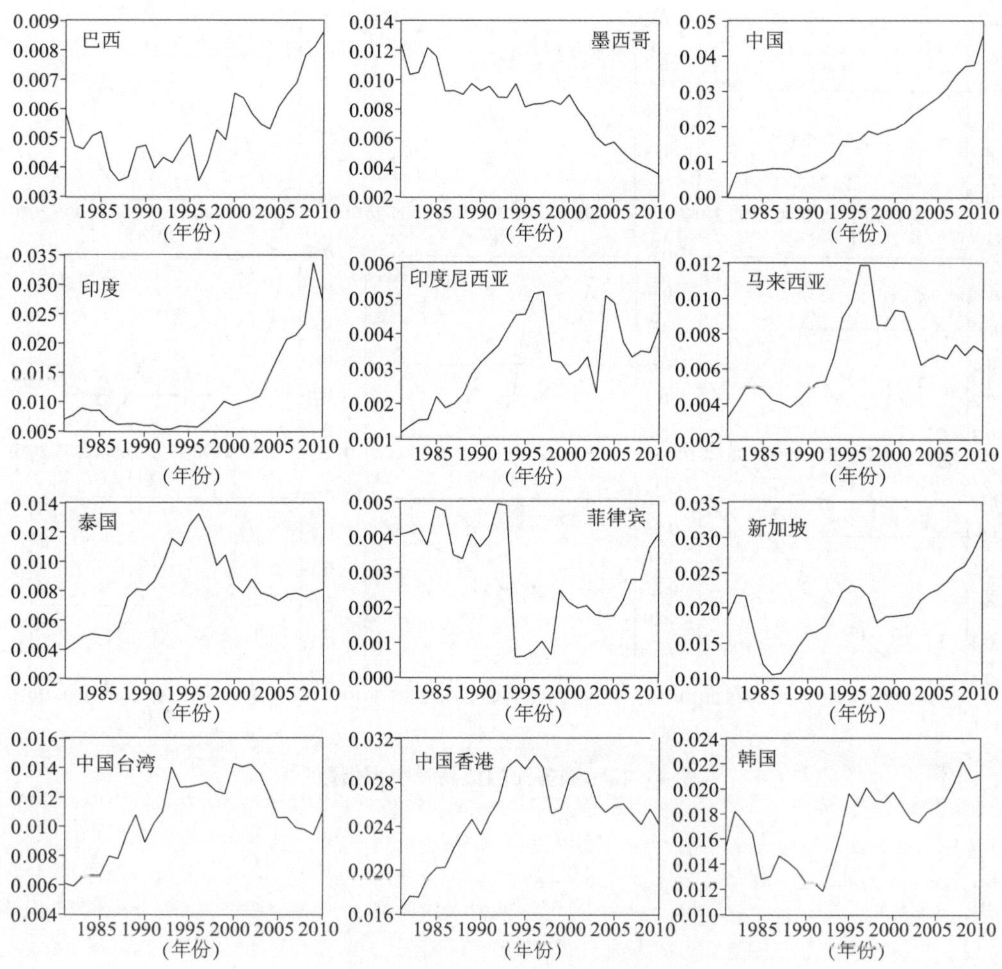

图 4-11 服务业的国际市场占有率

① 中国服务业贸易竞争力数据从 1982 年开始，原因在于中国服务业的进出口额从 1982 年开始有数据。

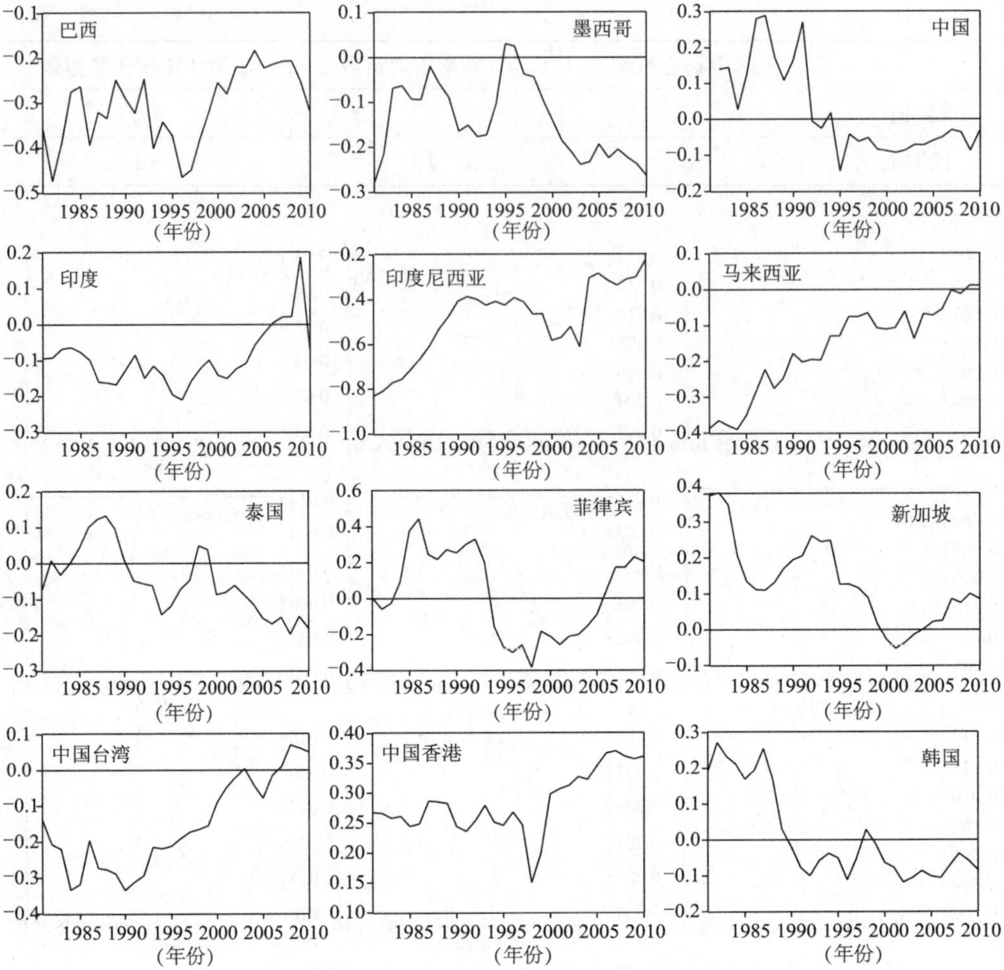

图 4－12　服务业的贸易竞争力指数

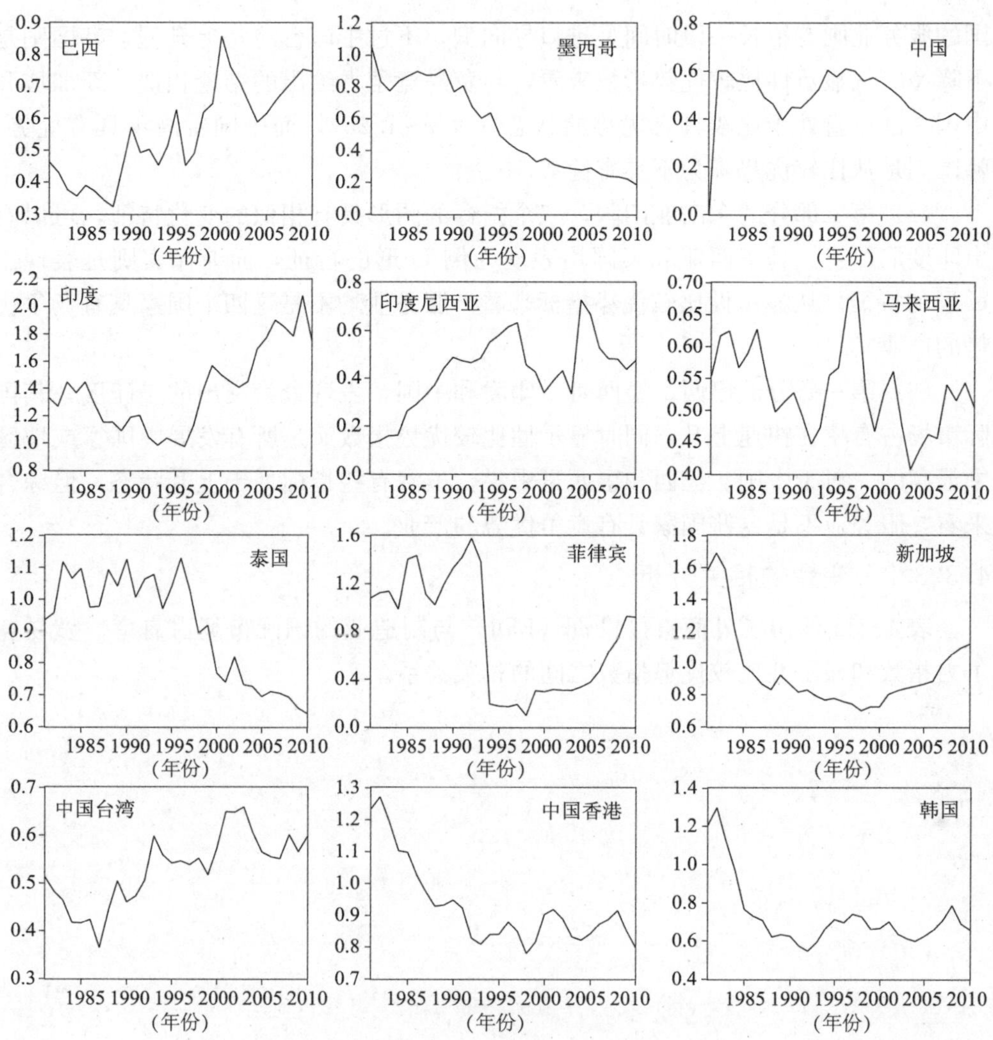

图 4-13 服务业的显示性比较优势指数

图 4-11～图 4-13 分别给出了各国或地区服务业的国际市场占有率、贸易竞争力指数和显示性比较优势指数的时间序列图。综合三幅图，可以看出不同发展阶段的发展中国家或地区，其服务业国际竞争力的表现不同，即使在同一阶段的国家也有些许差异。

(1) 第三部分较为发达的新加坡、中国台湾、中国香港和韩国，其综合的产业竞争力在三个阶段中是最高的，虽然国际市场占有率并不是所有国家中最高的，但贸易竞争力指数和显示性比较优势指数却相对较高。从贸易竞争力指数来看，新加坡和中国香港的服务业是较为持续的出口导向型产业，而中国台湾和韩国的服务业则有很长一段时间是进口导向型，不过中国台湾是上升型，韩国则是下降型。从显示性比较优势指数来看，与贸易竞争力给出的结论相似，新加坡和中国香港一直处于比较具有优势的状态（0.8～1.25），而中国台湾不具有优势，韩国则是从比较优势降为不具有优势。

（2）第二部分的东南亚四国，三个指标的图形具有相似的变化特征，可以看出印度尼西亚、马来西亚和泰国均表现为倒U形的特征，而菲律宾则是表现出U形的特征。从显示性比较优势指标来看，服务业均不是这四个国家具有竞争优势的产业。

（3）第一部分的巴西、墨西哥、印度和中国，表现最为突出的是印度，其国际市场占有率在快速上升，同时显示性比较优势指数又是所有发展中国家或地区中最高的。对于中国、巴西和墨西哥来说，虽然有些指标处于上升状态，但综合来看，服务业不是这些国家具有竞争优势的产业。

4.3.3.2　变量的相关分析

表4-11给出了外商直接投资（FDI）与制造业的国际市场占有率、贸易竞争力指数和显示性比较优势指数之间的相关关系。

表 4-11 外商直接投资与服务业产业竞争力的相关系数

市场占有率 / FDI	巴西	墨西哥	中国	印度	印度尼西亚	马来西亚	泰国	菲律宾	新加坡	中国台湾	中国香港	韩国
巴西	0.79***											
墨西哥		−0.78***										
中国			0.98***									
印度				0.92***								
印度尼西亚					0.55***							
马来西亚						0.55***						
泰国							0.23					
菲律宾								−0.46***				
新加坡									0.68***			
中国台湾										0.29		
中国香港											0.36	
韩国												0.68***
贸易竞争力 / FDI	巴西	墨西哥	中国	印度	印度尼西亚	马来西亚	泰国	菲律宾	新加坡	中国台湾	中国香港	韩国
巴西	0.31*											
墨西哥		−0.54***										
中国			−0.69***									

续 表

贸易竞争力 / FDI	巴西	墨西哥	中国	印度	印度尼西亚	马来西亚	泰国	菲律宾	新加坡	中国台湾	中国香港	韩国
印度				0.77***								
印度尼西亚					0.68***							
马来西亚						0.67***						
泰国							−0.60***					
菲律宾								−0.25				
新加坡									−0.51***			
中国台湾										0.61***		
中国香港											0.69**	
韩国												−0.50***
RCAI / FDI	巴西	墨西哥	中国	印度	印度尼西亚	马来西亚	泰国	菲律宾	新加坡	中国台湾	中国香港	韩国
巴西	0.79***											
墨西哥		−0.88***										
中国			−0.12									
印度				0.76***								
印度尼西亚					0.50***							
马来西亚						−0.12						

续 表

RCAI / FDI	巴西	墨西哥	中国	印度	印度尼西亚	马来西亚	泰国	菲律宾	新加坡	中国台湾	中国香港	韩国
泰国							−0.76***					
菲律宾								−0.51***				
新加坡									−0.20			
中国台湾										0.40**		
中国香港											−0.42**	
韩国												−0.32*

注：*、**、***，分别表示在10%、5%、1%的水平上显著不为0。

综合三个指标来看，相关系数分析基本上可以得到以下几种情况：

（1）三个指标和外资的关系都呈现正相关。这表明外资的流入对于提升服务业的国际竞争力是有正向影响的，代表国家或地区有巴西、印度、印度尼西亚、马来西亚和中国台湾（马来西亚和中国台湾有一个指标是不显著）。

（2）三个指标和外资的关系呈现负相关。这表明外资的流入会降低服务业的竞争力，代表国家有墨西哥、泰国和菲律宾。

（3）三个指标和外资的关系不一致。如中国、新加坡和韩国服务业的国际市场占有率与 FDI 呈正相关，贸易竞争力指数则和 FDI 呈负相关。而中国香港则是贸易竞争力指数显示和 FDI 正相关，但显示性比较优势指数和 FDI 负相关。至此，综合三大产业的相关分析，可以看出 FDI 对产业竞争力的影响在产业之间形成此消彼长之势，比如巴西和印度尼西亚，外资的流入促进了农业和服务业的发展，但是却降低了制造业的竞争力，而墨西哥和菲律宾则正好和上述国家相反。下面，在相关分析基础上，可以通过建立面板数据模型来具体分析，外资流入对于发展中国家或地区服务业国际竞争力的影响。

4.3.3.3 面板模型设定和估计

本节将分别建立三个面板数据模型来分析外资流入对服务业国际竞争力的影响，再针对模型的结果给出综合的分析。这样模型中的被解释变量分别为服务业的国际市场占有率、贸易竞争力指数和显示性优势指数。同样考虑到外资的流入对于服务业国际竞争力的影响可能是非线性的，因此解释变量为 FDI 和 FDI 的平方项。通过面板数据的 F 检验和 Hausman 检验，本节采取的是个体时点固定效应回归模型（time and entity fixed effects regression model），模型的估计结果参见表 4 - 12。

表 4 - 12　　外资流入对服务业竞争力影响模型的估计结果

	国际市场占有率（%）（1）	贸易竞争力指数（2）	显示性比较优势指数（3）
FDI（百亿）	0.0670*	−0.0177***	0.0842***
FDI^2	0.0198***	—	−0.0080***
Constance	0.9920***	−0.0606***	0.6781***
R^2	0.8563	0.7322	0.6423
F	44.9829***	21.1420***	13.5536***
obs	360	359	360

注：***、**、*分别表示在 1%、5%、10%的水平上，系数是显著的。

4.3.3.4 估计结果解释

表 4－12 给出了 12 个发展中国家或地区的 FDI 对于服务业国际竞争力的影响。可以看出，FDI 对于服务业的国际市场占有率、显示性比较优势指数的影响是非线性的，对贸易竞争力的影响是线性的（平方项不显著）。这三个指标给出的结论并不一致，从国际市场占有率的角度来说，外资的流入会导致国际市场占有率上升（一次项为正，意味着样本区间均在上升区域）；贸易竞争力指数表明，外资流入会导致服务业竞争力下降；显示性比较优势指数则表明，当外资流入达到一定规模后，服务业的国际竞争力会从上升趋势变化为下降趋势。综合来说，服务业的情况与农业相似，国际市场占有率与 FDI 呈正比，而外资规模达到一定程度后，贸易竞争力指数和显示性比较优势指数和 FDI 呈反比。具体到每一阶段国家的情况，表 4－13 给出了一些解释。

表 4－13　　FDI 平方项影响的分析

		国际市场占有率（%）(1)	贸易竞争力指数（2）	显示性比较优势指数（3）
FDI（百亿）		0.2078***	−0.0503***	0.0689**
FDI^2	巴西	−0.0398***	0.0128**	0.0041
	墨西哥	−0.1554***	−0.0037	−0.0900***
	中国	0.0101***	0.0023	−0.0068**
	印度	0.0804***	0.0215***	0.0294**
	印度尼西亚	−0.2331*	0.2639***	0.1050
	马来西亚	−0.0935	0.3661***	0.0175
	泰国	−0.3258**	−0.1771**	−0.3774***
	菲律宾	−6.1513***	−2.1395**	−8.3448***
	新加坡	0.0055	−0.0023	−0.0166
	中国台湾	−0.3861	0.3799**	0.0550
	中国香港	−0.0330***	0.0089***	−0.0127**
	韩国	0.1994	−0.1588**	−0.1173
Constance		0.9811***	−0.0497***	0.7203***
R^2		0.9261	0.7854	0.7244
F		72.3069***	21.0563***	15.1767***
obs		360	359	360

注：***、**、*分别表示在 1%、5%、10%的水平上，系数是显著的。

从表 4-13 中二次项的符号可以看出，对于第三部分工业化程度较高的国家或地区，外资流入对其服务业竞争力的影响并不一样。新加坡 FDI 的二次项系数均不显著，意味着 FDI 对新加坡服务业的影响是线性的，但三个指标给出的方向并不一致，国际市场占有率和显示性比较优势指数和 FDI 是同向运动的，而贸易竞争力指数却与 FDI 反向变化。对于中国台湾地区来说，综合来看 FDI 与服务业的国际竞争力是同向运动的。中国香港地区和新加坡正好相反，国际市场占有率和显示性比较优势指数与 FDI 呈反向运动，但是其贸易竞争力指数和 FDI 之间是同向运动，而韩国的情况与新加坡的情况是类似的。据此可以发现，对于较为发达的发展中国家或地区来说，服务业的国际市场占有率、显示性比较优势指数与贸易竞争力呈反向变化。也就是说，它们的市场占有率和显示性比较优势在增大的同时，其也是进口导向型的产业，或者即使一些国家或地区的服务业是出口导向型，但它们的国际市场占有率和显示性比较优势却在下降。

对于第二部分的东南亚四国来说，三个指标的影响是一致的，但呈现的是两派表现。对于印度尼西亚和马来西亚来说，FDI 和服务业的国际竞争力基本呈现的是同向运动；而对于泰国和菲律宾来说，FDI 和服务业的竞争力之间是倒 U 形的关系，也就是说，外资流入的规模达到一定程度后会导致服务业国际竞争力的下降。

对于第一部分的新兴工业化国家来说，它们的表现各不相同。这其中，印度的服务业的竞争力和 FDI 之间是 U 形的关系，外资流入达到一定规模后，印度服务业的竞争力呈现上升趋势，墨西哥的情况正好与印度相反。中国和巴西的情况也正好是相反的，中国服务业的国际市场占有率随着外资的流入呈上升趋势，然而其贸易竞争力和显示性比较优势指数却呈现下降趋势，而巴西的国际市场占有率下降但其贸易竞争力和显示性比较优势指数却是上升状态。对比来看，巴西服务业的竞争力优势要高于中国。

4.3.4 小结

综上所述，外资对本章样本所选择的代表性发展中国家或地区的农业、制造业、服务业国际竞争力的影响都是显著的。

一方面，从总体来看，农业的国际市场占有率随着外资流入规模的扩大呈现上升趋势，而外资对于农业的贸易竞争力和比较优势的影响均是非线性的，并且呈现倒 U 形，意味着当外资流入达到一定规模后，FDI 增长会引起农业国际竞争力的下降。再来看制造业，与农业不一样，制造业的三个指标是一致的，FDI 对于发展中国家或地区的制造业国际竞争力的影响是 U 形曲线，也就是说，当外资流入达到一定规模后，FDI 增长会引起制造业国际竞争力的上升。最后，服务业的情况类似于农业，国际市场占有率随着外资的流入不断上升，而当外资规模达到一定程度后，贸易竞争力指数和显示性比较优势指数均会出现下降趋势。国际市场占有率较高并不意味着产业更具有国际竞争力，产业在价值链中的地位往往更容易体现一国产业的竞争力，所以对于农业和服务业来说，贸易竞争力指数和显示性比较优势指数得到的结论更具有现实意义。

另一方面，从个体来看，由于发展中国家处于不同的产业发展阶段以及拥有各自不同的要素禀赋，所以发展中国家或地区承载了外资在不同产业的分工。表 4-14 列出了单个国家或地区的 FDI 对农业、制造业和服务业国际竞争力的影响。首先，对处于不同经济发展阶段的国家或地区，外资具有区域选择的特点。对于较为发达的第三部分国家或地区来说，外资对于服务业竞争力的影响是正向的；而对于第二部分和第三部分的新兴工业化国家，外资选择更多制造业，如中国、马来西亚、泰国、菲律宾、墨西哥等。当然也有后发优势的国家，如印度，FDI 可能更多的是和服务业的资源结合。其次，各国的禀赋资源也起到了重要的作用，比如巴西和印度尼西亚的热带农业资源，使其农业能很好地结合外资来提升农业的国际竞争力，还有诸如新加坡、中国香港、中国台湾等港口国家或地区，外资越来越倾向于与服务业结合，使其服务业的竞争力快速上升。但同时也可以看到，经济发展政策对于产业结构变迁的影响，诸如中国、印度等农业大国，在工业化进程中，更多注重的是制造业和与制造业相关的服务业的发展，对传统农业逐渐忽视，这使得外资对于本土农业的控制力加强，从而降低了农业的国际竞争力。

表 4-14　外资流入对发展中国家或地区产业竞争力影响的个体分析

国家或地区	农业	制造业	服务业
巴西	+	—	— + +
墨西哥	—	+	—
中国	—	+	+ — —
印度	—	—	+
印度尼西亚	+	—	+
马来西亚	—	+	+
泰国	—	+	—
菲律宾	—	+	—
新加坡	—	+	+ — +
中国台湾	—	—	+
中国香港	—	—	— + —
韩国	—	—	+ — +

4.4 外资流入对发展中国家产业对外依存度的影响

这一部分的核心是分析外资流入对于发展中国家或地区产业对外依存度的影响。从上文变量说明中可以知道，产业对外依存度指标体系包括产业出口对外依存度和产业进口对外依存度。由于产业进口对外依存度计算所需数据的限制，本文只对制造业的产业进口对外依存度进行分析。因此，本节将用分指标来分析外资流入对发展中国家或地区各产业对外依存度的影响，最后再进行综合分析。

4.4.1 外资流入对发展中国家产业出口对外依存度的影响

4.4.1.1 变量的描述性统计分析

表 4 - 15 给出了 12 个发展中国家或地区的农业、制造业和服务业出口对外依存度的一些统计量指标。可以明显地看出，农业、制造业和服务业的出口对外依存度均是右偏尖峰态分布，所以相对于均值来说，中位数是其一般水平的更好代表。因此平均来说，发展中国家制造业的产业出口对外依存度最大，其出口额超过了产业的销售额。其次是农业，最后是服务业，这两个产业的出口额均没有超过销售额。以上是 12 个国家在 30 年间的综合情况，具体到每一个国家的情况，可以从以下的图形分析得到一些初步结论。

表 4 - 15　　发展中国家各产业出口对外依存度的统计量分析

	农业	制造业	服务业
均值	3.4449	8.2240	0.3438
中位数	0.4844	1.7788	0.1987
最大值	89.9809	243.7449	1.9431
最小值	0.0005	0.0628	0.0176
标准差	11.2539	28.1084	0.3707
偏度	4.9772	6.3839	2.0825
峰度	30.2378	46.4503	7.6597
观测值	359①	360	359②
横截面	12	12	12

① 样本缺失一个观测值，缘于 1983 年马来西亚农业销售额的数据缺失。

② 样本缺失一个观测值，缘于 1981 年中国服务业出口额的缺失。

从图 4 - 14 可以看出，这些国家或地区农业出口对外依存度变化并不相同。第三部分的较为发达的国家或地区中，新加坡农业的出口对外依存度是最高的并且逐年上升，主要源于其转口贸易。而中国台湾地区则在一定的范围内上下波动；中国香港地区的农业出口对外依存度是最低的，并且逐年下降；韩国在 2006 年之前是比较稳定，但之后却直线上升。第二部分的东南亚四国，除了菲律宾表现出持续下降的趋势，其余三国的农业出口对外依存度逐年上升，但其中对外依存度较小的国家是印度尼西亚。第一部分的新兴工业化国家，基本上它们的农业出口对外依存度呈现上升趋势，其中以中国和印度的对外依存度比较小。

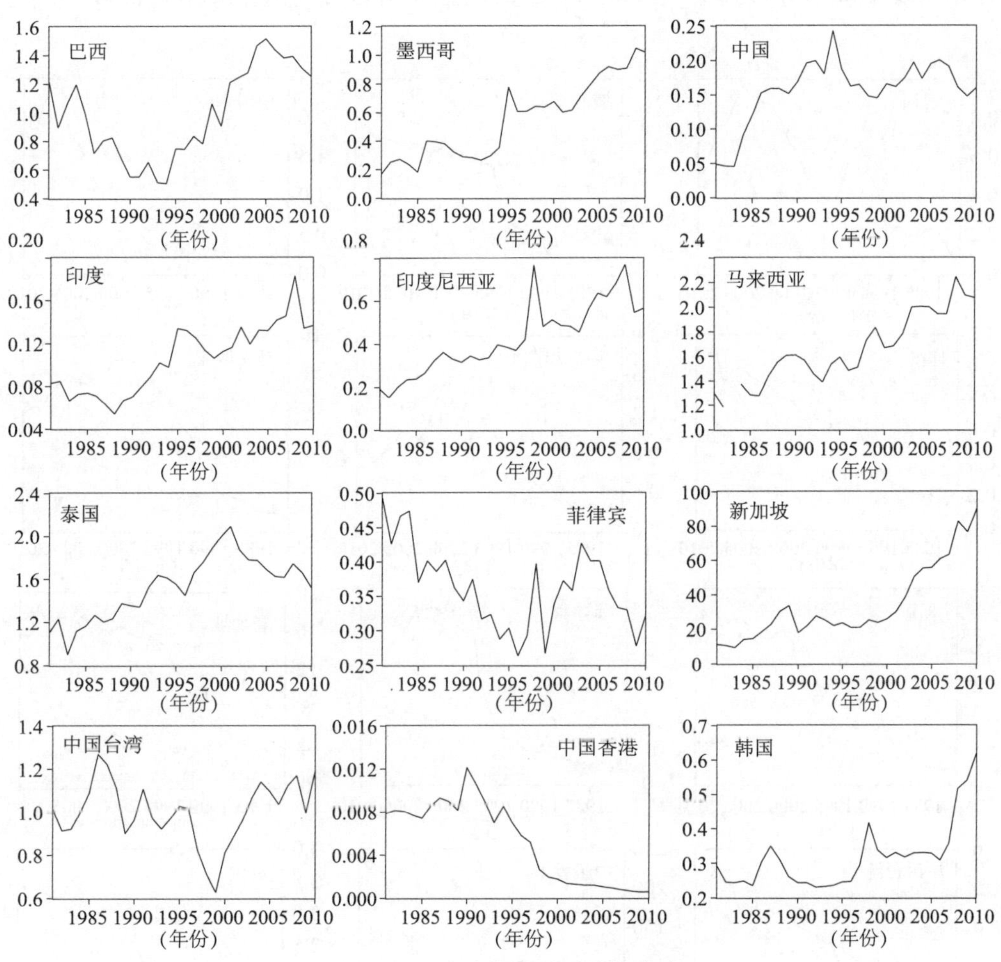

图 4 - 14　农业的出口对外依存度

图 4 - 15 给出了发展中国家或地区制造业出口对外依存度的时间序列图，可以看出发展中国家制造业的出口对外依存度变化趋势比较一致，基本上呈上升趋

势，区别在于上升的速度。首先来看第三部分的国家和地区，中国台湾和韩国制造业的出口对外依存度呈线性上升趋势，新加坡在 20 世纪 80 年代末则出现了阶跃式的上升，但上升之后其速度趋于缓慢，而中国香港则以递增的速度在上涨。在所有的发展中国家或地区中，这四个国家或地区制造业的出口对外依存度相对较高。其次，第二部分的东南亚四国制造业出口对外依存度呈现倒 U 形的变化趋势，基本上它们的制造业出口对外依存度在 20 世纪末达到最高点后开始出现下降趋势，只是泰国的最高点出现的晚一些。最后，第一部分的四个后发工业化国家，基本上其制造业的出口对外依存度呈上升趋势，只有巴西在 2003 年之后开始出现下降趋势，其中墨西哥和中国的制造业出口对外依存度相对较高。

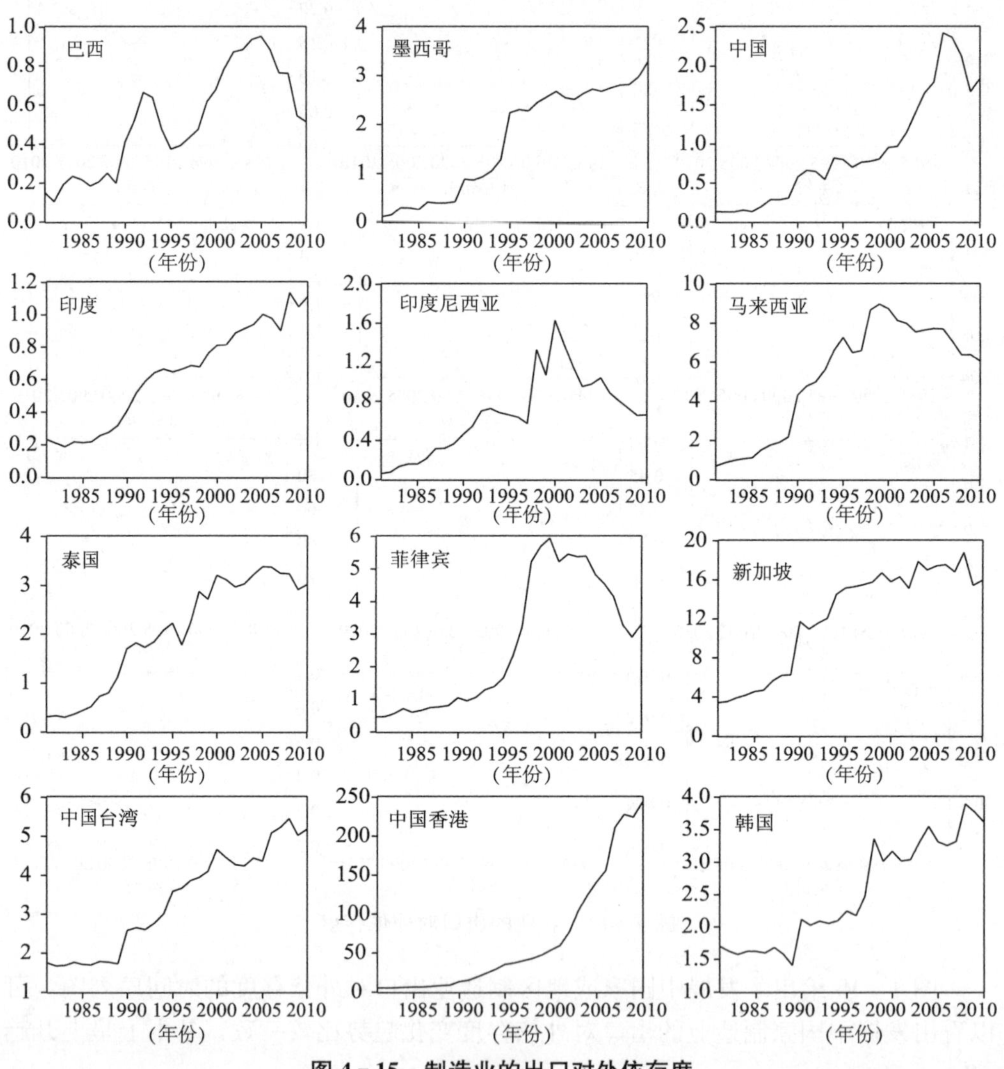

图 4－15　制造业的出口对外依存度

对于服务业来说（图 4 - 16），第三部分的新加坡、中国台湾、中国香港和韩国呈现出相似的 U 形曲线，它们的服务业出口对外依存度在 20 世纪末经历了一个从下降到上升的趋势。而对于第二部分的东南亚四国来说，印度尼西亚、马来西亚和泰国服务业的出口对外依存度呈现倒 U 形曲线，而菲律宾服务业的对外依存度出现了两段增长区间，在 1995 年左右出现阶跃式的下降之后继续增长。对于巴西、墨西哥、中国和印度来说，除了墨西哥呈现下降趋势之外，其余三国均呈现上升趋势，其中印度在 21 世纪初服务业出口对外依存度急速上升。

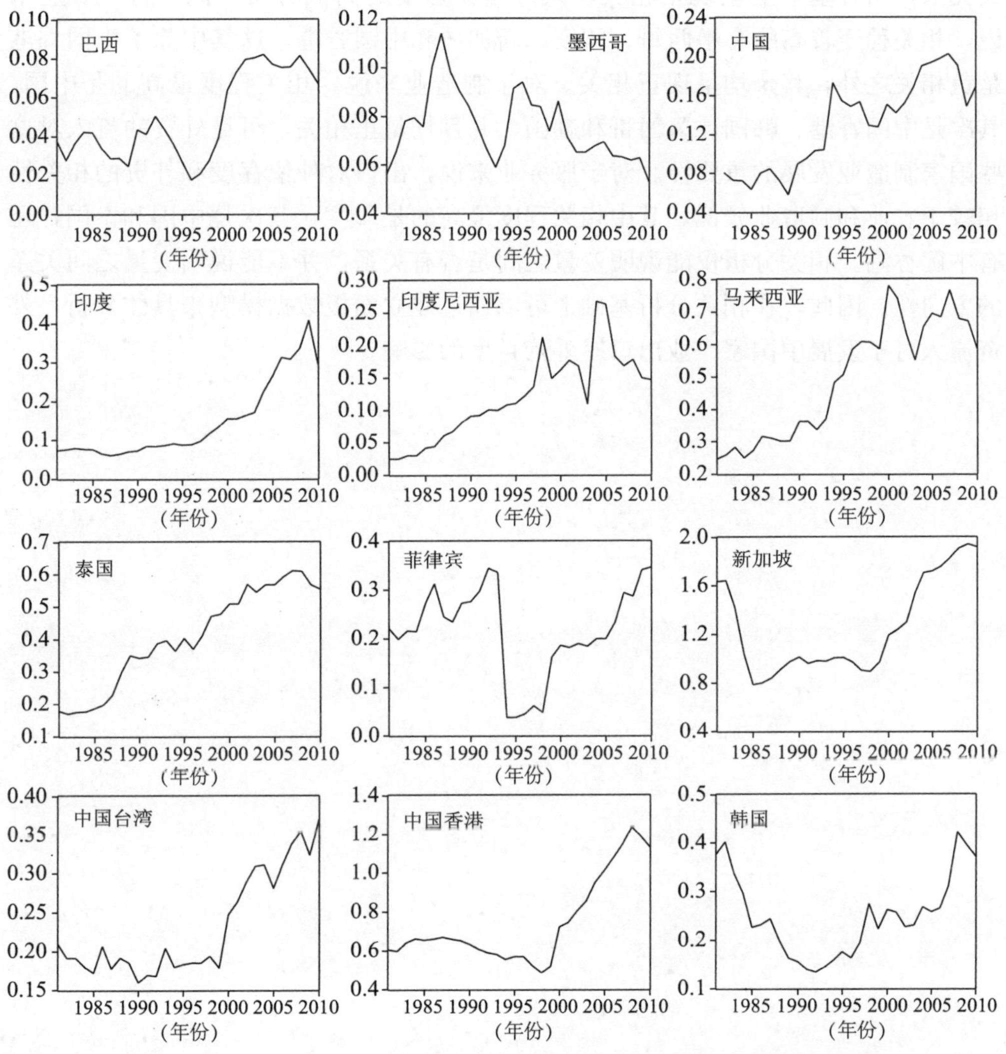

图 4　16　服务业的出口对外依存度

以上是12个发展中国家或地区三大产业出口对外依存度的变化，可见大部分国家的产业出口对外依存度均出现上升趋势，但有些国家也出现了非线性的表现。这种状态的变化是否和流入的外商直接投资有关系呢？这一问题可以通过变量之间的相关分析来得到一个初步的结论。

4.4.1.2　变量的相关分析

表4－16为外商直接投资与农业、制造业和服务业的出口对外依存度之间的相关关系。明显地，外资的流入与发展中国家产业出口对外依存度具有显著的相关关系，而且基本上呈现正相关，只是相关程度的高低有所不同。对于农业来说，相关程度较高的有墨西哥、印度、新加坡和中国香港，这其中除了中国香港是负相关之外，其余均呈现正相关。对于制造业来说，相关程度最高的是中国，其次是中国香港、韩国、墨西哥和韩国，并且均是正相关，可见外资的流入对这些国家制造业发展的重要性。对于服务业来说，出口对外依存度和外资的相关性相较于农业和制造业较低，其中相关程度最高的是印度，其次是中国和泰国，还有中国香港。相关分析仅能说明变量之间是否有关系，并不能说明变量之间关系的方向性。因此，在相关分析基础上可以通过建立面板数据模型来具体分析，外资流入对于发展中国家产业出口对外依存度的影响。

表 4-16　外商直接投资与产业对外依存度的相关系数

农业 / FDI	巴西	墨西哥	中国	印度	印度尼西亚	马来西亚	泰国	菲律宾	新加坡	中国台湾	中国香港	韩国
巴西	0.57***											
墨西哥		0.80***										
中国			0.36*									
印度				0.73***								
印度尼西亚					0.43**							
马来西亚						0.46**						
泰国							0.63***					
菲律宾								−0.51***				
新加坡									0.71***			
中国台湾										0.003		
中国香港											−0.79***	
韩国												0.65***
制造业 / FDI	**巴西**	**墨西哥**	**中国**	**印度**	**印度尼西亚**	**马来西亚**	**泰国**	**菲律宾**	**新加坡**	**中国台湾**	**中国香港**	**韩国**
巴西	0.54***											
墨西哥		0.87***										
中国			0.92***									

续 表

制造业 FDI	巴西	墨西哥	中国	印度	印度尼西亚	马来西亚	泰国	菲律宾	新加坡	中国台湾	中国香港	韩国
印度				0.70***								
印度尼西亚					−0.08							
马来西亚						0.56***						
泰国							0.86***					
菲律宾								0.55***				
新加坡									0.68***			
中国台湾										0.73***		
中国香港											0.89***	
韩国												0.88***
服务业 FDI	巴西	墨西哥	中国	印度	印度尼西亚	马来西亚	泰国	菲律宾	新加坡	中国台湾	中国香港	韩国
巴西	0.55***											
墨西哥		−0.51***										
中国			0.87***									
印度				0.91***								
印度尼西亚					0.32*							
马来西亚						0.52***						

续 表

服务业 / FDI	巴西	墨西哥	中国	印度	印度尼西亚	马来西亚	泰国	菲律宾	新加坡	中国台湾	中国香港	韩国
泰国							0.87***					
菲律宾								−0.12				
新加坡									0.64***			
中国台湾										0.61***		
中国香港											0.81***	
韩国												0.43**

注：*、**、***，分别表示在10%、5%、1%的水平上显著不为0。

4.4.1.3 面板模型设定和估计

本章使用的是1981—2010年的12个发展中国家的数据，因此分析外资流入对产业出口对外依存度的影响将采用面板模型。本节将通过估计三个面板模型来分析外资流入对发展中国家产业出口对外依存度的影响。模型中的被解释变量分别为农业出口对外依存度、制造业出口对外依存度和服务业出口对外依存度；样本研究跨度为30年，在这期间外资的流入对于产业出口对外依存度的影响很有可能是非线性的，因此解释变量为FDI和FDI的平方项。通过面板数据 的F检验和Hausman检验，本章采取的是个体时点固定效应回归模型（time and entity fixed effects regression model），模型的估计结果参见表4-17。

表4-17 外资流入对发展中国家产业对外依存度的影响模型的估计结果

	农业（1）	制造业（2）	服务业（3）
FDI（百亿）	1.3133*	12.6589***	0.0354**
FDI^2	−0.1734**	−0.7738***	−0.0038**
Constance	2.8263***	−0.9686	0.3238***
R^2	0.7175	0.5323	0.8923
F	19.1105***	8.5907***	62.3589***
obs	359	360	359

注：***、**、*分别表示在1%、5%、10%的水平上，系数是显著的。

4.4.1.4 估计结果解释

表4-18给出了12个发展中国家或地区的FDI对于产业出口对外依存度的影响。列（1）、（2）、（3）分别为FDI对农业、制造业和服务业出口对外依存度的影响。可以看出，FDI对这三个产业出口对外依存度的影响均是非线性的倒U形曲线。这意味着，在FDI达到一定规模前，FDI增长会导致三个产业出口对外依存度的增长；当外资流入达到一定规模后，FDI增长却会导致三个产业出口对外依存度的下降。

是不是FDI对所有的发展中国家的影响都是一致的呢？还是对处于不同发展阶段的发展中国家或地区的影响会有所不同？这个问题在模型中就等同于是不是所有国家的FDI平方项系数的符号均为负？

从表4-18中二次项的符号可以看出，对于农业出口对外依存度来说，列

(1) 中的估计系数除了新加坡和印度的二次项之外，其余国家或地区虽然符号为负但是却并不显著，这说明对于大多数发展中国家或地区来说，农业出口对外依存度下降的趋势并不是很明显，主要还是以上升趋势为主。

对于制造业出口对外依存度来说，工业化程度较高的新加坡、中国台湾、中国香港和韩国，外资流入导致的出口对外依存度并没有出现下降趋势，而同样的结论也适用于东南亚四国。对于这些国家来说，制造业出口对外依存度随着外资流入的增加而不断上升。对于新兴工业化国家的巴西、墨西哥、中国和印度来说，当外资流入达到一定规模后，这些国家制造业出口对外依存度会从上升趋势转为下降趋势。

对于服务业出口对外依存度来说，新加坡、中国台湾、中国香港和韩国这些比较发达的国家，服务业的对外依存度会随着外资规模的扩大不断上升。东南亚四国中，除了菲律宾之外，其余三国的服务业对外依存度也会随着外资流入的不断扩大而逐渐上升。对于巴西和墨西哥来说，随着外资的流入，其服务业对外依存度会逐渐下降，中国和印度则与其相反。

表 4-18　FDI 平方项影响的分析

		农业 (1)	制造业 (2)	服务业 (3)
FDI (百亿)		0.4438	4.5959**	0.0050
FDI-2	巴西	−0.3132	−1.3470**	−0.0095*
	墨西哥	−0.5217	−2.2589**	−0.0306***
	中国	−0.0984	−0.5280***	−0.0020
	印度	−0.5432*	−1.8447**	0.0013
	印度尼西亚	−3.6071	−9.6271	−0.0788
	马来西亚	−3.3775	−8.9376	0.2160**
	泰国	−3.6640	−11.6653	0.1280*
	菲律宾	−38.8184	−52.0301	−2.4308**
	新加坡	3.6404***	−1.0853	0.0444***
	中国台湾	−5.6322	−11.8795	−0.1112
	中国香港	−0.1776	3.8586***	0.0069**
	韩国	−4.4109	−7.2904	−0.0973

续 表

	农业（1）	制造业（2）	服务业（3）
Constance	3.3258***	4.4296***	0.3406***
R^2	0.8476	0.8478	0.9250
F	31.9955***	32.1505***	71.0168***
obs	359	360	359

注：***、**、*分别表示在1%、5%、10%的水平上，系数是显著的。

4.4.2 外资流入对发展中国家制造业进口对外依存度的影响

4.4.2.1 变量的描述性统计分析

表4-19中给出了制造业进口对外依存度指标的基本统计量分析。制造业进口对外依存度为右偏尖峰态分布，所以中位数是其一般趋势的更好代表。综合来看，12个国家或地区在30年间制造业进口对外依存度为0.3028。每一个国家或地区的具体情况可从以下的图形分析得到一些初步结论。图4-17给出了各国或地区制造业进口对外依存度的时间序列图。

表4-19　　　　制造业进口对外依存度的统计量分析

	制造业进口对外依存度
均值	0.6157
中位数	0.3028
最大值	9.3657
最小值	0.0000
标准差	1.1107
偏度	5.1798
峰度	35.4005
观测值	360
横截面	12

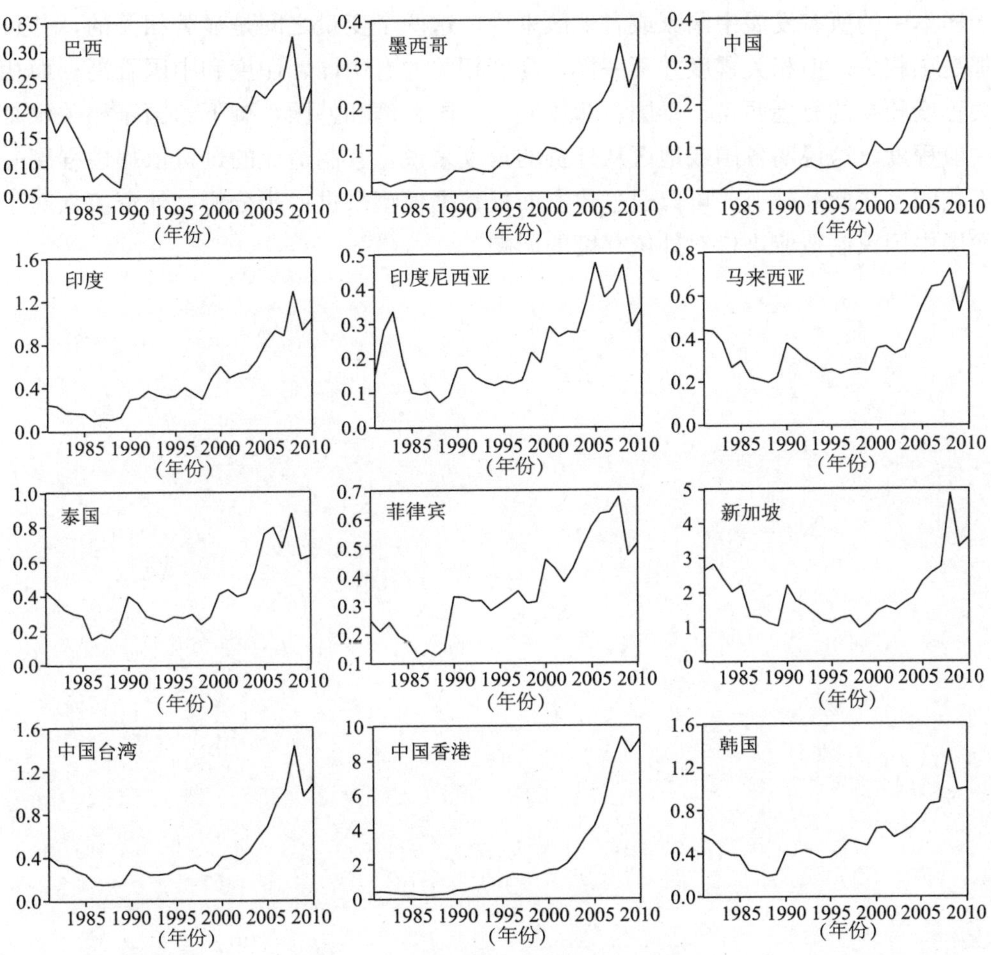

图 4-17　制造业的进口对外依存度

总体上看，各国制造业的进口对外依存度呈现非线性的上升趋势，一些国家和地区显示出 U 形的抛物线形状，大部分国家或地区的制造业进口对外依存度在 1997 年左右开始快速上升。从数值规模来看，制造业越发达的国家或地区，其制造业的进口对外依存度越高，从图形中会发现，第三部分的国家或地区制造业的进口对外依存度最高，其次是第二部分的东南亚四国，最后是第一部分的巴西、墨西哥、中国（印度的稍高一些）。这意味着对于不同发展阶段的国家，制造业进口对外依存度的程度不一样，这一区别是否和流入的外商直接投资有关系呢？下面变量之间的相关分析可以先得到一个初步的结论。

4.4.2.2　变量的相关分析

表 4-20 给出了 FDI 和制造业进口对外依存度的相关系数分析，可以看出对

于样本中的所有发展中国家或者地区来说，这两个变量之间是显著相关的，并且都是正相关。但相关程度并不一样，高度相关的有中国、印度和中国香港；而相关程度较高的有墨西哥、泰国、菲律宾、中国台湾和韩国，剩下的国家相关仅是一般程度。这说明各国或地区从外资的角度来说，其制造业的进口依赖性程度并不相同。在此基础上，可以通过建立面板数据模型来进一步分析，外资流入对于发展中国家制造业进口对外依存度的影响。

表 4-20 外商直接投资与制造业进口对外依存度的相关系数

FDI \ 制造业	巴西	墨西哥	中国	印度	印度尼西亚	马来西亚	泰国	菲律宾	新加坡	中国台湾	中国香港	韩国
巴西	0.59***											
墨西哥		0.76***										
中国			0.94***									
印度				0.89***								
印度尼西亚					0.44**							
马来西亚						0.48***						
泰国							0.76***					
菲律宾								0.70***				
新加坡									0.32*			
中国台湾										0.69***		
中国香港											0.88***	
韩国												0.67***

注：*、**、***，分别表示在10%、5%、1%的水平上显著不为0。

4.4.2.3 面板模型设定和估计

表 4－21 是关于外资流入与制造业进口对外依存度的面板模型的估计结果。模型中的被解释变量为制造业的进口对外依存度，同样考虑到外资的流入对于制造业进口对外依存度的影响可能是非线性的，因此解释变量为 FDI 和 FDI 的平方项。通过面板数据的 F 检验和 Hausman 检验，本节依然采取的是个体时点固定效应回归模型（time and entity fixed effects regression model）。

表 4－21　　外资流入对制造业进口对外依存度影响模型的估计结果

	制造业进口对外依存度
FDI（百亿）	0.4477***
FDI^2	−0.0300***
Constance	0.3001***
R^2	0.5820
F	10.5078***
obs	360

注：***、**、*分别表示在 1%、5%、10%的水平上，系数是显著的。

4.4.2.4 估计结果解释

从表 4－21 的估计结果中可以看到，FDI 对于发展中国家制造业进口对外依存度的影响是非线性的，呈现倒 U 型。即当外资流入达到一定规模前，FDI 增长会导致制造业进口对外依存度的上升；当外资流入达到一定规模后，FDI 增长则会引起制造业进口对外依存度的下降。原因可能在于，引入外资之初，发展中国家的制造业处于起步阶段，此时制造业更多的是承担了产业链中的加工制造环节，这时生产中所需的技术、机器设备、零部件等需要从国外引进，所以外资的流入会引起进口对外依存度的上升。而当外资规模达到一定程度之后，发展中国家制造业实力、技术水平、管理经验的上升，外资流入更多的是技术研发的合作，而一些机器设备和零部件本土企业可以提供，所以此时制造业的进口对外依存度会逐渐下降。

是不是 FDI 对所有发展中国家或地区制造业进口对外依存度的影响都是一致的呢？还是对处于不同发展阶段的发展中国家或地区的影响会有所不同？从表 4－21 中二次项的符号可以看出，并不是所有国家制造业的进口对外依存度对于外资的依赖都在下降。12 个发展中国家和地区中，只有韩国和中国台湾制造业的进口对外依存度在下降，而其余的国家都在不同程度的上升。此外，对于一些国家或地区来说，外资的影响并不明显，如巴西、印度、印度尼西亚和中国台湾，从上面的分析可以看出，这些国家或地区的优势产业为农业或者服务业。而其中对于外资明显依赖的国家有墨西哥、中国、马来西亚、泰国，这些国家的制造业相对比较发达，其中间产品的外资依赖性较高，意味着这些国家制造业的发展过程中存在着不安全的因素。

表 4-22　FDI 平方项影响的分析

		制造业进口对外依存度
FDI（百亿）		0.1347*
FDI^2	巴西	0.0052
	墨西哥	0.0733***
	中国	0.0093***
	印度	−0.0042
	印度尼西亚	0.1361
	马来西亚	0.5644***
	泰国	0.4098***
	菲律宾	2.8861*
	新加坡	0.0185*
	中国台湾	−0.4143*
	中国香港	0.0066
	韩国	−0.3403***
Constance		0.5077***
R^2		0.8580
F		34.8919***
obs		360

注：***、**、*分别表示在 1%、5%、10%的水平上，系数是显著的。

4.4.3 小结

表 4－23 是外资流入对发展中国家产业对外依存度影响的一个综合分析。首先，对于样本选择的 12 个发展中国家或地区来说，FDI 无论对农业、制造业还是服务业来说，它的影响都是非线性的，呈现倒 U 形曲线。这意味着，只要发展中国家或地区引入的外资超过一定规模后，产业发展的对外依存度就会开始下降。这样的结果是非常理想的，在引进国内需要的资本、技术以提高本国产业竞争力，同时产业发展的对外依赖型又会下降。但是从个体分析的情况来看，这样的结果其实并不适用于大多数的发展中国家或地区。

表 4－23　　外资流入对发展中国家产业对外依存度影响的综合分析

	农业	制造业		服务业
	出口对外依存度	出口对外依存度	进口对外依存度	出口对外依存度
综合	倒 U 形	倒 U 形	倒 U 形	倒 U 形
巴西	—	—**	+	—*
墨西哥	—	—**	+***	—***
中国	—	—***	+***	—
印度	—*	—**	—	+
印度尼西亚	—	—	+	—
马来西亚	—	—	+***	+**
泰国	—	—	+***	+*
菲律宾	—	—	+*	—**
新加坡	+***	—	+*	+***
中国台湾	—	—	—*	—
中国香港	—	+***	+	+**
韩国	—	—	—***	—

注：①***、**、*分别表示二次项的系数在 1%、5%、10%的水平上是显著的。

②在个体分析中，只有制造业的一次项是显著的，而农业和服务业的一次项均是不显著的。

发展中国家或地区农业的对外依存度是三大产业中最低的。估计结果中，除了印度和新加坡之外，其余国家或地区引入的外资对于本国或本地区农业的出口对外依存度并没有显著影响；显著影响的国家或地区中，又只有新加坡的农业对外依赖性较强[①]。这样的结论跟现实是相符合的，农业的发展关系着一国的生存命脉，任何国家或地区都不会让自己的农业过多地受制于其他国家。

制造业的对外依存度包括两方面，一方面是制成品的出口对外依存度；另一方面则是中间产品和原材料的进口对外依存度。首先，从第三部分比较发达的发展中国家或地区说起，对于新加坡、中国台湾、中国香港和韩国来说，外资的流入都增加了这些国家或地区制造业出口对外依存度，但除了新加坡和中国香港这种港口国家和地区，外资的流入却降低了中国台湾和韩国的进口对外依存度。这意味着，较为发达的国家或地区，利用外资更多的是进行制成品的生产并出口，而中间产品更多的是随着外资的流入依靠本土提供。其次，对于20世纪90年代快速腾飞的东南亚四国来说，外资的流入同时导致了这些国家制造业出口对外依存度和进口对外依存度的上升，与较为发达的国家或地区相比，这些国家对外资的依赖性要更强，制造业安全的程度相对较低。最后，是新兴工业化的巴西、墨西哥、中国、印度，它们的情况和较为发达的发展中国家和地区正好相反，出口的对外依存度随着外资的引入不断下降，但是进口的对外依存度却随着外资的流入而不断上升，这意味着这些国家或地区成为国外跨国公司的销售市场；而进口对外依存度的上升，则让其制造业的发展受到外资威胁的程度也在不断加深，所以这些国家制造业发展的对外依赖性更强，从而制造业安全的程度也是最低的。

服务业对于这些发展中国家或者地区来说，都是其新兴鼓励发展的行业，同时由于不同国家或地区服务业的发展程度不一样，也决定了它们对于外资的依赖性并不明显，如巴西、中国、印度、印度尼西亚、中国台湾和韩国。而另外一些国家或地区呈现两派，墨西哥和菲律宾的服务业对于外资的依赖性在逐渐下降，而马来西亚、新加坡和中国香港的服务业出口对外依存度随着外资的流入在不断地上升。这里需要提一下的是印度，从前面可知随着外资的流入，印度服务业的产业竞争力在不断上升，但是服务业对外资的依赖性却并不明显，这是一种安全的产业发展模式。

4.5 结论

在本章中，产业安全包括产业的国际竞争力和产业的对外依存度两个层面。产业的国际竞争力越高，产业的对外依存度越低，那么这个国家产业安全的程度

① 新加坡是一个转口贸易的国家，而农业估计的综合结论多少有些是被新加坡较大的数据所影响的。

就越高。从上面两部分的实证分析可以看出，从20世纪80年代起涌入发展中国家和地区的外资对于这些国家和地区的产业安全有着显著的影响。综合来看，当外资流入达到一定规模后，发展中国家或地区的农业和服务业的国际竞争力降低而制造业的国际竞争力上升；而农业、制造业和服务业的对外依存度却都会呈现下降趋势。这样看来，在三大产业中，安全性最高的为制造业，它的竞争力上升而对外依存度却在下降。

但具体到个体国家或地区分析，却可以凸显出许多问题。首先，外商直接投资虽然对发展中国家或者地区产业的国际竞争力有着显著的影响，但是这与发展中国家本身的资源优势相关。比如，当今许多发展中国家都在追寻工业化强国的道路，优先资源发展制造业。但可以看出，诸如巴西、印度尼西亚农业的国际竞争力随着引入的外资在不断地上升，而其产业的对外依存度却并不明显，这显现出这些国家对于本国资源的掌控能力。对比来说，像中国、印度和泰国等农业比较发达的国家，随着外资的流入农业的国际竞争力却在不断地下降。这也提出了一个问题，是不是发展中国家的经济发展模式只依靠单纯的工业化从而实现经济的增长。

其次，外商直接投资对产业安全带来的影响也和各国或地区产业结构升级相关。比如，较为发达的发展中国家和地区，新加坡、中国香港、中国台湾和韩国，已经逐渐将其产业发展的核心转为服务业。可以看到随着FDI规模的扩大，这些地区制造业的竞争优势开始下降而服务业的竞争优势却不断上升。但这些国家或地区也没有放弃制造业，它们的制造业在发展中国家里仍然是具有较强竞争优势的，而且其制造业进口对外依存度不断下降，说明制造业仍然是其安全度较高的产业。东南亚四国是继东亚“四小龙”之后承接世界产业链的下一个梯队，它们的竞争优势仍然集中于制造业，但其制造业对于外资的依赖性较高，尤其是集中于中间产品的进口方面。如果当世界经济发生动荡时，这些国家或地区制造业的安全将受到很大的威胁。这里面值得称赞的国家应该是印度尼西亚，它的产业发展比较均衡，可以看出它的农业和服务业国际竞争力一直处于上升趋势，同时农业和服务业对于外资的依赖性却并不明显。

最后，对于后发国家的经济腾飞之路中，各国产业发展对于外资的依赖各不相同。这里以中国和印度作为对比。从三大产业竞争力的图形中可以看出，目前中国最具有竞争力的产业是制造业。而外资的引入确实导致了中国制造业国际竞争力的上升，但其制造业的发展对于外资的依赖却更为严重，不同于东南亚四国，中国不仅中间品的进口对外依存度较高，而且制成品的出口对外依存度也很高。所以，一旦发生全球性的经济震荡，中国的制造业无论是生产还是销售都将面临极大的威胁。同时，从三大产业的均衡发展来说，它的农业和服务业的国际竞争力与其他发展中国家相比也并不突出。而印度则与中国相反，产业结构快速升级，服务业是其具有相对优势的产业。它的农业和制造业的竞争力随着外资的引入在不断下降，但其服务业的竞争优势却在不断地上升，同时它的三大产业发展过程中对外资的依赖都不是很显著，足以看出其产业安全的程度。而当今产业结构趋于软化，越来越多的国家将产业发展的视角转向服务业，因为服务业的发展也可以促进制造业和农业技术的发展，同时服务业也可以带来巨大的附加价值。从这一角度来看，不得不说，政府具有一定主导作用的发展中国家，如何将外资更好地与本国资源更有效率地结合，是一个重大的现实问题。从这个角度来说，巴西、印度要比中国做得更好。

所以，在外资引入的过程中，想利用外资带来的技术和资本优势来快速发展本国经济，发展中国家要立足于本国的资源优势，同时要在国际大环境下找到最优的国际分工位置，引导外资流向能带来更多附加价值并且更具有规模优势与垄断优势（差异产品所带来的）的行业。

5 外资流入对发展中国家宏观经济安全的影响及实证

5.1 引言

一国宏观经济安全主要在于一国宏观经济目标核心的选择和实现。对于大多数国家来说，关注的宏观经济目标包括经济增长、物价水平、就业和国际收支。如果一国能保证持续稳定的经济增长、平稳而较低的通货膨胀率、较低的失业率以及国际收支平衡，那么这个国家在宏观方面的经济安全就可以得到保证。同时，还存在一个关系国家宏观经济安全的目标，就是均衡发展的经济结构，这关系到整个社会的平稳运行。外资流入有很多种形式，主要包括外商直接投资（FDI）、国际投机资本以及国际债务。而外商直接投资对于一国经济的影响是长期而深远的，所以本章中的外资流入主要是指外商直接投资。

自从20世纪80年代以来，发展中国家群体中开始出现政策导向的变化，许多国家采取了政府主导下的外向型经济发展模式。在这一政策导向下，亚洲和美洲地区的发展中国家的经济得以快速发展，出现了诸如亚洲“四小龙”（中国香港、新加坡、韩国、中国台湾），亚洲“四小虎”（泰国、马来西亚、印度尼西亚和菲律宾），以及“金砖四国”（中国、印度、巴西、俄罗斯）等。与此同时，外向型经济的发展模式，也伴随着大量的外商直接投资的引入（见图5-1）。

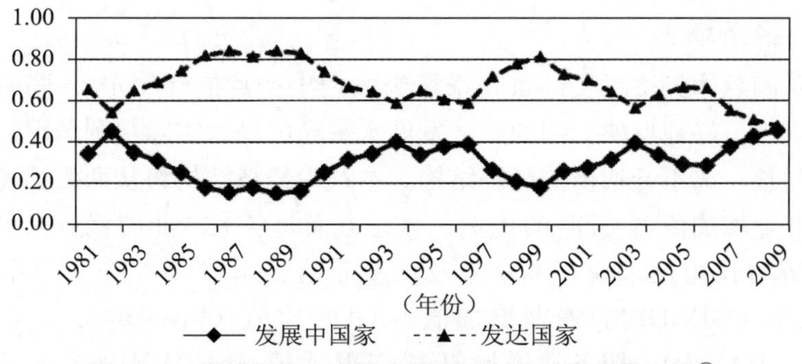

图 5－1　发达国家、发展中国家引入的外资流量比例①

从图 5－1 可以看出，虽然外商直接投资仍然主要发生在发达国家，但可以明显看出，发展中国家吸收的外商直接投资数量在不断上升。那么，相同时段的外资流入的增长对发展中国家的宏观经济安全带来什么样的影响呢？综上所述，目前国内外对于外资流入的宏观影响的研究已经做了大量的工作，但是将发展中国家整体作为研究对象的文献还比较少。因此本文选择了发展中国家吸引外资较多的 9 个国家或地区作为样本，研究 1981—2010 年共 30 年间，希望可以通过建立面板数据模型，从地域和时间两个维度上分析外商直接投资对于发展中国家宏观经济安全的影响。文章余下的内容为，第二部分将详细介绍模型的构建，其中包括变量的选取，数据来源；第三部分为实证分析部分；第四部分为本章的结论与启示。

5.2　模型构建

5.2.1　变量选择

宏观经济运行的四大目标是持续的经济增长、稳定的价格水平、较低的失业率以及国际收支平衡。因此，本章中关于外资流入引起的宏观经济安全问题的分析将从这四个方面展开分析。模型中涉及的变量指标如下。

5.2.1.1　外资

外资流入有很多种形式，主要包括外商直接投资（FDI）、国际投机资本以及国际债务。前者对于一国经济的宏观影响更为长远，所以本章中外资流入仅指外商直接投资（FDI）。

① 数据来自联合国贸易和发展会议，www.unctad.org。

5.2.1.2 经济增长

考察一国总体经济增长的重要指标为国内生产总值（GDP），同时人均国内生产总值可以更好地反映一国的经济发展水平和国民的实际福利情况。持续而稳定的经济增长，离不开均衡的经济结构。本章中经济结构将从两方面考虑，一方面是各大产业增加值占 GDP 的比例；另一方面是各大产业的就业人员结构。因此，从经济增长角度来说，本章涉及的变量有：GDP 增长率（GGDP）、人均 GDP 增长率（GPGDP）；农业增加值占 GDP 比值（FRGDP）、工业增加值占 GDP 比值（IRGDP）、服务业增加值占 GDP 比值（SRGDP）；农业就业人员占总就业人员比例（FLGDP）、工业就业人员占总就业人员比例（ILGDP）、服务业就业人员占总就业人员比例（SLGDP）。

5.2.1.3 价格水平

描述一国价格水平变动的指标有很多，如消费者物价指数（CPI）、生产者物价指数（PPI）以及 GDP 平减指数等。这其中又以 GDP 平减指数的计算基础更为广泛，因此这一指数能够更加准确地反映一国物价水平的变动。所以，本章中以 GDP 平减指数作为对价格水平波动的宏观测量。影响价格水平的因素很多，外资对于东道国价格水平的影响，可能来自其对一国货币供给量的影响。这样，在考虑外资对于发展中国家价格水平影响时，本章包括的变量有：GDP 平减指数（IR）、广义货币（M2）占 GDP 比例（RM2）以及广义货币增长率（GM2）。

5.2.1.4 失业

本章将从三个层次来分析外资流入对发展中国家就业状况的影响。首先，从总体上考察外资流入对发展中国家失业率的影响；其次，从性别的角度分析，外资流入对于男性和女性就业状况的影响；最后，从受教育程度分析，外资流入对于不同教育程度群体就业状况的影响。从失业角度来说涉及的变量有：总失业率（UR）、男性失业率（MUR）、女性失业率（WUR）、女性劳动力占总劳动力比例（WLR）、初等教育失业人数占总失业人数比例（LEU）、中等教育失业人数占总失业人数比例（MEU）和高等教育失业人数占总失业人数比例（HEU）。

5.2.1.5 国际收支

由于流入的外资主要是指 FDI，因此 FDI 对于国际收支平衡的影响主要是来自 FDI 对于进出口贸易的影响。所以，从国际收支角度涉及的变量为经常账户余额（CAB）和经常账户余额占 GDP 比例（RCAB）。

5.2.2 数据说明及来源

图 5－2 给出了发展中国家或地区流入的 FDI 的区域分布。

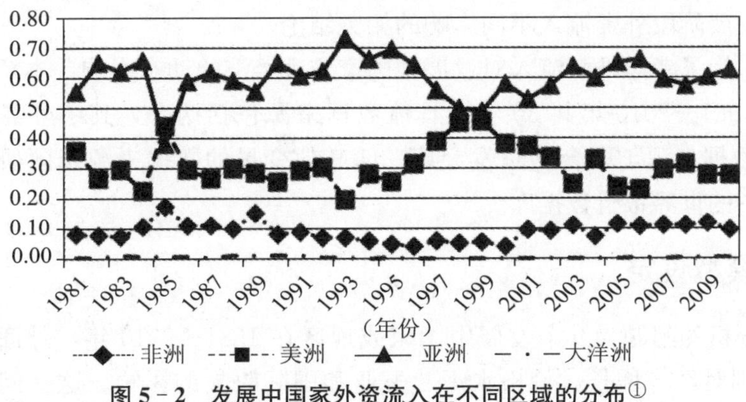

图 5-2 发展中国家外资流入在不同区域的分布[①]

明显地，FDI 流入的发展中国家主要集中于亚洲和美洲，这两个地区吸引的外商直接投资可以占到 90%以上，其中又以亚洲地区所占比例最大。即使在亚洲和美洲，外资流入的区域也并不均衡。在美洲，外商直接投资流入南美洲的比例相对较高，其中主要是流向巴西。巴西一国所吸引的外资在美洲的比例平均可以达到 1/5 以上。对于亚洲地区，FDI 流入的区域主要集中于东亚、东南亚。在这两个地区，外资吸引比例较大的国家或地区有中国、中国香港、韩国、新加坡、印度尼西亚、泰国和马来西亚。同时，南亚的印度从 20 世纪 90 年代后期开始，外资流入规模快速增长。

通过以上关于外资流入的区域分析，本章选择美洲的巴西，亚洲的中国、中国香港、韩国、新加坡、印度尼西亚、泰国、马来西亚和印度[②]。除了上述国家是外资流入的主要区域外，这些国家或地区或早或晚都采取了外向型经济的发展模式，并且经济也取得了快速的增长。因此对这些国家的分析，可以更好地体现出外资对于外向型经济国家宏观经济的影响。同时，这些国家从发展阶段来说大致可以分为三个梯队。第一梯队为新加坡、韩国和中国香港，这些国家或地区目前是发展中国家经济最为发达的群体，它们的经济从 20 世纪 80 年代开始快速发展。第二梯队为印度尼西亚、泰国和马来西亚，这些国家是继第一梯队国家之后，于 20 世纪 90 年代经济快速起飞的国家。第三梯队为中国、巴西和印度，这三个国家都经历了经济发展方式的转变，并且都处于新兴工业化阶段，是发展中国家中的后起之秀。通过研究外资流入对于不同梯队国家的影响，可以得到一些

① 图中的数据是用各洲发展中国家的外资流入与全世界发展中国家外资流入之比所得，数据来源联合国贸易和发展会议网站（http：//unctad. org/）。

② 实际上，目前，韩国、新加坡目前已进入发达国家行列，但都是在 20 世纪 90 年代之后。所以在样本研究周期内，依然将其算入发展中国家。

关于不同发展阶段外资流入不同影响的相关结论。

同时，为了考虑外资流入对发展中国家宏观经济的动态影响，本章研究的时间维度为1981—2010年共30年。具体数据来源包括两个，其中外商直接投资（FDI）的数据来源于联合国贸发会议，而其他变量的数据来源于国研网世界经济数据库中的世界银行数据库。

5.2.3 模型设定

本章分析的问题为9个发展中国家或地区在1981—2010年，外商直接投资（FDI）分别对经济增长、价格水平、失业和国际收支的影响。这一问题面临的数据既包括个体维度又包括时间维度，因此下文中将应用面板数据模型分别考察外资对各个宏观政策目标的影响。模型形式如下：

$$y_{it}=\alpha_{it}+X_{it}'\beta+\varepsilon_{it} \tag{5-1}$$

式中：$i=1，2，\cdots，10$；

$t=1，2，\cdots，20$。

式（5-1）中，y_{it}为被解释变量，表示各个宏观政策目标；X_{it}为解释变量，表示各国或地区在30年间的FDI流量；α_{it}表示截距项，ε_{it}为误差项。由于考虑到不同发展阶段的国家或地区，外资对其宏观影响不尽相同，下文中会加入虚拟变量以分析外资流入对于不同梯队国家宏观经济目标的影响。在本文中，由于加入虚拟变量，将采用个体时点固定效应回归模型（time and entity fixed effects regression model），这一先验的假定其实是符合现实的，因为对于不同个体和时点，截距项（模型中没有考虑的一些其他经济因素）是不同的，但其和解释变量多少是存在相关关系的。

5.3 实证分析

5.3.1 外资流入对发展中国家经济增长的影响

5.3.1.1 变量的描述性统计分析

表5-1给出了代表发展中国家经济增长和经济结构变量的基本统计量分析。表中的变量均不是正态分布，所以中位数相较于均值更能代表各国经济增长和经济结构的一般水平。综合来看，在本章研究的样本期间内，各国GDP平均每年以6.18%的速度递增，人均GDP的年平均增长率是4.63%。对于经济结构来

说，服务业在整个经济总量中的比例最高，其次是工业和农业。伴随着产业的发展，就业结构也表现出分布的相似性。各国在 30 年间的经济增长以及经济结构的状况是否和同期快速增长的外商直接投资有关呢？这需要通过经济增长和经济结构各项指标与 FDI 之间的计量模型分析来得到解答。

表 5－1　经济增长和经济结构变量的基本统计量

	GGDP	GPGDP	FRGDP	IRGDP	SRGDP	FLGDP	ILGDP	SLGDP
均值	6.01	4.37	12.72	36.69	50.59	27.67	24.33	48.05
中位数	6.18	4.63	11.31	38.68	46.98	24.30	22.50	47.70
最大值	15.20	13.70	34.37	49.71	92.57	68.40	48.50	87.40
最小值	－13.13	－14.29	0.04	7.38	21.85	0.20	8.20	13.40
标准差	4.12	4.12	9.00	8.90	13.51	21.99	7.76	18.10
偏度	－1.04	－0.97	0.42	－1.10	0.98	0.22	0.57	0.10
峰度	5.56	5.39	2.42	4.30	4.14	1.69	3.11	2.15
观测值①	270	270	250	250	250	230	231	231
横截面	9	9	9	9	9	9	9	9

5.3.1.2　面板模型设定和估计

本节将分别建立并估计 FDI 对各国经济增长和经济结构变量影响的面板数据模型。对于经济增长方面来说，模型中的被解释变量分别为 GDP 增长率（GGDP）、人均 GDP 增长率（GPGDP）；对于产业结构方面来说，被解释变量为农业增加值占 GDP 比例（FRGDP）、工业增加值占 GDP 比例（IRGDP）和服务业增加值占 GDP 比例（SRGDP）；对于就业结构方面来说，被解释变量为农业就业人员占总人数比例（FLGDP）、工业就业人员占总人数比例（ILGDP）和服务业就业人员占总人数比例（SLGDP）。样本研究的跨度为 30 年，在这期间 FDI 对于各项指标的影响可能是非线性的，因此解释变量为 FDI 和 FDI 的平方项。同时，考虑到对于不同发展阶段的国家或地区，外资对其经济增长和经济结构的影响可能会存在差异，本节的解释变量中还包括体现发展阶段的虚拟变量 D1、D2、D3。其中，D1 变量中，较发达的发展中国家或地区，中国香港、韩国和新加坡

① 由于一些国家某一变量数据缺失，本章中的面板数据为非平衡面板数据，所以观测值并不都是 270 个。

取1，而其他国家取0；D2变量中，20世纪90年代后快速发展的印度尼西亚、马来西亚和泰国取1，其他国家取0；D3变量中，中国、巴西和印度取1，其他国家取0。鉴于虚拟变量的采用，本章采取的是个体时点固定效应回归模型，模型的估计结果参见表5-2。

5.3.1.3 估计结果解释

从表5-2中的估计结果可以看出，外资对于不同发展阶段国家或地区的经济增长以及经济结构的影响均是显著的。首先，从宏观总量的增长来看，第二梯队的东南亚三国的GDP增长率和人均GDP的增长率和FDI呈同向运动；而第一梯队的新加坡、中国香港和韩国以及第三梯队的中国、巴西和印度，FDI对于经济增长指标的影响是非线性的，当流入国内的FDI超出一定规模后，外资会导致这些国家或地区的经济增长呈现下降趋势。其次，从产业结构的角度来看，对于第一梯队的国家或地区来说，FDI对于产业结构的影响是非线性的，当FDI达到一定规模前，农业和工业的相对比例都在下降，而服务业的相对比例处于上升趋势；当FDI达到一定规模后，情况正好相反，农业和工业的相对比例开始上升，而服务业的相对比例开始下降。同样的情况也发生在第三梯队的国家，对于第二梯队的国家来说，工业和服务业的发展情况是和其他国家是一样的，只有农业的相对比例和FDI一直保持负相关的关系。最后，从就业结构的角度来看，对于第一梯队的国家或地区来说，在FDI达到一定规模前，外资的引入导致大量的劳动力进入工业，而当FDI达到一定规模之后，劳动力却开始从工业向服务业和农业涌入；对于第二梯队的国家来说，FDI对于就业结构的影响是非线性的，在引入的外资达到一定规模前，大量的劳动力进入农业和服务业，而在外资规模达到一定程度后，劳动力开始从农业和服务业转移到工业；对于第三梯队的国家来说，外资的流入更多的是影响劳动力在农业和工业间的转移，对于服务业的影响并不显著，与第二梯队的国家相似，当外资达到一定规模后，大量的劳动力从农业转移到工业。

表5-2　FDI对发展中国家经济增长和经济结构影响模型的估计结果

	经济增长		产业结构			就业结构		
	GGPD	GPGDP	FRGDP	IRGDP	SRGDP	FLGDP	ILGDP	SLGDP
FDI	1.74***	1.75***	−0.69**	−2.52***	3.21***	1.51***	−1.54**	−0.11
D1×FDI²	−0.21***	−0.21***	0.16***	0.26**	−0.42***	0.06	−0.36***	0.33***
D2×FDI²	−0.40	−0.05	0.04	8.93***	−8.96***	−6.95***	10.43***	−3.48**

续 表

	经济增长		产业结构			就业结构		
	GGPD	GPGDP	FRGDP	IRGDP	SRGDP	FLGDP	ILGDP	SLGDP
D3×FDI²	−0.12***	−0.12***	−0.05*	0.25***	−0.21***	−0.27***	0.28***	0.003
常数项	4.77***	3.08***	13.50***	37.67***	48.83***	27.27***	24.83***	48.06***
R^2	0.60	0.61	0.96	0.85	0.95	0.98	0.72	0.97
F	8.31***	8.65***	112.57***	28.92***	97.51***	232.52***	12.10***	159.13***
观测值	270	270	250	250	250	230	231	231

注：***、**、*分别表示在1%、5%、10%的水平上，系数是显著的。

5.3.2 外资流入对发展中国家价格水平的影响

5.3.2.1 变量的描述性统计分析

表5-3给出了衡量价格水平变动的通货膨胀率，以及对通货膨胀率产生影响的变量广义货币增长率和广义货币占GDP比例的基本统计量分析。表中的变量均是右偏的尖峰态分布，所以中位数相较于均值更能代表各国物价水平以及货币发行情况的一般状况。综合来看，在本章研究的样本期间内，各国平均的年通货膨胀率为5.49%，广义货币的年平均增长率是16.34%，而广义货币占GDP比例平均保持在63.95%的水平上。同样，各国在此期间的物价水平波动是否和同期快速增长的外商直接投资相关呢？下面的面板模型估计结果会给出一些有意义的解释。

表5-3　价格水平相关变量的基本统计量

	IR	GM2	RM2
均值	49.45	66.52	80.47
中位数	5.49	16.34	63.95
最大值	2735.49	3280.65	323.58
最小值	−8.64	−43.74	7.30
标准差	272.44	317.93	55.65
偏度	7.70	7.80	1.76

续　表

	IR	GM2	RM2
峰度	65.52	67.80	7.03
观测值	259	259	259
横截面	9	9	9

5.3.2.2　面板模型设定和估计

本节将首先估计 FDI 对于各国价格水平变动的直接影响，其次估计 FDI 对于各国货币供应量相关指标的影响，从这一估计也可以看出 FDI 对于价格水平的影响是否是通过货币供应量来传导。因此，本节模型中的被解释变量分别为通货膨胀率（IR，GDP 平减指数）广义货币增长率（GM2），广义货币占 GDP 比例（RM2）。由于样本研究时间维度较长，所以解释变量为 FDI 和 FDI 的平方项，可以通过对平方项系数的显著性检验来判别 FDI 对于各国的物价水平是否存在非线性关系。同样，在解释变量中还将包括代表不同发展阶段的虚拟变量 D1、D2、D3，定义同上。

5.3.2.3　估计结果解释

表 5 - 4 给出了关于 FDI 和发展中国家物价水平相关变量的估计结果。首先，从 FDI 对于物价水平的直接影响来看，FDI 对于发展中国家或地区的通货膨胀率的影响是显著的。对于第一梯队和第三梯队来说，这种影响是非线性的，并且呈现 U 形。这意味着，当流入的外资达到一定规模后，外资的流入会导致这些国家的价格水平不断攀升。对于第二梯队来说，外资流入与通货膨胀率之间的关系是线性负相关。其次，从 FDI 对于货币供应量的影响来说，可以看出和通货膨胀率相似的结论。对于第一梯队和第三梯队的国家或地区来说，外资的流入与广义货币增长率呈现 U 形关系，而第二梯队国家的 FDI 和广义货币增长率的关系一直呈现负相关。对于三个梯队的国家来说，FDI 的引入均导致这些国家广义货币占 GDP 比例同向变化。这意味着，外资的流入对于发展中国家价格水平的影响，很可能是来自外资对这些国家货币供应量的影响。除了第二梯队的国家，外资流入规模的扩大都不同程度地导致发展中国家出现通货膨胀的迹象。而对于第二梯队的国家来说，随着外资流入规模的不断扩大，广义货币与 GDP 比例在不断扩大，这也预示着这些国家在未来可能会出现物价水平与 FDI 同向运动的趋势。

表 5-4 FDI 对发展中国家价格水平影响模型的估计结果

	IR	GM2	RM2
FDI	−107.77***	−111.50***	5.69***
D1×FDI^2	17.41***	18.33***	1.69***
D2×FDI^2	94.00	110.15	−2.66
D3×FDI^2	9.80***	10.24***	0.10
常数项	106.93***	127.69***	71.83***
R^2	0.33	0.32	0.95
F	2.75***	2.53***	109.68***
观测值	270	259	259

注：***表示在1%的水平上，系数是显著的。

5.3.3 外资流入对发展中国家就业的影响

5.3.3.1 变量的描述性统计分析

表 5-5 给出了就业情况相关变量的描述统计分析。表中的变量均不是正态分布，所以中位数相较于均值更能代表各国就业情况的一般水平。综合来看，在本章研究的样本期间内，各国平均的年失业率为 3.50%；从性别角度来看，平均女性失业率为 3.40%，男性失业率为 3.60%，而女性劳动力所占比例为 40.01%；从教育程度角度来看，初等教育失业人数比例平均为 36.70%，中等教育失业人数比例平均为 40.60%，高等教育失业人数比例平均为 14.00%。下面将通过模型的建立以及估计来探讨，就业相关指标的变化是否和同期间流入发展中国家或地区的 FDI 相关。

表 5-5 就业相关变量的基本统计量

	UR	WUR	MUR	WLR	LEU	MEU	HEU
均值	4.03	4.34	4.00	39.38	36.98	42.24	16.50
中位数	3.50	3.40	3.60	40.01	36.70	40.60	14.00
最大值	11.20	14.20	9.50	47.41	81.30	70.30	50.10
最小值	0.90	0.90	0.80	25.33	10.40	7.20	0.10
标准差	2.13	3.05	1.89	5.36	15.72	16.72	10.12

续 表

	UR	WUR	MUR	WLR	LEU	MEU	HEU
偏度	1.17	1.50	0.70	−0.80	0.58	−0.12	0.63
峰度	3.87	4.59	2.84	2.98	3.13	2.15	2.95
观测值	224	193	193	189	147	147	147
横截面①	9	8	8	9	8	8	8

5.3.3.2 面板模型设定和估计

本节将分别从总体情况、性别角度和受教育程度角度来分析外资流入对于发展中国家就业情况的影响。被解释变量分别为总失业率（UR）、女性失业率（WUR）、男性失业率（MUR）、女性劳动力占总劳动力比例（WLR）、初等教育失业人数相对比例（LEU）、中等教育失业人数相对比例（MEU）和高等教育失业人数相对比例（HEU）。解释变量依然是 FDI 和 FDI 的平方项，以及代表不同梯队的虚拟变量 D1、D2、D3。模型的估计结果如表 5－6 所示。

表 5－6　FDI 对发展中国家就业影响模型的估计结果

	总失业率	性别			受教育程度②		
	UR	WUR	MUR	WLR	LEU	MEU③	HEU
FDI	0.84***	1.74***	1.53***	0.28	−1.91	4.70*	6.31***
D1×FDI^2	−0.11**	−0.27**	−0.20***	0.09***	0.15	−0.55	−0.89**
D2×FDI^2	−1.00	−1.80*	−0.58	−0.87*	6.76	9.34*	−17.31***
D3×FDI^2	−0.08**	−0.04	−0.22*	−0.04**	−0.12	—	−1.78**
常数项	3.56***	3.55***	3.25***	39.07***	38.83***	38.65***	14.96***
R^2	0.60	0.65	0.57	0.96	0.83	0.80	0.78
F	6.59***	7.11***	5.08***	131.22***	14.97***	12.86***	10.88***
观测值	224	193	193	189	147	147	147

注：***、**、*分别表示在 1%、5%、10%的水平上，系数是显著的。

① 有些变量的个体为 8，原因在于数据库中关于这些变量的中国数据是缺失的。

② 截面有 8 个个体，包括除中国以外的 9 个国家或地区。

③ 中等教育失业人数占总数人数比例的方程中，当删去第三组国家 FDI 的平方项后，其余变量系数的显著性提高，所以在这一方程中删去这一项。原因可能在于第三组数据缺失的程度较高。

5.3.3.3 估计结果解释

从表 5－6 中可以看出，FDI 对于发展中国家就业相关指标的影响是显著的。首先，从总体情况的总失业率来看，随着外资流入规模的变化，第一梯队和第三梯队的相关国家和地区的总失业率将表现出先增后减的变化趋势，而第二梯队国家的总失业率却在不断攀升。其次，从性别角度来看，随着外资规模的变化，第一梯队国家的男性失业率和女性失业率都呈现倒 U 形的变化趋势，而女性劳动力的相对比例呈现上升趋势；对于第二梯队国家来说，外资流入规模的增加，将带来男性失业率的上升，而当外资流入规模达到一定程度之后，女性失业率出现不太明显的下降趋势，而女性劳动力的相对比例呈现持续的不十分显著的下降趋势；对于第三梯队国家来说，女性失业率伴随着外资的引入一直呈现上升的趋势，而男性失业率在外资流入增长到一定规模后开始呈现下降趋势，同时女性劳动力的相对比例呈现持续的下降趋势。综合来看，外资的引入对于男女性就业结构的影响是明显的，尤其是对于后发国家来说，外资的引入导致男女就业的不平衡状况更为严重。最后，从受教育程度角度来看，外资的流入对于初等教育失业率的影响并不显著，会导致中等教育失业率的微弱上升，而其对高等教育失业率的影响最为明显。对于三个梯队来说，外资流入对于高等教育失业率的影响均是非线性的，并且呈现倒 U 形。也就是说，当外资流入达到一定规模后，高等教育失业率将从上升趋势转为下降趋势。

5.3.4 外资流入对发展中国家国际收支的影响

5.3.4.1 变量的描述性统计分析

表 5－7 给出了各国国际收支状况相关变量的描述统计分析。表中的变量均不是正态分布，所以中位数相较于均值更能代表各国国际收支状况的一般水平。综合来看，在本章研究的样本期间内，各国平均的年经常账户余额为 8.91 亿美元，而经常账户余额占 GDP 的比例年均为 0.27%。外资的引入会影响到一国的进出口贸易，表 5－7 中各国经常账户余额的综合表现是否和同期流入的 FDI 相关呢？下面将通过模型的建立以及估计来进行分析。

表 5－7　　经常账户余额的基本统计量

	CAB	RCAB
均值	103.66	2.18
中位数	8.91	0.27

续 表

	CAB	RCAB
最大值	4123.64	28.77
最小值	−517.81	−13.14
标准差	473.10	7.04
偏度	6.00	1.05
峰度	43.39	4.20
观测值	252	252
横截面	9	9

5.3.4.2 面板模型设定和估计

模型中的被解释变量分别为经常账户余额（CAB）、经常账户余额占GDP的比例（RCAB）。解释变量为FDI和FDI的平方项，以及代表不同梯队的虚拟变量D1、D2、D3。模型的估计结果如表5-8所示。

表5-8　　FDI对发展中国家国际收支影响模型的估计结果

	CAB	RCAB
FDI	−243.43***	−2.19***
D1×FDI^2	36.85***	0.43***
D2×FDI^2	105.56	−0.40
D3×FDI^2	53.20***	0.17***
常数项	140.42***	3.58***
R^2	0.89	0.65
F	42.22***	9.50***
观测值	252	252

注：***表示在1%的水平上，系数是显著的。

5.3.4.3 估计结果解释

无论是经常账户余额的绝对量变化，还是其占GDP比例的相对变化，外资的影响都是显著的。从第一梯队来看，外资对这两个变量的影响都是非线性的U形，即当外资达到一定规模后，经常账户余额以及经常账户余额的相对比例均会从下降转换为上升趋势。同样的情形也出现在第三梯队的国家，这说明对于这两个梯队的相关国家或地区来说，外资流入规模的不断扩大，最终会导致这些国家经常账户余额不断上升，也就是贸易顺差将随着外资流入规模的扩大而不断上升。第二梯队国家的情况则正好相反，其 FDI 的平方项并不显著，这意味着这些国家的经常账户余额以及经常账户余额占 GDP 的比例将随着外资流入规模的不断扩大呈现下降趋势，即随着外资流入规模的不断扩大，这些国家反而可能会出现贸易逆差现象。

5.3.5 小结

综上所述，外资对本章样本所选择的代表性发展中国家或地区的宏观经济的影响是显著的，而且这一影响跟经济发展阶段相关。其中，第一梯队的国家或地区以及第三梯队的国家表现出相似的特征，第二梯队的国家相关情况与上述国家或地区有些差异（见表 5-9）。

表 5-9　　外资流入对发展中国家宏观经济影响的综合分析

		经济增长	经济结构	物价水平	就业	国际收支
第一梯队	新加坡 中国香港 韩国	倒U形	产业结构和就业结构均出现变化	U形	倒U形	U形
第二梯队	印度尼西亚 马来西亚 泰国	同向	产业结构和就业结构均出现变化	负向	同向	负向
第三梯队	中国 巴西 印度	倒U形	产业结构和就业结构均出现变化	U形	倒U形	U形

外资的流入对于第一梯队和第三梯队国家的影响基本都是非线性的，也就是说随着外资流入规模的变化，这些国家的宏观经济均出现了方向上的转变。综合来看，外资规模引入过大对于较为发达的第一梯队国家和新兴的第三梯队国家并不一定是好事。从本章的实证分析结果可以看出，当外资超出一定规模后，这些国家或地区的经济增长速度开始衰减，同时物价水平开始上升，并且贸易的不平衡性也开始增大，唯一的优点是失业率会开始下降。对于第二梯队的东南亚三国

来说，外资的流入对于宏观经济的影响基本上都是线性的，随着外资规模的不断扩大，这些国家的经济增长速度得以上升，物价水平开始下降，但对应的是失业率的上升以及贸易逆差的上升。外资对于这些国家经济影响更为深刻的，应该是它对于这些国家经济结构的影响，包括外资流入导致的产业结构变迁、就业结构的变化以及劳动力在性别和受教育程度方面结构的变化。产业结构方面，可以看出外资的流入使得工业成为这些国家主要发展的产业，同时大量的劳动力也涌向工业；在劳动力结构方面，女性劳动力的相对比例存在下降的趋势，同时会增进高等教育劳动力的就业机会。

5.4 结论与启示

本章选取了9个发展中国家或地区作为整个发展中国家群体的代表，通过收集这些国家或地区在1981—2010年的30年间的数据，研究外资流入对于发展中国家宏观经济安全的影响。一国宏观经济安全主要体现在宏观经济目标上的安全，即可以保证整体经济持续稳定的增长、均衡发展的经济结构、平稳的物价水平、较低的失业率以及国际收支平衡。然而，本章的实证分析结果表明，外资的流入对发展中国家宏观经济目标的实现带来一定的促进或阻碍作用，这一作用的产生和外资引入的规模以及经济发展阶段紧密相关。

按照产业链分工的时间转移上，本章选取的国家和地区可以分为三个模块。第一梯队的新加坡、韩国和中国香港，第二梯队的印度尼西亚、泰国和马来西亚，第三梯队的中国、巴西和印度。从外资流入对宏观指标的影响可以看出，第三梯队的中国、巴西和印度与第一梯队的较为发达的新加坡、韩国和中国香港表现非常相似。这说明后发的实行外向型经济导向的中国、巴西和印度的经济发展速度非常快，在整体经济的发展上已经超越了20世纪90年代开始快速发展的东南亚三国，成为外资更加关注的地区。但在宏观经济快速发展的过程中，外资的引入并不总是为其带来积极的影响。可以看出，对于发展较为发达的第一梯队和快速发展的第三梯队国家来说，外资的涌入可能会减缓其经济增长的速度，同时加剧了其通货膨胀与国际收支失衡的风险。而对于第二梯队的国家来说，还是享受着外资带来的经济快速增长和物价平稳下降的红利阶段。但无论是对哪个梯队的国家来说，外资的引入都给其经济结构方面带来了深刻的影响，导致了劳动力在不同产业间的转移，同时也对劳动力在性别和受教育程度方面的结构产生深远的影响，结构的变化将对整个社会各个阶层民众的福利带来影响，并且这种由于经济结构变化而带来的影响将是长期的，而且难以逆转。

本章的实证分析结果还提出了一个重要的启示，即对发展中国家来说，外资引入存在最佳规模。从表 5－9 中的综合分析可以看出，外资对宏观经济目标的影响经常是非线性的。这意味着，引入的外资规模一旦超过一定幅度后，将会导致宏观经济目标转向相反方向。这一点尤其体现在第一梯队和第三梯队的国家或地区上，因为这些相关国家或地区外资引入的规模要大于第二梯队的国家。当外资规模超过一定规模后，将伴随着经济增长的速度下降，持续的通货膨胀以及贸易顺差的上升，优点可能是失业率的下降。同时，外资规模的持续扩大，对于经济结构变化的影响将会越来越显著。所以，对于发展中国家或地区来说，到底选择以什么样的宏观经济目标为发展核心时，也要关注本国引入的外资规模，这对于宏观经济目标的实现会带来深远的影响。

6 FDI对我国产业安全的影响及实证

经济安全是指经济全球化时代一国保持其经济存在和发展所需资源有效供给，经济体系独立稳定运行，整体经济福利不受恶意侵害和非可抗力损害的状态和能力。经济全球化是一种不可逆转的世界发展趋势，外国直接投资在世界范围内的大规模流动是推动这一进程的重要力量。随着我国逐步履行“入世”承诺和改革开放的不断深化，对外资的开放领域日益扩大，应该意识到，外资的大量涌入在为我国国民经济建设发挥重要作用的同时，也对我国经济安全产生了日趋严重的负面影响。伴随着对国家经济安全问题研究的深入，对中国这样的发展中大国来说，国家经济安全的重要性不言而喻，考虑到我国经济欠发达、改革转型与对外开放的现实，中国经济安全的研究更是热点、焦点、难点。本书已在前面的章节中回顾了国家经济安全的研究情况及评价体系，并针对外资流入对发展中国家经济安全，尤其是外商直接投资（FDI）对发展中国家产业安全和宏观经济安全的影响进行了深入的理论和实证分析，后面的研究中我们将继续深入探讨外资流入，尤其是FDI对中国经济安全各方面的影响。

综观全球资本流动和外商投资的规模和流向，随着中国经济改革与开放的日益深入，我国的经济规模在不断增加的同时，使用外资的规模也开始居于世界前列。联合国贸易和发展组织投资和企业司司长詹晓宁在《2010年世界投资报告》首发式上说，2009年中国外国直接投资（FDI）流入量达到约950亿美元，世界排名第二，仅次于美国。根据商务部公布的《2013中国外商投资报告》数据显示，2012年中国FDI流入量1211亿美元，仅次于美国的1676亿美元，其他FDI流入较多的国家或地区依次是中国香港、巴西、英属维尔京群岛、英国、澳大利亚、新加坡、俄罗斯等（见表6-1）。由于全球经济恢复缓慢，2012年发达国家、发展中国家以及转型经济体的FDI流入量均有所下降，其中，发达国家的FDI流入量同比下降31.6%，为5607亿美元；发展中国家流入量同比下降4.4%，为7028亿美元，接近全球总量的50%；转型经济体FDI同比下降9.4%，为874亿美元，占全球总量的6.4%。比较流入亚洲发展中国家的FDI规模，东南亚和东亚的FDI流入量同比下降5%，西亚同比下降4.1%，南亚同比下降22.7%。其中两大新兴经济体——中国和印度分别下降3.7%和17.7%。

表6-1　世界主要国家和地区FDI流入量比较　（单位：亿美元）

	2007年	2008年	2009年	2010年	2011年	2012年
美国	2160	3064	1436	1979	2269	1676
中国	835	1083	950	1147	1240	1211
中国香港	621	670	543	827	961	746
德国	802	81	225	574	489	657
巴西	346	451	259	485	667	653
英国	2000	890	763	506	511	624
澳大利亚	455	470	267	352	653	570
新加坡	470	122	249	536	559	567
俄罗斯	570	748	366	432	551	514
加拿大	1168	616	227	291	414	454
西班牙	643	770	104	399	268	278
印度	254	471	357	211	362	255
比利时	934	1940	610	857	1033	−16

数据来源：中华人民共和国商务部《2013中国外商投资报告》。

许多研究表明，FDI对于促进东道国经济增长具有重要作用，但也不可否认，但FDI对促进中国经济发展和改革开放发挥了不可替代的重要作用，不仅拉动了我国的内需，促进我国经济增长，甚至还改变了许多中国人的生活理念。但是，FDI进入我国的主要目的是为了赚取利润，它对我国经济发展的影响无疑是一把“双刃剑”，随着我国经济技术的发展和FDI在我国的规模和形式的发展变化，外资对我国经济安全的潜在威胁也更加增强。

6.1 FDI对中国经济安全影响问题的提出

6.1.1 FDI在中国的发展概况

改革开放以来，我国在引进外国直接投资方面取得了显著的成就，根据国家统计局的数据显示，我国引进外商直接投资（FDI），无论是合同利用外商直接投资金额还是实际利用外商直接投资金额都得到持续性的发展（如图 6－1 所示）。

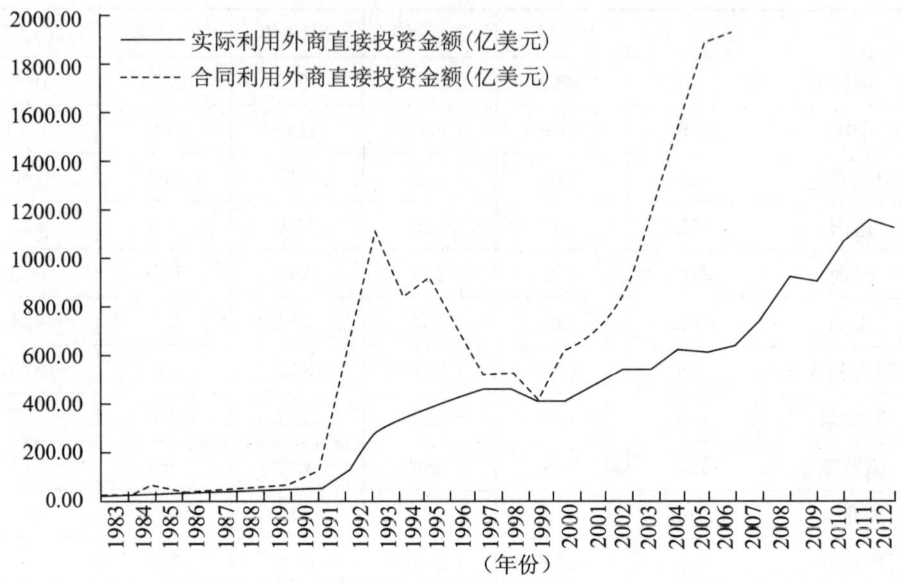

图 6－1　1983—2012 年中国利用外商直接投资金额

数据来源：中国国家统计局。

从图 6－1 可以看出，在我国实际利用外商直接投资的历程中，经过了 20 世纪 80 年代较为平稳的时期；又进入 20 世纪 90 年代的快速增长期；2000 年以后，尽管全球跨国直接投资从 2001 年的 1.4 万亿美元锐减至 2003 年的 6000 亿美元，但我国年均利用外国直接投资的规模却从 2001 年的 468.8 亿美元持续增长，2004 年达到 606.3 亿美元；即使是在 2008 年全球金融危机后世界经济遭遇前所未有的困难时期以来，我国利用外商直接投资的规模也未出现明显下降。

通过仔细观察我国利用外商直接投资的历程可以发现中国利用 FDI 的一些阶段和特点。

1979—1985 年是我国改革开放的初期阶段，这个时期的经济改革尚处于摸索阶段，对外资的政策也不明朗，各项法律制度很不完善，基础设施比较薄弱，因此我国吸收的外资较少，且以外国政府贷款为主，6 年累积吸收 6000 多个外资项目，年平均实际吸收外资 10.1 亿美元，吸收外资项目的技术含量也偏低。1986—1991 年，随着我国政府对外资政策的逐步明朗，中国的投资环境得到不断改善，特别是先后颁布了一系列外资法律，使前来我国投资的外商大幅度增加，外资规模和水平逐年提高，这5年我国实际吸收外资年均达22亿美元，为前5年的3倍，可以说1986年开始是我国利用外资的真正起步阶段。在中国利用外资取得初步进展的同时，对利用外资的批评聒噪而起，就在这个关键时刻。1992年春天，邓小平的第二次南方谈话明确了利用外资是一项全新的事业，自此开始了我国全方位、多层次扩大开放的时期，我国的外商投资环境进一步改善，外商投资大规模涌入中国，一些资金、技术密集的大中型项目也纷纷抢滩中国。而与以前我国主要利用对外借款和外商间接投资为主不同，FDI成为这一阶段我国利用外资的主要形式。1994—2000年，FDI占全部实际外商投资的75%左右，我国实际利用外国直接投资的规模达到年均400亿美元以上；2001年以后，我国实际利用FDI总体呈现出10年稳定增长的态势，年平均增长率约8%。从FDI项目数量看，2002年为3.4万个，2003—2006年保持在4万个以上，2008—2011年约为2.7万个，2012年为2.5万个，2002—2012年，中国利用FDI项目数总计37万个；从实际使用外资金额看，2002—2012年实际使用外资金额总计8859.5亿美元。中国使用FDI的规模如此庞大，增长如此迅速，FDI到底在中国有什么样的布局、结构、方式和贡献也值得进一步展开调查。

6.1.1.1 外商投资来源分布①

商务部的外商投资报告中数据显示，截至2012年年底，中国外商投资项目来源地前五位的国家或地区分别是：中国香港、中国台湾、日本、美国、韩国；来自这些国家的外商投资项目数占中国外商投资项目总数的比重分别为：50.6%、8.9%、6.3%、5.2%、5.2%，占比总计76.2%，在2002—2012年平均保持75%的水平（见表6-2）。而从实际使用外资金额的数量来看，在2002年前五位的国家或地区（中国香港、美国、日本、中国台湾、韩国）占外商投资总量的64.8%，到2012年前五位的国家或地区（中国香港、日本、新加坡、韩国、中国台湾）的总比重提高到76.2%。从图6-2中可以看到，10年来，除中国香港和新加坡，其他国家或地区对华投资呈现下降的趋势。

表6-2　中国主要外商投资来源地（按项目数百分比计算）　（单位：%）

	2002年	2004年	2005年	2006年	2007年	2008年	2009年	2010年	2011年	2012年
中国香港	31.7	33.7	77.7	37.4	42.8	46.7	45.7	47.7	50.1	50.6
中国台湾	14.2	9.2	8.9	9.0	8.7	8.6	10.9	11.2	9.5	8.9

① 本部分统计数据均来自中华人民共和国商务部《2013中国外商投资报告》的统计数据。

续 表

	2002年	2004年	2005年	2006年	2007年	2008年	2009年	2010年	2011年	2012年
日本	8.0	7.9	7.4	6.2	5.2	5.2	5.4	6.4	6.7	6.3
韩国	11.7	12.9	13.9	10.3	9.1	8.1	7.1	6.2	5.0	5.2
美国	9.8	9.0	8.5	7.7	6.9	6.4	6.5	5.5	5.1	5.2

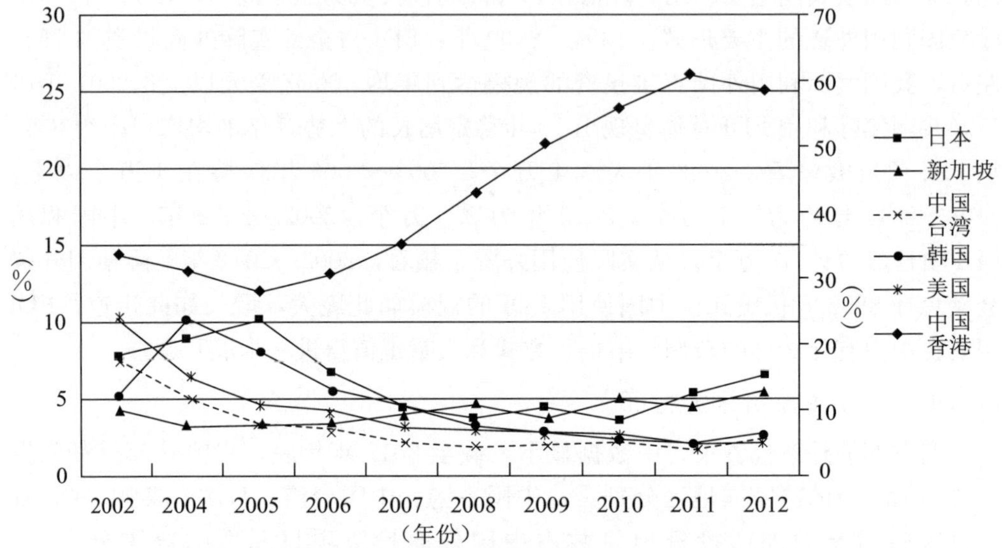

图 6-2 中国主要外资来源地：按实际使用金额百分比计算

注：图中左侧纵轴标注来自日本、新加坡、韩国、中国台湾和美为的 FDI 占中国实际使用外资总额的百分比；右侧纵轴标注来自中国香港的 FDI 占来华外商投资总金额的百分比。

数据来源：中国商务部《2013 中国外商投资报告》。

6.1.1.2 外商投资产业分布

根据国家统计局数据显示，2012 年在我国实际利用 FDI 项目中农业（含林、牧渔业）FDI 项目 882 个，占全国外资项目总数的比重为 3.5%；制造业 FDI 项目 8970 个，占比 36.0%；服务业 FDI 项目 13539 个，占比 54.3%。同时，农业实际使用 FDI 的金额 20.6 亿美元，占全国实际利用外资金额的比重为 1.8%，制造业实际使用 FDI 金额为 488.7 亿美元，占比 43.7%，服务业实际使用 FDI 金额 538.4 亿美元，占比 48.2%。动态来看，我们按照国家统计局设管司发布的《三次产业划分规定》对我国实际利用外资的项目和金额数量进行分类整理，可以发现我国三次产业使用外资的情况极不平衡（见图 6-3）。

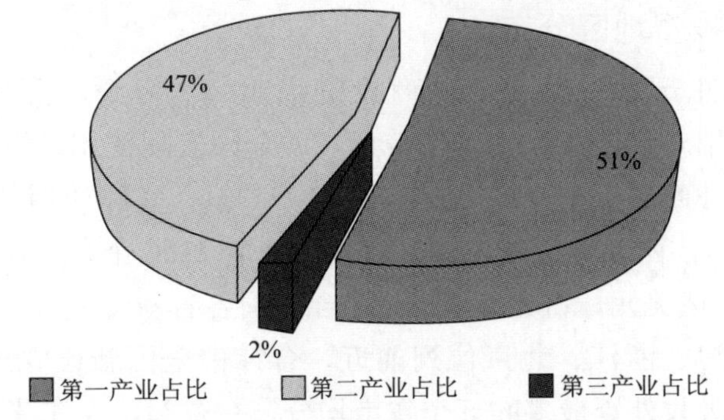

图 6-3 2012 年我国三次产业实际利用 FDI 占总金额的比重

数据来源：根据中国国家统计局数据和中国外商投资报告数据整理。

首先，我国第一产业[①]实际利用 FDI 的项目和金额总数一直不高，1997 年以来的数据表明第一产业实际利用 FDI 项目和金额占总量比重平均在 5%和 2%以下。

其次，第二产业[②]自 1997 年以来一直是我国实际利用 FDI 的主要领域之一，1997—2003 年，实际利用 FDI 项目数量和金额占我国 FDI 总量的比重也一直最高，年平均达 74%和 72%；随着中国产业结构的升级调整、劳动力和土地成本的上升以及我国引进外资战略的发展变化，自 2005 年起[③]，我国第二产业实际利用 FDI 的项目数量逐年减少，其占我国 FDI 总量的比重也持续下降，从 2002 年的 75%下降到 2012 年的 38%；而第二产业实际利用 FDI 的金额虽然一直不断增加，其占我国实际利用 FDI 金额总量的比重却也在不断下降，从 2002 年的 75%下降到 2012 年的 47%。

最后，随着中国加入 WTO 和人民币汇率制度改革的深入，我国第三产业[④]实际利用 FDI 的情况变化完全不同于第二产业的比重减少的趋势，根据 2005 年以后的数据显示，虽然我国第三产业实际利用 FDI 的项目数量没有呈现绝对上升的趋势，但是其实际利用 FDI 的金额却逐年递增，而且第三产业实际利用 FDI 的项目和金额占我国实际利用 FDI 总量的比重均明显上升，分别从 2005 年的 29%和 25%上升到 2012 年的 59%和 51%。

① 根据《三次产业划分规定》第一产业是指农、林、牧、渔业（不含农、林、牧、渔服务业）。

② 根据《三次产业划分规定》第二产业是指采矿业（不含开采辅助活动），制造业（不含金属制品、机械和设备修理业），电力、热力、燃气及水生产和供应业，建筑业。

③ 国家统计局数据库中对于 2004 年 FDI 分行业的统计数据缺失，因而此处无法整理分析。

④ 根据《三次产业划分规定》第三产业即服务业，是指除第一产业、第二产业以外的其他行业。根据数据可获得性，此外第三产业利用 FDI 的统计中不包含公共管理、社会保障和社会组织，国际组织利用 FDI 的项目和金额。

6.1.1.3 外商投资地区分布

2012年我国东部地区新设立外商投资企业2.1万个，占全国项目总数的86.2%，实际使用外资金额925.1亿美元，占全国实际使用外资总额的82.8%；中部地区新设立外商投资企业2327个，占比9.3%，实际使用外资金额92.2亿美元，占比8.3%；西部地区新设立外商投资企业1106个，占比4.4%，实际使用外资金额99.2亿美元，占比8.9%。综合全国各省新设立外资企业数量来看，江苏、广东、上海、浙江、北京位列前五，合计占全国新设立外资企业总数的70.6%，而全国吸收外资最多的五个省市均分布在东部，为江苏省、广东省、上海市、辽宁省和浙江省，实际利用外资合计占比为64.3%①。

从2006—2012年的发展历程看，随着我国西部大开发的步伐加快，东部地区吸引外资的增幅逐年下降，略低于全国平均水平，而中西部地区吸引外资的增幅高于东部地区，伴随东北老工业基地改造，其实际利用外资也显示出逐年增加的趋势。但是总体来看，外商投资在中国的地区分布依然极不平衡（如图6-4所示）：东部地区吸引外资仍占全国80%左右，是FDI来华投资的主要区域，而中西部地区合计实际利用外资占全国的比重依然低于20%。外商投资的分布不均虽然是受到我国东中西部经济发展不均衡的影响，但是也可能更加恶化了我国经济发展的区域不平衡，这无疑对我国经济安全产生负面影响。

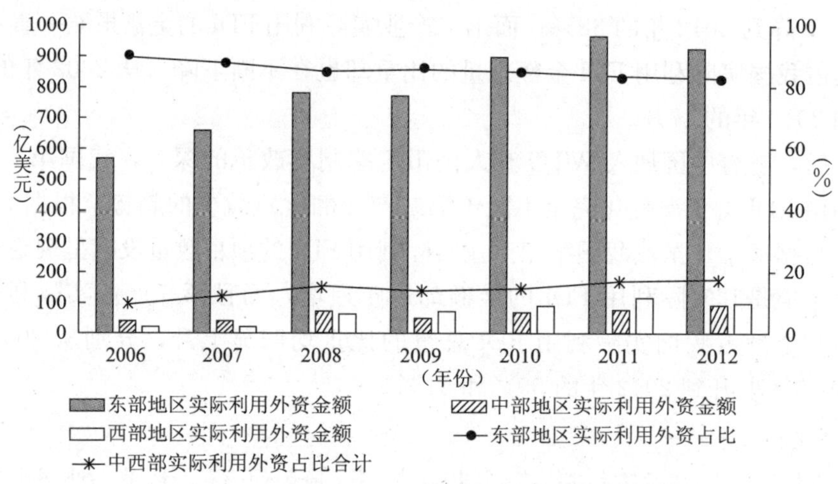

图6-4 2006—2012年中国利用外商投资地区分布

数据来源：根据商务部中国投资指南网，中国外商投资报告数据整理。

① 数据来源：中华人民共和国商务部《2013中国外商投资报告》。

6.1.1.4 外商投资企业类型

外商投资企业类型主要包括中外合资企业、中外合作企业、外资企业和外商投资股份制企业等，其中外资企业和中外合资企业是主要方式（见图6-5)。外资企业数从2002年的22173家，占全国外资企业总数的64.9%，到2012年的20352家，占比为81.7%，同比下降9.1%；中外合资企业2002年有10380家，占全国总数的30.4%，以后逐年下降，2012年为4355家，占比为17.5%，同比下降13%①。

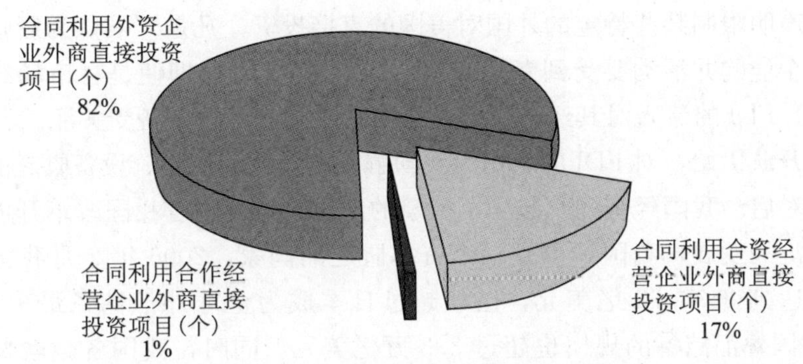

图6-5 2012年中国利用FDI项目方式划分

数据来源：根据商务部中国投资指南网，中国外商投资报告数据整理。

从实际利用外资的项目来看，截至2012年12月底，外资企业项目个数累积40.1万个，占外商投资项目总数的52.5%，中外合资企业项目个数30.2万个，占比39.5%，中外合作企业项目数6万个，占比7.9%。

从实际使用外资的金额来看，2002年外资企业实际投资317.2亿美元，占当年实际使用外资总额的60.1%，2012年达到861.3亿美元，占比77.1%，较2011年下降5.6%；中外合资企业2002年实际投资149.9亿美元，占当年总量的28.4%，2012年217亿美元，占比19.4%，同比上升1.4%；中外合作企业2002年实际投资50.6亿美元，2012年减少到23亿美元，占外资总额的2.1%。

6.1.2 FDI对中国经济安全影响问题的提出

从上面FDI在中国的发展状况我们看到了中国实际利用外商直接投资的规模、增长、来源、产业、分布以及方式的演变，伴随中国经济和贸易总量的增

① 数据来源：中华人民共和国商务部《2013中国外商投资报告》。

长，金融市场的进一步对外开放，考虑到中国产业结构的调整升级战略和改革开放任务的艰巨，不得不进一步思考 FDI 对中国经济发展、区域经济发展和产业发展各个方面的影响。限于本书的宗旨和本章的篇幅，本章仅简要提出 FDI 对中国经济安全和产业安全的影响问题。

6.1.2.1　FDI 对中国经济安全的影响

一个国家引进 FDI 不断深化和拓展的过程也是该国民族资本面对外国资本在工业领域日趋激烈的竞争过程。外国资本不可避免地会对民族工业产生一定的威胁或者冲击，这是所有引进和利用 FDI 的国家都会遇到的问题，如 1992 年美国就曾发表声明限制某些特定的外国对美国的直接投资，凡是“被认为影响美国国家安全的企业购并活动要受到专门委员会的审查”。可见即使是在市场经济最发达的国家，FDI 的流入对其经济安全乃至国家安全的影响也备受关注。

改革开放伊始，对 FDI 的利用为我国解决了资金、技术、设备匮乏的经济建设难题，对启动我国经济列车起到了引擎的作用。然而随着我国改革开放的不断深入和经济的发展，我国不再是一个资本匮乏的国家，2006 年 2 月我国外汇储备的规模达到 8536.72 亿美元，已经超过日本成为全球外汇储备最多的国家；2012 年我国外汇储备的规模也超过 3.3 万亿美元，同时，我国各金融机构人民币存款规模也逐年增加，2012 年达 97.4 万亿元人民币，而 FDI 的大量利用以及其超国民待遇的身份对内资的发展与利用造成了极大的挤出效应。虽然外资在挤出内资的基础上解决了大量劳动力的就业问题，可是一旦 FDI 由于各种原因撤出我国，我国的就业压力将会空前增大，我国内资也将存在由于始终未能在经济发展核心圈内运作导致无力承担经济建设重担。

改革开放以来，我国曾提出“以市场换技术”的引资策略，期望以出让市场份额为代价，通过跨国公司直接的技术转移和间接的技术扩散效应来促进我国的技术进步，而现实中，根据瑞士洛桑国际管理学院（IMD）2005 年 5 月 12 日发表的《全球竞争力年度报告》，中国竞争力在 49 个调查对象中列第 31 位。该研究主任加雷利教授指出，最能够实现提升国家竞争力的引擎就是科技。这就表明中国技术革新力并没有随着中国利用外资的增多而同步提高。相反，跨国公司凭借其对核心技术的控制，使我国民族企业技术依附明显增强，在一定程度上制约了企业的技术进步。

随着 FDI 的形式不断变化，资本逐利的本性驱使着 FDI 寻找东道国的各种政策、监管漏洞，不断进行逐利行为，跨国并购愈演愈烈，使我国许多民族产业面临被外资收购的境地，我国许多大中型机械厂已落入外资囊中，中型机械行业面临控制权旁落的危险。可以说跨国并购的发展进一步把国家经济安全推到了风口浪尖，研究FDI对我国经济安全的影响成为一个亟待解决的重要课题，它对当前我国经济改革攻坚阶段如何调整引资战略和提升国家经济安全有着重要意义。

从发展中国家包括我国的实践看，经济安全在很大程度上体现为产业安全，产业安全在很大程度上起缘于国际直接投资，表现为国际投资诱导型产业安全。国内外研究也表明，国际直接投资改变了传统的国际分工格局，使主权国家的内部分工模式、产业生态环境和结构发生了巨大的变化，容易导致欠发达国家丧失对关乎国计民生的产业和技术的控制权、丧失国家经济健康发展的基础与核心。所以就中国具体而言，FDI凭借其技术和规模等垄断优势，通过兼并、收购和新建企业挤压我国民族企业，挤占我国国内市场，并通过控制核心技术，使我国民族工业的发展缺乏动态的比较优势和成长后劲，使整个产业安全受到威胁。所以本章重点将研究并探讨FDI对我国产业安全的影响。

6.1.2.2 FDI对中国产业安全的影响

21世纪的全球化浪潮对一些民族国家的经济主权形成了巨大挑战，很多国家在引进并利用外资的同时逐渐丧失了产业控制权，产业安全成为制约其经济持续发展的重要障碍。关于产业安全的问题，追根溯源的话可以从15世纪末期的重商主义主张中找到：早期重商主义代表人物英国的约翰·海尔斯主张以高关税限制进口，防止金银流出，以政府补贴鼓励出口换取金银流入；晚期重商主义代表人物英国的托马斯·孟主张出口必须多于进口。虽然他们的观点聚焦于金银形态的国家财富而非本国产业发展，但是他们应该算是产业安全思想的萌芽。但在经历亚当·斯密的自由贸易主义很长一段时间之后，国外经济学家才真正提出关于产业安全（保护主义）思想。美国第一任财政部长亚历山大·汉密尔顿于1791年向国会提交了《关于制造业的报告》认为自由贸易可能损毁美国制造业，使得基础薄弱技术落后的美国工业因为无法与英国在平等基础上进行贸易竞争，最终将陷入困境，因而在工业化初期应当排除外来竞争，保护国内市场，以促使本国幼稚产业顺利发展。德国著名经济学家李斯特于1841年在《政治经济学的国民体系中》提出了著名的本国幼稚产业保护论。第二次世界大战后美国经济学家阿瑟·刘易斯在《经济增长理论》中明确主张政府对自己国家的工业进行保护，虽然刘易斯也客观指出发展中国家不能因为产业安全顾虑而拒绝利用外资，但像我国如此大规模利用外资的情况下又面临何种产业安全问题已成为不可忽视的重要课题。

对于产业安全的界定，国外学者做过不少研究，也从多个角度加以概括。进入新世纪，中国加入WTO之后，产业安全问题在国内学术界获得越来越多的关注，李陈华（2012）从产业安全的思想、概念、经验评价和政策讨论四个方面对国内产业安全问题的研究情况进行了梳理，并对国内学术界有关产业安全的理解进行了分层，认为一般意义上都是从产业竞争力和产业控制力的角度来理解产业安全。因此，产业安全主要在于开放经济条件下本国资本是否具有足够的竞争力，能否抵御潜在的外来威胁，能否控制产业的发展。

而针对产业安全的影响的研究每个国家的学者和机构都针对本国吸引外资所受到的威胁深入分析，国内学者在这一领域也已经做了大量的工作，主要集中在外资引入对国家产业安全的经验研究，产业安全的评价体系以及维护产业安全的对策等方面，但针对中国引进 FDI 与产业安全动态实证研究的文献还不是很多，因此，本章将在国内学者构建的比较完善的产业安全评价体系基础之上，延续前两章的研究，选择产业国际竞争力和产业的对外依存度指标，利用中国 FDI 和产业发展中可获得的数据，进行 FDI 对我国产业安全影响的时间序列实证分析。本章余下的内容为，第 2 节分析 FDI 对我国产业国际竞争力的影响；第 3 节分析 FDI 对我国产业对外依存度的影响，实证分析中包括变量选取、数据说明、单位根检验和协整分析及其估计结果与解释；第 4 节为本章的结论。

6.2 FDI 对我国产业国际竞争力的影响

6.2.1 变量选择及数据说明

所谓国际竞争力是一国特定产业通过在国际市场上销售其产品而反映出的生产力。著名的产业国际竞争力专家、美国哈佛大学工商管理学院教授 M. E. 波特教授经过对许多国家的产业的国际竞争力进行研究，他得出结论说，一国的特定产业是否具有国际竞争力取决于 6 个因素：①生产要素，包括人力资源、自然资源、知识资源、资本资源、基础设施等，其中，特别强调的是“要素创造”（Factor Creation）而不是一般的要素禀赋；②需求条件，包括市场需求的量和质（需求结构、消费者的行为特点等）；③相关与辅助产业的状况；④企业策略、结构与竞争对手；⑤政府行为；⑥机遇。这六个因素构成著名的产业国际竞争力“国家菱图”（National Diamond，另译作“国家钻石”）。波特教授以这一分析范式为基本框架，展开了他的全部研究过程，对产业国际竞争力研究做出了非常有价值的贡献（波特，1990）。在市场经济中，经济活动的关键环节是生产效率和市场营销，因此产业国际竞争力最终通过产品的市场占有份额来衡量和检验，基于对产业国际竞争力的上述理解，产业国际竞争力研究的客观观测资料就是相关国家特定产业的产品的国际市场占有率等。因此本章也继续采用第三章对发展中国家产业国际竞争力的研究指标进行实证分析，我们选取产业国际市场占有率、产业国际竞争力指数和显示性比较优势指数作为评价中国产业国际竞争力的指标。

具体而言，本节分析需要涉及的数据为1982—2012年30年间的中国外商直接投资（FDI）数据，该数据来源于联合国贸发会议，此处选用数据与第一节中略有差异主要是考虑后面选取的各个行业数据也是来自联合国贸发会议，为了达到口径的完全一致，这里的FDI数据没有采用中国国家统计局和商务部的数据资料。另外，因为产业国际竞争力的计算将采用的是各个行业以及贸易方面的流量数据，所以本节也采用的FDI的流量数据。计算产业国际竞争力的指标需要涉及的数据具体包括中国农业、制造业和服务业的进口额和出口额，世界农业、制造业和服务业的出口总额，还需要用到中国出口总值和世界出口总值，这些数据都来源于世界贸易组织数据库。

因为本节主要分析的是中国实际利用FDI对中国不同产业国际竞争力的影响，所以针对中国农业、制造业和服务业的国际竞争力指标本节将先做简单的描述性统计分析，初步了解中国产业竞争力的现状，并初步评估产业竞争力的各个指标与FDI之间的相关关系；然后，在后面的分析中将进一步采用时间序列分析的协整方法，对30年以来中国FDI与产业国际竞争力指标之间的长期均衡关系进行估计和分析，以期深化认识FDI对我国产业国际竞争力的影响。

6.2.2 变量的趋势及相关性分析

本章第1节中已经对FDI在中国的发展状况进行了详细的描述统计分析，故此处仅描述我国农业、制造业和服务业的国际竞争力指标在1982—2012年随时间变化的趋势，随后将检验我国实际使用FDI金额与这些指标之间的相关关系的显著性。

6.2.2.1 我国产业国际竞争力的趋势分析

图6-6分别展示了1982—2012年我国产业国际竞争力的变化趋势，本文选择的指标在图中具体表示为：农业国际市场占有率（perag）、制造业国际市场占有率（perma）、服务业国际市场占有率（perbc）、农业国际竞争力指数（indxag）、制造业国际竞争力指数（indxma）、服务业国际竞争力指数（indxbc）、农业显示性比较优势指数（RCAIag）、制造业显示性比较优势指数（RCAIma）以及服务业显示性比较优势指数（RCAIbc）[①]。

---

① 此处所有符号指标将在后面的表格、图形、文章中继续使用。

9个指标在图中分成3排，第一排展示各个产业国际市场占有率的发展趋势，第二排显示各个产业国际竞争力指数变化趋势，第三排给出了各个产业的显示性比较优势指数的趋势。

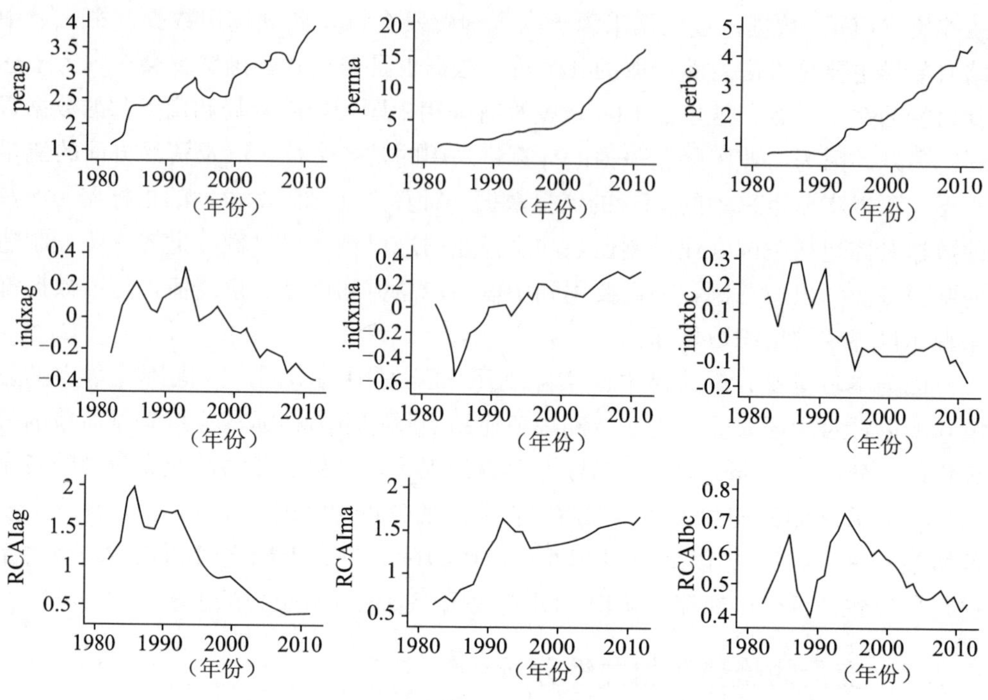

图 6-6　1982—2012 年中国产业国际竞争力指标变化趋势

产业的国际市场占有率是我国产业的出口占世界该产业出口总额的比重，以百分比表示。根据我国数据显示，我国农业国际市场占有率不高，占世界农业出口额不足4%，但是我国农业国际市场占有率却呈现出明显的上升态势，而且30年来，其已经从1982年的1.59%上升到3.99%，上升了2.5倍，而且我国农业国际市场占有率也已经高于发展中国家1.1%的平均水平。我国制造业国际市场占有率从1982年0.96%上升到2012年的16.75%，已经远远高于主要发展中国家制造业国际市场占有率的平均水平（1.4%），这一变化趋势印证了我国改革开放30多年来制造业的历史性跨越，也确实表明我国作为制造业大国的地位。相比制造业的国际份额，我国服务业国际市场占有率略显不足，占国际市场份额不足5%，但是也必须看到我国服务业国际市场占有率的递增趋势，从1982年的0.67%上升到2012年的4.38%，而且高于主要发展中国家的平均水平（0.85%）。总的来说，我国产业国际市场占有率略高于发展中国家平均水平，而且30年来呈现逐年上升的趋势。

产业国际竞争力指数是我国产业净出口与该产业进出口总额的比值，直接反映产业国际竞争力的大小。从我国农业国际竞争力指数30年来的波动可以看到，我国农业国际竞争力指数仅在20世纪80年代后期和90年代初期略微大于0，最高不过0.3，不能表明我国农业具有竞争力的比较优势，而且自2000年以后该指数下滑至零线下方，且逐年减少，表明我国农业缺乏比较优势而且为进口主导型产业，我国农业国际竞争力较弱，这与我国作为世界人口大国有必然的联系，同时也表明国际市场占有率的上升并不能完全代表国际竞争力的上升。我国制造业国际竞争力指数虽然在20世纪80年代处于零线下方，但是从1990年开始就已经大于0，开始显示出比较优势，而且此后逐渐上升，说明我国制造业国际竞争力在逐渐增加。我国服务业国际竞争力指数20世纪90年代开始下降，到1995年以后甚至降到零线下方并且至今都处于比较劣势，表现为进口主导型，不具有国际竞争力。总的来说，在主要产业之中，我国只有制造业表现出了一定的国际竞争力优势。

显示性比较优势指数为我国产业出口额占我国出口总值的份额与世界该产业出口额占世界出口份额的比值。我国农业RCAI指数从20世纪90年代开始逐渐下滑，直至2012年的0.4再一次表明我国农业已经不具有国际竞争力。我国制造业RCAI指数在改革开放以来呈现缓慢上升的趋势，而且从1990年以前0.8～1的中等竞争力水平上升到1.25～2.5的较强竞争力水平。然而服务业的国际竞争力却在30年间经历了比较大的振荡，1994年之后一直下降，而且始终在0.8的水平之下，表明我国服务业不具有国际竞争力。总的来说，RCAI指数反映出的我国产业竞争力状况与产业国际竞争力指数反映出来的相同——我国制造业表现出一定的竞争力优势，而农业和服务业不具有明显的竞争力优势。

6.2.2.2 变量的相关性分析

我国各个产业的竞争力随时间的变化可能由很多因素决定，其中伴随我国改革开放而来的大量外商投资也可能是重要影响因素之一，图6-7用散点图粗略展示了我国实际使用FDI（图中表现为纵轴变量usefdi _ cn）与产业国际市场占有率、国际竞争力指数以及显示性比较优势指数（RCAI指数）之间的相关关系。

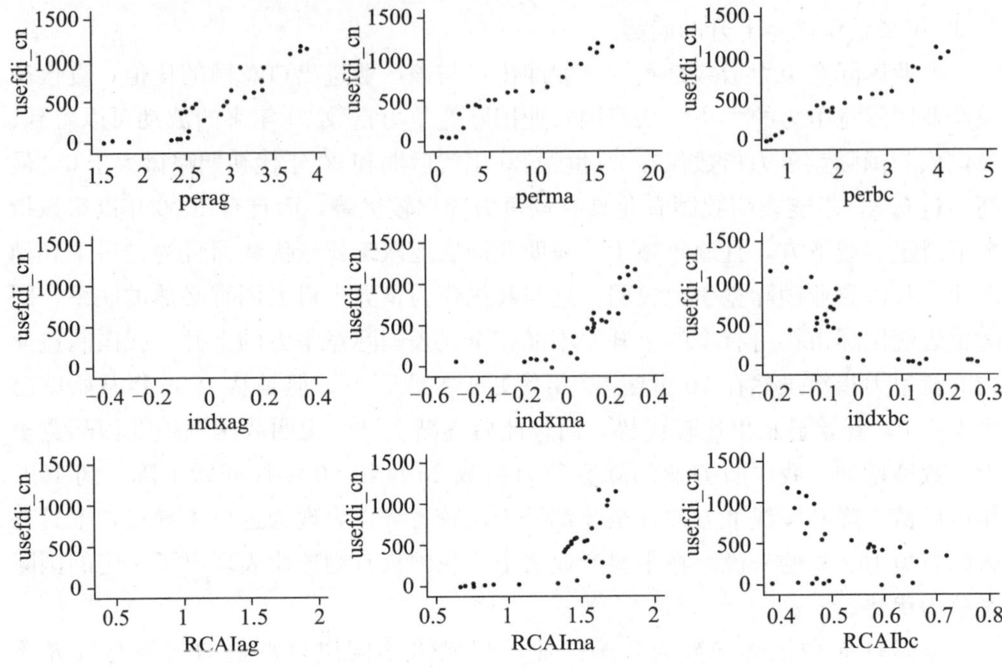

图 6-7　1982—2012 年 FDI 与中国产业国际竞争力指标关系

从上面各图中只能大致判断两个变量可能存在的关系和形式，表面上看 FDI 与我国农业、制造业和服务业的国际市场占有率，制造业国际竞争力指数和显示性比较优势指数之间显示正相关关系，反映各个产业国际市场占有率以及制造业国际竞争力可能随着 FDI 增加而增加；而 FDI 与我国农业、服务业国际竞争力指数和农业显示性比较优势指数之间显示负相关的关系，即农业和服务业的国际竞争力可能随 FDI 流入的增加而减少；但是与 FDI 与我国服务业显示性比较优势指数之间的关系并不明显。但是图形表明的相关关系到底是否显著，需要进行相关系数显著性检验，而从图中看到一些明显的非线性关系则需要在后面的长期均衡关系检验之中增加非线性的因素进行进一步检验。

表 6-3 为我国实际使用 FDI 与我国农业、制造业和服务业产业竞争力各个指标之间的相关系数及其显著性。明显看到 FDI 与产业竞争力存在显著的相关关系：其中 FDI 与农业国际市场占有率显著正相关，但是却与农业国际竞争力指数和农业显示性比较优势指数负相关，到底 FDI 对于农业竞争力是有提升作用还是抑制还不能完全确定；而 FDI 与我国制造业国际竞争力的各个指标都存在显著的正相关关系，这表明引进 FDI 可能对我国制造业竞争力的提升有正影响；但是 FDI 除了与服务业国际市场占有率表现显著正相关关系外，却与服务业国际竞争

力指数表现出显著的负相关关系，而且与图 6－7 的表现一致的是 FDI 与我国服务业显示性比较优势指数不存在显著的相关关系，这又给 FDI 对我国服务业竞争力的影响蒙上一层面纱。所以，在此相关性分析的基础上，我们需要进一步探讨 FDI 与产业竞争力指标的长期均衡关系，进一步确定 FDI 对我国产业国际竞争力的影响。

表 6－3　　FDI 与我国产业竞争力指数的相关系数表

	perag	perma	perbc	indxag	indxma	indxbc	RCAIag	RCAIma	RCAIbc
FDI	0.891***	0.963***	0.984***	－0.800***	0.801***	－0.781***	－0.871***	0.749***	－0.290

注：***表示在 1%的水平上显著不为 0。

6.2.3　FDI 与我国产业国际竞争力的协整关系分析

在上述趋势描述和相关性分析的基础上，下文继续对 FDI 与我国产业竞争力的长期均衡关系做进一步分析。因为相关性分析只是初步的判断变量之间的关系，并不能十分确定，同时相关系数显示的只是变量之间的线性关系，而散点图中已经能看到一些明显的非线性关系，所以后面的时间序列分析中，要考虑到非线性的影响。经典的回归分析要求序列具有平稳性，但是从前面的描述性统计分析中已经看到，本文研究的指标变量在过去 30 年间都存在一定的趋势变化，并非完全的平稳时间序列，当然这一点还需要通过严格的统计学检验来验证，所以下面首先对变量时间序列进行平稳性检验，再根据变量的性质做进一步分析以考察变量之间的长期均衡关系：如果检验证明各个变量是平稳序列，则进行经典回归分析；如果检验证明各个变量是非平稳的，且满足一定条件，则继续对变量进行协整分析来确定长期关系。因为非线性因素从相关性分析中还不能确定，所以后面的回归或者协整分析分别以 FDI 和 FDI 平方项作为自变量进行，如果检验结果不显著再剔除相应自变量重新检验，直到满足显著性要求为止。

6.2.3.1　单位根检验

单位根检验是对时间序列的平稳性检验的普遍方法之一。本节利用 ADF 方法分别对中国实际利用 FDI，以及我国农业、制造业和服务业国际竞争力的指标变量（perag、perma、perbc、indxag、indxma、indxbc、RCAIag、RCAIma）进行单位根检验。检验过程中先对原始变量进行 ADF 检验，所有变量均未能通过检验（检验结果略），表明变量非平稳，然后再对所有变量的一阶差分进行 ADF 检验，检验结果（见表 6－4）表明各个变量为一阶差分平稳变量。

表 6-4　　1982—2012 年各个变量 ADF 检验结果

变量形式	一阶差分	ADF 检验形式（C、T、L）	ADF 检验值	临界值（1%、5%、10%）	结论
FDI	ΔFDI	（C、T、0）	−4.472	−4.343***、−3.584、−3.230	I（1）
FDI 平方项	ΔFDI 平方项	（C、T、1）	−4.544	−4.352***、−3.588、−3.233	I（1）
perag	Δperag	（C、T、1）	−4.668	−4.352***、−3.588、−3.233	I（1）
perma	Δperma	（C、T、0）	−4.136	−4.343、−3.584**、−3.230	I（1）
perbc	Δperbc	（C、T、0）	−7.978	−4.343***、−3.584、−3.230	I（1）
indxag	Δindxag	（C、T、1）	−5.188	−4.352***、−3.588、−3.233	I（1）
indxma	Δindxma	（C、T、1）	−3.996	−4.352、−3.588**、−3.233	I（1）
indxbc	Δindxbc	（C、T、1）	−5.805	−4.352***、−3.588、−3.233	I（1）
RCAIag	ΔRCAIag	（C、T、1）	−4.105	−4.352、−3.588**、−3.233	I（1）
RCAIma	ΔRCAIma	（C、T、0）	−3.657	−4.343、−3.584**、−3.230	I（1）
RCAIbc	ΔRCAIbc	（C、T、0）	−4.596	−4.343***、−3.584、−3.230	I（1）

注：①检验形式（C、T、L）括号中的 C 表示 ADF 检验时有常数项；T 表示含趋势项；L 表示滞后阶数。

②**、*** 分别代表各差分变量序列在 5%、1%显著水平上是平稳的。

③I（1）表示检验的变量为一阶单整过程。

下面各部分中将采用 EG 两步法来分别对中国实际利用 FDI 与农业、制造业和服务业的国际竞争力各项指标进行协整分析，以检验 FDI 与产业国际竞争力之间的长期关系。

6.2.3.2　模型的设定

在时间序列的分析中，两变量长期均衡关系最令人关注的一种协整关系是（1，1）阶协整，为了检验两个均呈现一阶单整的变量是否为协整关系，恩格尔和格兰杰于 1987 年提出两步检验法。根据前面单位根检验的结果，FDI 使用金额与我国农业国际市场占有率、农业国际竞争力指数和农业显示性比较优势指数都属于一阶非平稳时间序列，因此下面建立模型对 FDI 与这些指标之间的关系进行协整检验。

假设 Y_t 与 X_t 间的长期“均衡关系”由下面的方程（6-1）描述：

$$Y_t = \alpha_0 + \alpha_1 X_t^2 + \alpha_2 X_t + \mu_t \qquad (6-1)$$

其中，自变量 X_t 为中国实际利用 FDI 的金额，因变量 Y_t 则为需要分析的产业竞争力的各个指标变量。方程（6-1）的回归模型含有二次项，如果二次项系数不能通过检验则剔除二次项，假设 Y_t 与 X_t 间的长期“均衡关系”由方程（6-2）描述：

$$Y_t = \alpha_0 + \alpha_2 X_t + \mu_t \qquad (6-2)$$

第一步，做协整回归，先用普通最小二乘法估计上述方程并计算非均衡误差，得到：

$$e_t = Y_t - \hat{Y}_t \qquad (6-3)$$

第二步，检验 e_t 的单整性，即对残差进行单位根检验（ADF 检验），如果 e_t 为稳定序列 I（0），则认为变量 Y_t，X_t 为（1，1）阶协整，即存在长期均衡关系；否则得到变量 Y_t，X_t 不存在协整关系，也就是不存在长期均衡关系。

6.2.3.3 FDI 与中国农业国际竞争力的协整分析

我国 FDI 金额与我国农业国际竞争力的各项指标的协整分析结果如表 6-5 所示。我国实际使用 FDI 的金额与农业国际市场占有率存在协整关系，呈现出线性正相关的长期均衡关系，说明随着外商投资的增加，我国农业的国际市场占有率也在增加，但是自变量参数显示出 FDI 增加对农业国际市场占有率的影响很微弱，仅 0.0015%，所以 FDI 流入我国对我国农业国际市场占有率的贡献很小。这不仅跟我国农业的国际市场占有率低水平有关，也跟 FDI 流入中国后的投资方向有关，从第 1 节外商投资产业分布统计中已经看到流入我国 FDI 进入第一产业的比重平均只有 2%。我国实际利用 FDI 与我国农业国际竞争力指数之间的协整关系却显示出相反的均衡，随着 FDI 流入的增加，我国农业国际竞争力指数一直在减少。其实伴随我国人口的增加，作为世界人口第一的国家，我国的农业国际竞争力指数已经在零线以下，我国可以说是农业的纯进口国，我国农业在国际市场基本没有竞争优势，而协整关系可以明确告诉我们的是，FDI 流入对我国农业国际竞争力提升没有促进作用。至于我国农业显示性比较优势指数与 FDI 的协整关系则显示出 U 形，通过（6-4）计算转折点：

$$X^* = |\hat{\alpha}_2 / 2\hat{\alpha}_1| \qquad (6-4)$$

得到 1357.28，即只有当我国 FDI 使用金额超过 1357.28 亿美元之后，FDI 才能对农业显示性比较优势指数产生递增的影响，而改革开放以来我国实际利用 FDI 的金额一直都低于 1200 亿美元，表明 FDI 流入可能使得我国农业显示性比较优势指数逐渐下降，但是随时间推移这种影响也在弱化。

表 6-5　1982—2012 年我国农业国际竞争力指标与 FDI 协整检验结果

模型估计结果＼指标	perag	indxag	RCAIag
常数项 （t 统计量）	2.214231 (29.22)	0.1272988 (3.74)	1.601535 (20.94)
FDI 估计参数 （t 统计量）	0.001474 (10.55)	−0.0004501 (−7.17)	−0.0019634 (−5.47)
FDI 平方项估计参数 （t 统计量）	不显著	不显著	7.41e−07 (2.22)
可决系数（R^2）	0.7932	0.6396	0.7953
调整的可决系数（$\bar{R}^2$）	0.7861	0.6272	0.7807
残差序列的 ADF 检验值（ADF 检验形式）	−3.380 （C、0、1）	−4.039 （C、T、1）	−4.096 （C、T、1）
临界值 （1%、5%、10%）	−3.723、−2.989**、−2.625	−4.343、−3.584**、−3.230	−4.343、−3.584**、−3.230
结论	(1, 1)	(1, 1)	(1, 1)

注：①**代表残差序列在 5%显著水平上是平稳的。

②结论（1，1）表明两变量协整关系是（1，1）阶协整。

6.2.3.4　FDI 与中国制造业国际竞争力的协整分析

中国制造业国际竞争力的各个指标与实际使用 FDI 之间的协整检验结果（见表 6-6）表明 FDI 与我国制造业国际竞争力指标之间存在长期均衡关系，而且从回归参数的显著性判断，FDI 与我国制造业竞争力之间的关系呈现非线性的 U 形关系，其中 FDI 与制造业国际市场占有率之间为 U 形关系，而 FDI 与制造业国际竞争力指数和显示性比较优势指数之间为倒 U 形关系，具体的影响判断需要通过（1.4）计算转折点来判断。根据计算 FDI 与制造业国际市场占有率长期关系的转折点为 698.68，说明当 FDI 流入超过 698.68 亿美元之后 FDI 流入会使得我国制造业国际市场占有率逐渐增加且增速加快，但在此之前的 FDI 流入是会降低制造业的国际市场占有率；而 FDI 与制造业国际竞争力指数和显示性比较优势指数长期关系的转折点分别为 1099.21 和 950.64，说明一旦 FDI 流入超过转折点，就开始对我国制造业国际竞争力指数和显示性比较优势指数产生负面影响。从我国 FDI 使用金额的变化趋势来看，我国的FDI流入金额分别在2007年、2010年和2011年达到747亿美元、1057亿美元和1160亿美元的水平。也就是说从2007年以后我国流入FDI才开始提升我国制造业国际市场占有率，此前FDI的增加会使得制造业国际市场占有率减少，是由于我国低成本优势的存在才让我国制造业国际市场占有率不断上升的；而2010年以后随着FDI流入的增加，我国制造业显示性比较优势指数会逐渐减少，这不利于我国制造业国际竞争力的提升，这一点值得注意；当2011年我国FDI流入金额超过1100亿美元后，我国的制造业国际竞争力指数反而会开始受到FDI流入所抑制。虽然我国制造业国际竞争力各个指标在近30年来呈现总体上升的趋势，FDI流入对各个指标影响也不尽相同，综合影响尚且无法判断，但是随着我国低成本优势的减少和产业结构的调整升级，FDI流入对我国制造业竞争力产生的负面影响必须提起注意。

表6-6　1982—2012年我国制造业国际竞争力与FDI协整检验结果

指标 模型估计结果	perma	indxma	RCAIma
常数项 （t统计量）	0.9383516 （2.45）	−0.1849221 （−4.97）	0.9046343 （13.58）
FDI估计参数 （t统计量）	0.0076994 （4.27）	0.000831 （4.76）	0.0014887 （4.76）
FDI平方项估计参数 （t统计量）	5.51e−06 （3.29）	−3.78e−07 （−2.33）	−7.83e−07 （−2.69）
可决系数（R^2）	0.9478	0.7003	0.6510
调整的可决系数（$\bar{R}^2$）	0.9441	0.6789	0.6261
残差序列的ADF检验值（ADF检验形式）	−3.147 （C、0、3）	−4.096 （C、T、1）	−3.285 （C、0、3）
临界值（1%、5%、10%）	−3.736、−2.994**、−2.628	−4.343、−3.584**、−3.230	−3.736、−2.994**、−2.628
结论	（1，1）	（1，1）	（1，1）

注：①**代表残差序列在5%显著水平上是平稳的。

②结论表明两变量协整关系是（1，1）阶协整。

6.2.3.5 FDI与中国服务业国际竞争力的协整分析

中国服务业国际竞争力指标与FDI之间协整检验结果见表6-7。FDI与服务业国际市场占有率之间的协整关系显示出随着FDI增加我国服务业国际市场占有率也小幅度增加的长期均衡关系，但是过去30年来我国服务业国际市场占有率一直不足5%，而均衡关系中显示FDI金额每增加1亿美元能提升服务业国际市场占有率也仅0.003%。FDI与服务业国际竞争力指数之间的协整关系为U形，根据转折点的计算，只有当FDI流入超过903亿美元才会对我国服务业国际竞争力指数产生提升作用，数据显示2009年我国FDI流入金额约900亿美元，所以2009年以前的FDI对我国服务业国际竞争力的影响是相反的，而自2010年开始FDI的流入才给我国服务业国际竞争力的提升带来正效应。上一节的相关性分析虽然未能显示出FDI与服务业显示性比较优势指数的相关关系，但这里仍然分析了服务业显示性比较优势指数与FDI和FDI平方项之间的协整关系，通过协整分析找到FDI与RCAIbc指数的均衡关系呈现倒U形，转折点为400亿美元，说明在我国实际利用FDI超过400亿美元之后，FDI流入会使得我国服务业显示性比较优势指数减少，也就是1996年以来的FDI对我国服务业竞争力的影响是负面的，而且负影响程度递增。

表6-7　1982—2012年我国服务业国际竞争力与使用FDI协整检验结果

指标 模型估计结果	perbc	indxbc	RCAIbc
常数项 （t统计量）	0.6103169 (9.93)	0.1694129 (7.39)	0.5221646 (20.37)
FDI估计参数 （t统计量）	0.0033695 (29.71)	−0.0006504 (−6.04)	0.0002743 (2.28)
FDI平方项估计参数 （t统计量）	不显著	3.60e−07 (3.60)	−3.43e−07 (−3.06)
可决系数（R^2）	0.9682	0.7331	0.3140
调整的可决系数（$\bar{R}^2$）	0.9671	0.7140	0.2650
残差序列的ADF检验值（ADF检验形式）	−2.468 (0、0、3)	−3.839 (C、T、0)	−3.292 (0、0、2)

续 表

指标 模型估计结果	perbc	indxbc	RCAIbc
临界值（1%、5%、10%）	−2.657、−1.950**、−1.601	−4.334、−3.580**、−3.228	−2.655***、−1.950、−1.601
结论	（1，1）	（1，1）	（1，1）

注：①**、***分别代表残差序列在5%、1%显著水平上是平稳的。

②结论表明两变量协整关系是（1，1）阶协整。

6.2.4 小结

综上所述，总的来看，FDI的流入对中国产业竞争力的影响是显著的，中国实际利用FDI金额与中国产业国际竞争力的各个指标之间存在长期的均衡关系。

从我国农业的国际竞争力来看，首先，我国农业的国际市场占有率很低，农业国际竞争力指数表明我国农业是进口导向型，农业显示性比较优势指数表明我国农业基本不具有竞争力；其次，FDI与农业上述指标之间的协整关系反映了FDI流入对我国农业竞争力综合影响可能是负面的，随着FDI的增加，更多的资源被吸引到单一产业，从而加剧了国内产业发展的不平衡，农业竞争力在过去30年间不断下降，这不利于我国产业的均衡发展，也不利于整个农业的产业安全。

从我国制造业的国际竞争力来看，首先，我国是制造业大国，制造业的国际市场占有率较高，制造业国际竞争力指数进一步证实我国是制造业的出口导向型，而制造业显示性比较优势指数表明我国制造业在国际上处于中等竞争力水平。其次，不可否认改革开放以来随着我国制造业产值和出口都获得巨大提升，这无疑与我国经济快速增长密不可分，我国是出口导向型经济，制造业是国民经济支柱产业，所以制造业的竞争力提升不能说是FDI的主要功绩。当然我国过去劳动力等资源的低成本优势正是我们吸引大量外资进入的原因，而FDI到中国也充分利用了这种优势带动了制造业乃至整个国民经济的快速增长，但是从FDI与制造业竞争力指标的协整分析我们看出，FDI对中国制造业竞争力的积极影响从2007年开始体现，但是随着FDI流入增加，到2010年和2011年以后，外资对制造业竞争力的影响会逐渐减弱，甚至随着FDI增加我国制造业竞争力会降低，这对我国产业安全将是不利的。

从我国服务业的国际竞争力来看，首先，我国服务业的国际市场占有率偏低，服务业的国际竞争力指数也表明服务业是进口导向型，服务业显示性比较优势指数表明我国服务业不具有竞争力。其次，虽然从FDI流入我国的产业布局来看，流入服务业的FDI占外资流入总量的比重自2005年以后逐年上升，但是FDI对服务业显示性比较优势指数的负面影响却从1996年开始不断增加，综合看来FDI对我国服务业的竞争力影响并不明朗，但是随着改革开放的深入，对我国服务业的安全是需要关注的，FDI流入对服务产业安全的影响也值得继续研究。

6.3 FDI对我国产业对外依存度的影响

6.3.1 变量选择及数据说明

本节分析FDI对我国产业对外依存度的影响，因而选取农业进口对外依存度、农业出口对外依存度、制造业进口对外依存度、制造业出口对外依存度、服务业进口对外依存度、服务业出口对外依存度作为分析变量。

本节分析依然涉及的数据为1982—2012年的中国外商直接投资数据，该数据来源于联合国贸发会议的FDI的流量数据。计算产业进出口对外依存度具体涉及我国农业、制造业和服务业的出口额、进口额和总产值，其中进出口额的数据来源于世界贸易组织统计数据库，总产值来自联合国贸发会议数据库中各国GDP及其构成数据。

本节主要分析的是中国实际利用FDI对中国产业对外依存度的影响，根据选取的中国农业、制造业和服务业的进出口对外依存度指标，将先做简单的描述性统计分析，初步了解中国产业对外依存度的发展趋势及其与FDI的相关关系；由于问题涉及的是中国FDI以及产业对外依存度的时间序列数据的分析，在后面的分析中依然采用时间序列分的协整方法，对30年以来中国FDI与产业对外依存度之间的长期均衡关系进行估计和分析，以期深化认识FDI对我国产业对外依存度的影响。

6.3.2 变量的趋势及相关性分析

关于FDI在中国的发展趋势及结构等状况第一节已经有详细的描述，故此处仅描述我国农业、制造业和服务业的进口和出口对外依存度的发展趋势，并对我国实际使用FDI与产业对外依存度指标之间相关系数进行显著性检验。

6.3.2.1 产业对外依存度的趋势分析

图 6-8 分别展示了 1982—2012 年我国产业对外依存度的变化趋势，本文选择的指标在图中具体为：农业出口对外依存度（dependagx）、制造业出口对外依存度（dependmax）、服务业出口对外依存度（dependbcx）、农业进口对外依存度（dependagm）、制造业进口对外依存度（dependmam）、服务业进口对外依存度（dependbcm）①。

6 个指标在图中分成了 2 排，第一排分别是我国农业、制造业和服务业出口对外依存度的发展趋势，第二排则分别展示了我国农业、制造业和服务业进口对外依存度 30 年来的发展趋势。

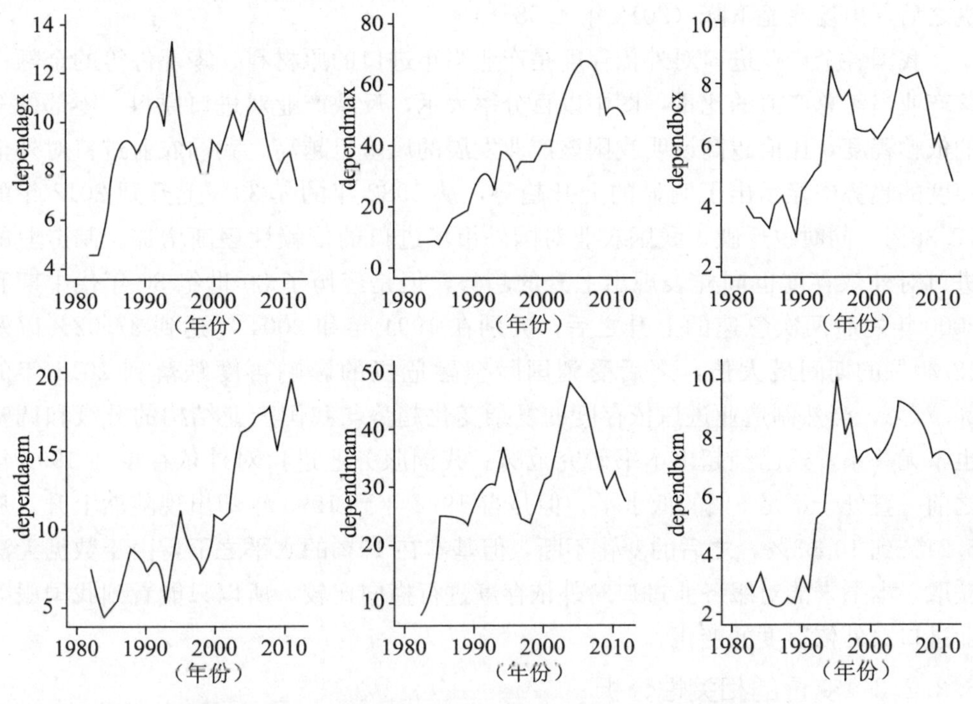

图 6-8 1982—2012 年中国产业对外依存度指标趋势

产业的出口对外依存度是我国产业当年出口额占当年总销售额的比重，图 6-8中以百分率表示，能反映出我国产业对国外市场的依赖性，这一比重越高，表明我国产业面临的风险也越高。数据显示，我国农业出口对外依存度经历了两

① 此处所有符号指标将在后面的表格、图形、文章中继续使用。

次上升与下降的振荡，平均8.90%的出口对外依存度不算很高，而且自1994年以来持续下降至2012年7.33%。在我国制造业是国民经济重要支柱，也是我国对外贸易领军产业，可以看到我国制造业出口对外依存度改革开放30多年以来一直趋于上升，从1982年的8.02%一度上升到2007年的68.69%，但是在遭遇美国次贷危机之后的世界经济缓慢，我国制造业出口也受到极大打击，出口对外依存度下滑至2012年48.67%，由此也可见我国制造业出口对国外市场依赖性很高，我国制造业面临的风险也可见一斑。我国服务业出口对外依存度的发展趋势总体不高，但显示出两段不同的期间变化：在20世纪90年代以前平均3.85%的服务业出口对外依存度，而1992年出现跨越式增加，之后基本保持了平均6.84%的对外依存度，还可以看到我国服务业出口对外依存度在经历国际金融危机之后，出现明显下降（2012年4.58%）。

我国各个产业进口对外依存度是产业当年进口的原材料、零部件等的金额占该产业当年总产值的比重，图中以百分率表示，反映产业对进口原料、零部件等的依赖程度，比值越高说明我国该产业发展的风险也越高。我国农业进口对外依存度的趋势中显示出了明显的上升趋势，从1982年的4.39%上升到2012年的17.38%，同时也反映了我国农业对国外市场进口的依赖性逐渐增加。制造业的进口对外依存度也同样表现出上升的趋势，但是经历了20世纪80年代中期和2000年之后两次急速的上升之后，分别在1994年和2004年达到37.02%以及48.44%的期间最大值，之后受到国际金融危机的影响再度跌落到2012年的26.77%，当然制造业进口依存度的复杂变化趋势与我国产业结构的升级和调整也不无关系，这已经超出本书研究范畴。我国服务业进口对外依存度在1992年之前一直处于不足5%的低水平，但是自1992年到1995年却出现陡然上升，从5.21%到10.33%，之后的变化不断，但基本在10%的水平之下，由于数据无法获取，本书未能对服务业进口对外依存度进行横向比较，所以只能看到我国服务业进口对外依存度的变化。

6.3.2.2 变量的相关性分析

图6-9用散点图粗略展示了我国实际使用FDI（图中的纵轴变量usefdi_cn）与产业进口对外依存度和出口对外依存度之间的相关关系。

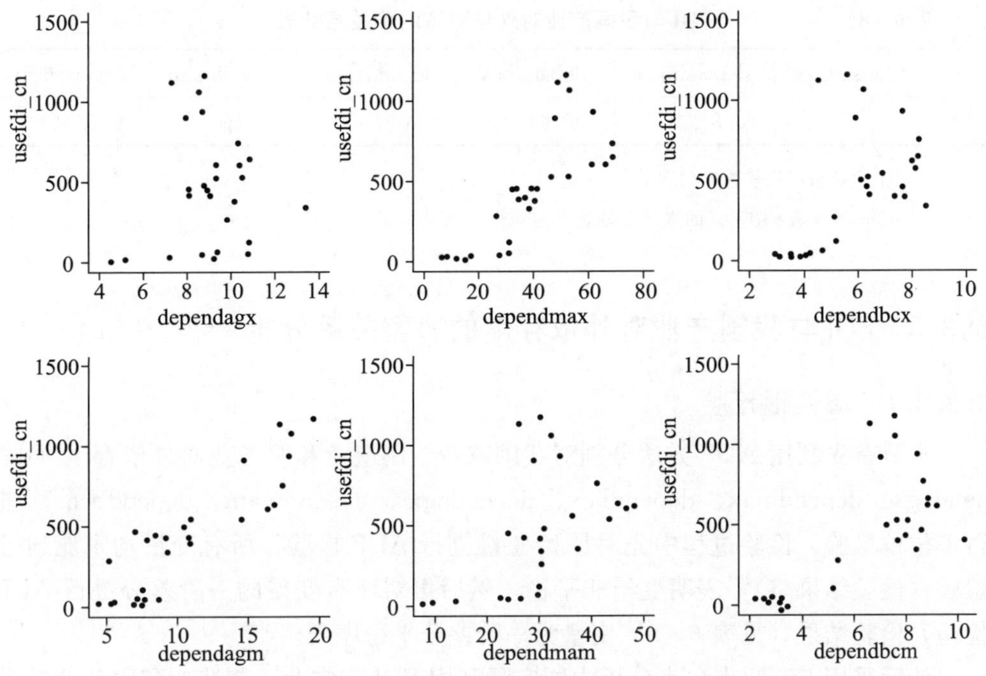

图 6-9 1982—2012 年 FDI 与中国产业国际竞争力进出口对外依存度的关系

表 6-8 表明了我国实际使用 FDI 与我国农业、制造业和服务业的出口和进口对外依存度之间的相关关系，相关系数显著性检验显示出我国实际使用 FDI 与我国各个产业进口对外依存度之间存在显著的正相关关系，也就是 FDI 对我国各产业进口对外依存度产生了正影响，这意味着随着 FDI 的增加，我国各个产业进口对外依存度也可能增加。但在相关系数表中也发现，FDI 与我国农业出口对外依存度之间不存在显著的相关关系，与制造业和服务业的出口对外依存度也表现出显著的正相关关系，意味着随着 FDI 的增加，我国制造业和服务业的出口对外依存度也会增加，总的来讲，FDI 的增加会使得我国产业的风险也随之增大。在 FDI 与各个产业对外依存度的相关关系中，相关系数最高的分别是 FDI 与我国农业进口依存度（0.894）和 FDI 与我国制造业出口对外依存度（0.822）。各个产业进出口依存度与 FDI 的相关关系还未能表明它们之间的长期均衡关系，因此在相关分析的基础上，后面要进一步探讨 FDI 与我国产业对外依存度之间的长期均衡关系，确定 FDI 对我国产业安全的影响。

表 6-8　　FDI 与我国产业对外依存度的相关系数表

	dependagx	dependmax	dependbcx	dependagm	dependmam	dependbcm
FDI	0.152	0.822***	0.561***	0.894***	0.510***	0.727***

注：①此处指标代号含义与图 6-8 一致。

②*** 表示在 1%的水平上显著不为 0。

6.3.3 FDI 与我国产业对外依存度的协整关系分析

6.3.3.1 单位根检验

本节首先利用 ADF 方法分别对我国农业、制造业和服务业对外依存度（dependagx、dependmax、dependbcx、dependagm、dependmam、dependbcm）进行单位根检验。检验过程中先对原始变量进行 ADF 检验，所有变量均未能通过检验（检验结果略），表明变量非平稳，然后再对所有变量的一阶差分进行 ADF 检验，检验结果（见表 6-9）变量为一阶差分平稳序列。

然后采用 EG 两步法来分析中国实际利用 FDI 与农业、制造业和服务业的进出口对外依存度的协整关系分析。本节使用模型设定、检验方法和步骤都与上一节相同，此处不再赘述。

表 6-9　　1982—2012 年各个变量 ADF 检验结果

变量形式	一阶差分	ADF 检验形式（C、T、L）	ADF 检验值	临界值（1%、5%、10%）	结论
Dependagx	Δdependagx	（C、T、1）	−4.911	−4.352***、−3.588、−3.233	I（1）
Dependmax	Δdependmax	（C、T、1）	−3.634	−4.352、−3.588**、−3.233	I（1）
Dependbcx	Δdependbcx	（C、T、1）	−3.871	−4.352、−3.588**、−3.233	I（1）
Dependagm	Δdependagm	（C、T、1）	−5.426	−4.352***、−3.588、−3.233	I（1）
Dependmam	Δdependmam	（C、T、0）	−3.958	−4.343、−3.584**、−3.230	I（1）
Dependbcm	Δdependbcm	（C、T、0）	−5.686	−4.343***、−3.584、−3.230	I（1）

注：①检验形式（C、T、L）括号中的 C 表示 ADF 检验时有常数项；T 表示含趋势项；L 表示滞后阶数。

②**、*** 分别代表各变量序列在 5%、1%显著水平上是平稳的。

③I（1）表示检验的变量为一阶单整序列。

6.3.3.2 FDI与中国农业对外依存度的协整分析

表6-10为FDI与我国农业对外依存度之间的协整检验结果。我国农业出口对外依存度的协整分别表明，农业出口对外依存度与外商投资之间呈现倒U型的关系，转折点为568亿美元，也就是说随着FDI的增加我国农业出口对外依存度会先上升再下降，数据显示2004年开始我国FDI使用金额达到600亿美元，因此我国农业出口依存度会在2004年之后随FDI的增加而逐年减少。但是我国农业进口对外依存度却显示出与FDI之间长期正向的均衡关系，也就是FDI每增加1亿美元，农业进口对外依存度会增加0.012%。虽然我国农业进口对外依存度自改革开放以来的上升趋势中到底有多少是因为FDI增加导致的还不能确定，但是在FDI增加的同时，我国农业越来越依赖国外市场，农业产业安全问题不容忽视。

表6-10　1982—2012年我国农业对外依存度与FDI协整检验结果

指标 模型估计结果	dependagx	dependagm
常数项 （t统计量）	7.791187 （14.17）	5.949814 （10.02）
FDI估计参数 （t统计量）	0.0072961 （2.83）	0.0117407 （10.72）
FDI平方项估计参数 （t统计量）	−6.42e−06 （−2.67）	不显著
可决系数（R^2）	0.2219	0.7985
调整的可决系数（$\overline{R}^2$）	0.1663	0.7916
残差序列的ADF检验值（ADF检验形式）	−2.972 （0、0、1）	−2.752 （0、0、1）
临界值（1%、5%、10%）	−3.723、−2.989、−2.625*	−2.654***、−1.950、−1.602
结论	（1，1）	（1，1）

注：①*、***分别代表残差序列在10%、1%显著水平上是平稳的。

②结论表明两变量协整关系是（1，1）阶协整。

6.3.3.3 FDI与中国制造业对外依存度的协整分析

从表6-11中展示的我国制造业进口对外依存度和出口对外依存度分别

与 FDI 的协整关系中可以看到，FDI 对我国制造业对外依存度的影响呈现倒 U 形。其中 FDI 与制造业出口对外依存度的协整关系的转折点是 920，意味着随着流入我国的 FDI 的增加，我国制造业出口对外依存度会先增加后减少，而且只有当 FDI 金额超过 920 亿美元之后制造业出口对外依存度才会减少。过去 30 年来我国实际使用 FDI 的金额呈逐年上升，直到 2010 年才超过 920 亿美元，也就是说在此前 FDI 的流入对我国制造业出口对外依存度的影响一直是负面的，FDI 的增加可能让我国制造业越来越依赖国外市场。另外，FDI 与制造业进口对外依存度的协整关系转折点是 687，意思是在 2007 年之前，随着我国 FDI 逐渐增加，制造业进口对外依存度也在增加，FDI 增加我国制造业对国外的依赖也在增加。虽然经过转折点之后 FDI 再增加会减少我国制造业对国外市场的依赖，但是还需要时间，所以 FDI 对我国制造业产业安全的影响需要时刻关注。

表 6-11　1982—2012 年我国制造业对外依存度与 FDI 协整检验结果

模型估计结果 \ 指标	dependmax	dependmam
常数项 （t 统计量）	12.02107 (4.22)	19.3696 (8.69)
FDI 估计参数 （t 统计量）	0.096467 (7.21)	0.0513626 (4.91)
FDI 平方项估计参数 （t 统计量）	−0.0000524 (−4.21)	−0.0000374 (−3.84)
可决系数（R^2）	0.8017	0.5158
调整的可决系数（$\bar{R}^2$）	0.7876	0.4812
残差序列的 ADF 检验值 （ADF 检验形式）	−2.498 (0、0、1)	−2.997 (0、0、1)
临界值（1%、5%、10%）	−2.654、−1.950**、−1.602	−2.654***、−1.950、−1.602
结论	(1，1)	(1，1)

注：①**、*** 分别代表残差序列在 5%、1% 显著水平上是平稳的。

②结论表明两变量协整关系是（1，1）阶协整。

6.3.3.4 FDI与中国服务业对外依存度的协整分析

表6-12为FDI与我国服务业对外依存度的协整检验结果。FDI对我国服务业对外依存度的长期影响也呈现倒U形。其中FDI与服务业出口对外依存度的协整关系的转折点是650，意味着随着流入我国的FDI的增加，我国服务业出口对外依存度先增加后减少，当FDI金额超过650亿美元之后服务业出口对外依存度才会减少。过去30年来我国实际使用FDI的金额呈逐年上升，直到2007年才超过转折点达到747亿美元，也就是说在此前FDI的流入对我国服务业出口对外依存度的影响一直是负面的，FDI的增加可能让我国服务业越来越依赖国外市场。另外，FDI与服务业进口对外依存度的协整关系转折点是719，意思是在2007年之前，随着我国FDI逐渐增加，服务业进口对外依存度也在增加，FDI增加，我国服务业对国外的依赖性也在增加。

表6-12　1982—2012年我国服务业对外依存度与FDI协整检验结果

指标 模型估计结果	dependbcx	dependbcm
常数项 （t统计量）	3.576412 （13.81）	2.430409 （8.79）
FDI估计参数 （t统计量）	0.0124543 （10.24）	0.0182664 （14.07）
FDI平方项估计参数 （t统计量）	−9.58e−06 （−8.48）	−0.0000127 （−10.54）
可决系数（R^2）	0.8080	0.9049
调整的可决系数（$\bar{R}^2$）	0.7942	0.8981
残差序列的ADF检验值 （ADF检验形式）	−4.312 （C、T、0）	−4.473 （C、T、0）
临界值（1%、5%、10%）	−4.334、−3.580**、−3.228	−4.334***、−3.580**、−3.228
结论	（1，1）	（1，1）

注：①**、***分别代表残差序列在5%、1%显著水平上是平稳的。

②结论表明两变量协整关系是（1，1）阶协整。

6.3.4 小结

综上所述，总的来看，FDI的流入对中国产业对外依存度的影响是显著的，中国实际利用FDI金额与中国产业进出口对外依存度之间存在长期的均衡关系。

从我国农业对外依存度来看，首先，我国农业出口的对外依存度不高，而农业进口对外依存度却逐年上升，这应该与我国农业出口比重低主要是进口主导有关。其次，FDI与农业进出口对外依存度的协整关系表明，我国农业出口对外依存度过去一直随着FDI增加而增加，说明我国农业出口对国外市场的依赖也在增加，更重要的是随着FDI上升，农业进口的对外依存度也在上升，说明FDI流入中国对农业产业的安全也造成了一定负面影响，使得我国农业对国外市场的依赖性只增不减。

从我国制造业对外依存度来看，首先，我国虽然是制造业大国，但不是制造业强国，我国的出口导向型经济模式使得我国制造业进出口对外依存度都很高。其次，从FDI与制造业进出口对外依存度的协整关系中看到，从改革开放以来，来华外商投资看重的都是中国低廉的劳动力，FDI来中国充分利用资源、税收和低成本优势进行生产，甚至很多两头在外的生产方式导致了我国制造业进出口对外依存度随着FDI的增加也逐年增加。只是随着中国经济增长、劳动力成本的上升和产业结构的升级，上述趋势发生了逆转，FDI的增加开始对制造业产生积极影响，可能会使得我国制造业对外依赖程度下降，这也说明为了制造业产业安全，我国产业结构的调整和升级已经刻不容缓。

从我国服务业对外依存度来看，首先，我国服务业的对外依存度随着改革开放一直在增加，这与经济全球化和我国加入WTO进一步开放也密不可分。其次，通过FDI与服务业进出口对外依存度的协整分析中可以看到，从改革开放外商开始投资中国并逐渐增加金额到2007年国际金融危机爆发，FDI对中国服务业对外依赖程度的影响都是消极的，也就是随着FDI的增加，我国服务业对外的依赖程度也在增加，FDI流入对服务业安全的影响不容忽视。

6.4 结论

本章通过对中国实际利用FDI的状况和发展特征进行详细的统计性分析，发现随着FDI流入中国的金额与日俱增，FDI对我国经济和产业的影响也逐渐增大，FDI流入中国的产业分布和地区分布十分不平衡，这无疑加重了我国经济发展的不平衡状况，给我国经济安全带来负面影响。同时，和所有发展中国家的经历一样，最初我国产业参加国际竞争依靠的主要是在资源竞争上的比较优势，即以国内廉价的劳动力、土地和原材料，生产具有价格竞争力的工业品打入国外市场，但是随着经济发展水平的提高导致低价资源优势的丧失，民族产业在资源竞争中的优势也随着 FDI 的增加逐步减弱，国家产业安全问题日益突出。近年来，我国产业面临的国际竞争形势的另一个突出现象是：外国资本大举进入，形成与我国民族企业之间的资本竞争态势，外国资本以收购、兼并、在与我国企业合资中获取控股地位等方式，将一些民族企业转变为外资（或外商控股的）企业。在有些过去完全由我国民族企业占据国内市场的行业中，外国资本已形成很大的竞争优势，有的甚至已居于主导地位。以资本实力上的竞争优势对我国民族企业展开攻势，争夺市场份额，以至形成使其产品（包括由其控股的中外合资企业生产的产品）大范围占领我国市场的态势，已成为一些外国大公司进入我国市场的一种引人注目的竞争战略，FDI 流入对我国产业安全的影响正越来越突出地显现出来。

本章选取产业的国际竞争力和对外依存度两个层面，分别进行了我国 FDI 对农业、制造业和服务业的国际竞争力和对外依存度影响的实证分析。从上面两节的实证分析中看到，自改革开放以来，大量涌入的 FDI 对我国产业安全有着显著的影响，综合来看，随着 FDI 的增加我国农业竞争力会降低，而在 FDI 的流入达到一定规模之后，我国的制造业竞争力会增加，服务业竞争力会下降。与此同时随着 FDI 的流入的增加，我国产业对外依存度也会增加，随着我国经济增长和产业结构的升级调整，当 FDI 的流入达到一定规模，我国的制造业和服务业对外依存度才会逐渐减少。

具体看每一个产业，可以发现更多的问题。首先，我国农业国际竞争力不高，因为我国的经济基础和人口发展状况决定我国当前农业属于进口导向产业，虽然 FDI 的流入一定程度上能增加农业国际市场占有率，但是 FDI 对我国农业的积极影响十分微弱，而同时 FDI 的流入还会因为对资源利用的不均衡影响我国农业产业的竞争力的提升。此外，我国农业对外依存度高，农业发展过度依赖国外市场本是我国农业发展的不利因素，同时随着 FDI 增加农业对外依存度还会增加，这些都不得不让人担心 FDI 的流入会影响我国农业产业安全。

其次，虽然我国制造业的国际市场占有率和国际竞争力指数显示，我国制造业具有竞争优势，且随着 FDI 增加我国制造业的竞争力也得到提升，但是实证表明，FDI 流入达到一定规模后将会对我国制造业国际竞争力产生相反的影响，而且随着我国 FDI 流入的日益增长，这一转折点已经开始出现。另外，我国是出口导向型经济，改革开放以来我国制造业的国际市场占有率较高，同时我国制造业对外依存度也较高，FDI 的流入加快了我国制造业出口的步伐，也在过去一段时间提高了我国制造业对外依存度，使得我国制造业对国外市场的依赖性逐渐增加，可见引进外资的同时如何保证制造业的产业安全应该引起更多的关注。

最后，从我国服务业的国际竞争力和对外依存度来看，原本竞争力很低的我国服务业虽然在过去的 30 年间国际市场占有率有所提升，但是国际竞争力却并未在 FDI 的影响下获得提高，同时从 FDI 对服务业竞争力指标的影响来看，不能明确 FDI 对服务业整体竞争力有积极影响。与此同时，在分析服务业对外依存度时却发现，FDI 的流入一开始会使得服务业对国外市场的依赖程度增加，但是当 FDI 流入达到一定规模后服务业的对外依存度会下降，所以 FDI 对服务业产业的安全影响并不明确，这同样也构成对我国服务业产业安全影响。

综上所述，在我国对外开放吸引外资的过程中，如果想更好地利用外商直接投资，并结合外资带来的技术和资本优势来发展本国经济，首先要立足本国经济情况和资源优势，并时刻关注我国产业竞争力的变化，关注我国产业和经济安全，以保证在产业和经济安全的前提下有效利用外国直接投资。

7 FDI 对我国货币政策有效性的影响及实证

自 20 世纪 90 年代以来的 20 多年里，我国成为世界上吸引外商直接投资最多的国家之一。FDI 对我国经济发展的影响是深刻和多元的，它既是我国经济发展中一个极为重要的因素，也是我国改革开放过程中的一个重大举措。

随着对外开放和引进外资引发的 FDI 的大规模进入，其在我国经济体系中发挥着越来越重要的作用，它不仅将对我国的经济活动和经济生产关系产生冲击，对我国企业、市场、技术进步、国际贸易和区域经济结构产生影响，而且也不可避免地会深刻影响我国的社会政治关系结构及运行。

因此，FDI 的大规模进入引发了人们的普遍关注。在 FDI 大规模进入中国的这 20 年间，人们显著地感受到外商投资的实际进程和影响，感受到了其对于国内市场的控制和产业发展的主导地位，人们也开始对于资本流动可能引发的国际收支危机和金融危机日益担忧起来，正是这样，人们开始把 FDI 的进入与国家经济安全问题联系起来。

从实践中看，一国经济体系和国内市场的骤然开放和外资企业的大规模进入，必然会对原有的经济结构、市场竞争状态、企业的地位和经营方式产生剧烈的冲击和影响。从经济安全角度思考 FDI 的进入，具体体现在以下几个方面：

（1）人们会担心外资的大举进入是否会对国内企业形成强烈冲击，使得本国民族工业受到打击，进而被取代消失。

（2）外资企业由于其资本和技术优势，是否会挤占和垄断国内市场，使国民经济变成外资经济，人们普遍怀疑国内企业是否能够获得技术转移，市场换技术能否真的能够实现。

（3）外资的大量进入势必加剧我国国内对于能源及原材料等的资源消耗，不利于可持续发展战略的实现，最终导致“外部不经济”。

（4）外资大举进入，极有可能加剧国内地区间经济发展的不平衡程度。

（5）外资大规模进出，会对我国国际收支的平衡能力产生不确定的影响。

（6）在当前汇率体制下，外资持续进入会极大地影响我国货币政策有效性，降低货币政策对我国经济的调节，会对中国经济的持续稳定发展带来隐患。

不难看到，自20世纪90年代全球化加速以来，国际金融危机就频繁地发生，而其中一个非常显著的特征就是这些金融危机往往越来越集中地发生在新兴市场国家，而新兴市场的金融危机又越来越集中地表现为货币危机。

经济学大量研究表明，一些拉美、东亚、东欧等新兴市场国家过快开放金融市场，过早取消对资本的控制，是新兴市场国家发生货币危机的主要原因。据统计，在还没有做好充分准备就匆匆开放金融市场的国家已有60%发生过金融危机，墨西哥、泰国、捷克都是典型的例子。在危机爆发前，这些国家往往表现出汇率定值过高、经常项目巨额赤字、出口下降以及经济活动放缓等先兆。一旦泡沫经济破灭、银行坏账增多、国际收支严重失衡、外债过于庞大、财政危机或是发生政局动荡引发人民对政府不信任等事件发生就很容易引发危机。

7.1 FDI对我国货币政策有效性的影响

自改革开放以来，大量FDI出口加工企业来华投资以及我国长期倡导的出口导向政策使我国贸易顺差逐年增加，随着我国进入高速经济增长周期，资本项目顺差也呈急速上升趋势。巨大的双顺差，使我国的外汇储备快速上升。在这样的经济背景下，人民币面临很强的升值压力。为保持我国对外贸易的竞争优势，维持汇率稳定，央行只得购进外汇，这样就被动地在国内市场上投放了大量的基础货币，增加了货币供给量。为了消除因货币供应量增加而引起的通货膨胀可能性，央行进行冲销操作。冲销操作的目的是减弱货币供应量增加的影响，但却无形中改变了国内基础货币投放的渠道，使货币供给结构发生了变化，收缩了信贷渠道投放的货币，一定程度上抑制本国经济发展。另外在我国强制结售汇制度下，资金流入贸易品部门，使外向型的贸易品部门获得更快的发展，其生产力水平、生产效率得到提高，根据巴拉萨—萨穆尔森效应，一国贸易品部门的发展，会由于其带动非贸易品部门工资的上涨而引起本国整体物价水平的上升。

与此同时，伴随着我国经济增长的良好趋势，人民币升值预期不断加强，近年来FDI资本大量流入，以期获得经济增长与人民币升值的好处，央行为维护汇率稳定，无论是否进行冲销干预，都被动地加大了本国流动性的投放，具体情况如表7-1所示。这种情况极大地降低了央行控制货币供应量的能力，削弱了货币政策的有效性和独立性。也给国内市场带来了较大的通货膨胀压力，使物价稳定目标的实现受到影响。

表 7－1　　1994—2011 年我国外汇储备、外汇占款与基础货币情况

年份	外汇储备（亿美元）	外汇占款（亿元人民币）	基础货币（亿元人民币）	外汇占款与基础货币之比（%）
1994	517.2	4503.9	15352.2	29.2
1995	735.9	6574.5	18246.2	37.1
1996	1050.2	9578.8	23789.7	40.3
1997	1396.9	13467.2	27096.0	49.7
1998	1449.6	13718.3	26808.6	51.2
1999	1546.7	14792.4	29798.3	49.4
2000	1645.7	14291.1	31957.3	44.5
2001	2121.6	17856.4	33957.8	52.7
2002	2864.0	23323.3	37528.4	61.9
2003	4032.5	34846.9	52300.2	66.5
2004	6099.3	52572.6	59000.1	89.1
2005	8188.7	71211.1	64020.0	111.2
2006	10663.3	98880.3	78100.3	126.9
2007	15282.4	128377.3	102000.1	125.9
2008	19500.2	149624.6	129209.5	115.8
2009	23991.5	193112.5	138786.9	139.1
2010	28473.4	225795.1	169516.7	133.2
2011	31811.5	253587.0	288273.4	87.9

资料来源：中国人民银行货币政策执行报告、中国金融年鉴。

从实践情况中看，经济增长、人民币升值预期引起的国内流动性追逐资产价格使其上升，资产收益率预期的上升，又加重了 FDI 的流入，使经济又进入一个货币供给量加大的循环，而最终的结果就是国内资产价格水平高居不下，物价水平上升。因此不难看出，在当前的货币政策体系下，追求汇率稳定目标、经济增长目标与国内物价稳定的目标是很难达到协调统一的。具体情况如表 7－2 所示。

表 7-2　　　　1991—2011 年我国 GDP 与 CPI 增长率情况

年份	GDP 总值（亿元人民币）	年增长率（%）	消费物价指数 CPI
1991	21617.8	16.55	103.4
1992	26638.1	23.22	106.4
1993	34634.4	30.02	114.7
1994	46759.4	35.01	124.1
1995	58478.1	25.06	117.1
1996	67884.6	16.09	108.3
1997	74462.6	9.69	102.8
1998	78345.2	5.21	99.2
1999	82067.5	4.75	98.6
2000	89468.1	9.02	100.4
2001	97314.8	8.77	100.7
2002	103935.0	6.80	99.2
2003	116741.0	12.32	101.2
2004	159878.0	36.95	103.9
2005	182321.0	14.04	101.8
2006	209407.0	14.86	101.5
2007	246619.0	17.77	104.8
2008	314045.0	9.60	105.9
2009	340903.0	9.20	99.3
2010	401512.8	10.40	103.3
2011	471564.0	9.20	105.4

资料来源：中国人民银行货币政策执行报告、中国金融年鉴。

受我国货币政策多重目标的约束，在 FDI 大规模进入的背景下，我国的货币政策操作也经常面临着货币供应量中介目标的失灵困境。具体来讲，在我国强制结售汇的制度下，央行不得不在外汇市场上买入外汇，投入人民币，这是基础货币的被动投放，使央行失去对货币供应量的应有控制能力。我国是在 1996 年正式公布货币供应量目标的，可以对比近 10 年的央行货币供应量增长率目标值与实际值发现，我国货币供应量目标值和实际值之间存在着较大的偏差。具体情况如表 7 - 3 所示。

表 7 - 3　　1994—2009 年我国货币供应量实际值与目标值对比情况　　（单位：%）

年份	狭义货币供给量增长率（M_1）		广义货币供给量增长率（M_2）	
	实际值	目标值	实际值	目标值
1994	26.2	21.0	34.2	24.0
1995	16.8	22.0	29.5	24.0
1997	16.5	18.0	17.3	23.0
1998	11.9	17.0	15.3	17.0
1999	17.7	14.0	14.7	14.5
2000	16.0	14.0	12.1	14.0
2001	12.7	15.5	14.4	13.5
2002	16.9	13.0	16.8	13.0
2003	18.4	16.0	19.6	16.0
2004	13.2	17.0	14.8	17.0
2005	11.8	15.0	17.6	15.0
2006	17.5	14.0	16.9	16.0
2007	21.1	—	16.7	16.0
2008	17.5	—	19.0	—
2009	32.4	—	27.7	—

资料来源：中国人民银行货币政策执行报告、中国金融年鉴。

为了平抑由外资进入带来的流动性过剩，维持物价水平稳定，维护金融局势稳定，央行频繁上调利率工具和法定存款准备金率，仅 2007 年这一年，中国人民银行就连续 10 次调高了法定存款准备金率；2008 年上半年，在次贷危机引爆全球金融危机之际，央行为了应对流动性过剩带来的物价上涨、资产价格上升，又连续 5 次调高了存款准备金率。具体情况如表 7 - 4 所示。

表 7-4　1985—2011 年我国法定存款准备金率调整情况

年份	法定存款准备金率（%）	年份	法定存款准备金率（%）
1985	10	2008（3 月 25 日）	15.5
1987	12	2008（4 月 25 日）	16
1988	13	2008（5 月 20 日）	16.5
1998（3 月 21 日）	8	2008（6 月 15 日）	17
1999（11 月 21 日）	6	2008（6 月 25 日）	17.5
2003（9 月 21 日）	7	2008（10 月 15 日）	17
2004（4 月 25 日）	7.5	2008（12 月 5 日）	16
2006（7 月 5 日）	8	2008（12 月 25 日）	15.5
2006（8 月 15 日）	8.5	2010（1 月 18 日）	16
2006（11 月 15 日）	9	2010（2 月 25 日）	16.5
2007（1 月 15 日）	9.5	2010（5 月 10 日）	17
2007（2 月 25 日）	10	2010（11 月 16 日）	17.5
2007（4 月 16 日）	10.5	2010（11 月 29 日）	18
2007（5 月 15 日）	11	2010（12 月 20 日）	18.5
2007（6 月 5 日）	11.5	2011（1 月 20 日）	19
2007（8 月 15 日）	12	2011（2 月 24 日）	19.5
2007（9 月 25 日）	12.5	2011（3 月 25 日）	20
2007（10 月 15 日）	13	2011（4 月 21 日）	20.5
2007（11 月 26 日）	13.5	2011（5 月 18 日）	21
2007（12 月 25 日）	14.5	2011（6 月 20 日）	21.5
2008（1 月 25 日）	15	2011（12 月 5 日）	21

资料来源：中国人民银行网站。

与此同时，为了抑制资产价格和物价水平的快速上升，我国又相继以发行央票、发行特种国债、限制房地产贷款等多种政策组合实施从紧的货币政策操作，但是国内通货膨胀的势头依然没有得到遏制。而人民币升值预期及资本资产市场的收益预期引致的 FDI 流入仍然源源不断，我国外汇储备持续增加，外汇占款及流动性投放势头依然强劲。但是央行的货币政策操作空间已经明显受到局限。如果继续提高准备金率，调高存贷款利率，将会使我国实体经济部门的发展受到冲击。物价稳定与经济增长目标面临取舍。

7.2 央行的冲销有效性问题实证

关于央行的对冲有效性问题的实证检验，采用出口、外商直接投资、人民币实际有效汇率指数三个变量代替外汇储备，检验它们是否增加了我国货币供应量。本文对央行货币冲销是否有效的判断依据是：在我国现行的结售汇制和汇率机制下，如果出口，外商直接投资和人民币实际有效汇率指数对基础货币有显著的影响，则意味着央行的货币冲销操作无效；反之，如果出口，外商直接投资和人民币实际有效汇率指数对基础货币没有显著的影响，则意味着央行的货币冲销操作有效。

7.2.1 变量选择与数据处理

选择的变量包括：基础货币（MB）、出口（EX）、外商直接投资（FDI）和人民币实际有效汇率指数（REER）。其中基础货币数据来源于中国人民银行网站的“货币当局资产负债表”中的储备货币；出口和外商直接投资数据均来自于中国经济信息网；人民币实际有效汇率指数数据来自 EIU country data，以 2002 年 1 月为基期（2002 年 1 月＝100），指数上升，表示升值，反之，指数下降，表示贬值。考虑到自 2002 年以来，我国国际收支“双顺差”加剧，外汇储备急剧增长以及 2002 年 6 月以后我国央行才开始连续发行央行票据，因此样本期间选为 2002 年 1 月至 2008 年 6 月，以月度为单一样本，共 78 个。因为样本数据的自然对数变换并不改变其原有的协整关系，而且能使其趋势线性化，避免数据的剧烈波动，有利于消除时间序列中存在的异方差现象，因此，除人民币实际有效汇率指数（不经过季节调整，直接取对数值）外，本文对所研究序列先经过 X12 季节调整，然后再取对数值，并在表示相应变量的字符前加字母 Ln，分别记为基础货币（LnMB）、出口（LnEX）、外商直接投资（LnFDI）和人民币实际有效汇率指数（LnREER）。本文采用的计量软件是 EViews 6.0。

数据平稳性的检验是计量检验工作的开始。本文采用 ADF（Augment Dickey—Fuller）单位根检验方法来检验变量的平稳性。

严谨起见，对于序列的单位根检验，必须按一定的步骤来进行（张晓峒，2009）。序列单位根检验根据是否具有截距项或者时间趋势可分为三类：方程（7-1）中既无截距项又无时间趋势；方程（7-2）中含有截距项但无时间趋势；方程（7-3）中既有截距项又有时间趋势项。

$$\Delta y_t = \hat{\rho} y_{t-1} + \sum_{i=1}^{k} \hat{\lambda}_t \Delta y_{t-i} + \hat{\varepsilon}_t \tag{7-1}$$

$$\Delta y_t = \hat{\alpha} + \hat{\rho} y_{t-1} + \sum_{i=1}^{k} \hat{\lambda}_t \Delta y_{t-i} + \hat{\varepsilon}_t \tag{7-2}$$

$$\Delta y_t = \hat{\alpha} + \hat{\gamma} t + \hat{\rho} y_{t-1} + \sum_{i=1}^{k} \hat{\lambda}_t \Delta y_{t-i} + \hat{\varepsilon}_t \tag{7-3}$$

其中，$E(\varepsilon_t)=0$，$Var(\varepsilon_t)=\sigma^2$，检验 $H_0: \rho=0$（y_t 含有单位根）；$H_1: \rho<0$（y_t 不含有单位根）。序列的单位根检验应从哪个方程开始，不能简单地根据序列的时序图来判断选择。一般来讲，序列的单位根检验应从方程（7-3）开始，即从含有截距项和时间趋势项开始。如果检验结果为拒绝原假设 $\rho=0$，则序列具有平稳性，检验结束；如果检验结果不能拒绝原假设，则进一步检验时间趋势项系数是否显著，如果不显著，则应去掉时间趋势项［即采用方程（7-2）］继续检验。如果检验结果为拒绝原假设 $\rho=0$，则序列具有平稳性，检验结束；如果检验结果不能拒绝原假设，则进一步检验常数项系数是否显著，如果不显著，则应去掉常数项［即采用方程（7-1）］继续检验，直至最终拒绝原假设为止。若一直不能拒绝原假设，则可判定原序列是一个单位根序列①。检验结果如表 7-5 所示。

表 7-5　　变量及一阶差分的 ADF 检验结果

变量	ADF 检验值	临界值	检验类型（C、T、L）	检验结果
LnMB	3.582770	−1.614017*	（0、0、0）	非平稳
LnEX	9.223395	−1.614017*	（0、0、0）	非平稳
LnFDI	1.258087	−1.614017*	（0、0、0）	非平稳
LnREER	0.007734	−1.614017*	（0、0、0）	非平稳
ΔLnMB	−8.594004	−3.519050***	（C、0、0）	平稳
ΔLnEX	−9.317673	−3.519050***	（C、0、0）	平稳
ΔLnFDI	−9.563763	−2.595745***	（0、0、0）	平稳
ΔLnREER	−10.11386	−2.595745***	（0、0、0）	平稳

注：①*、***分别表示显著水平为 10%，1%。

②(C、T、L) 中，C 为常数项，T 为趋势项，L 为滞后项，常数项和趋势项的选择上文已说明，滞后阶数根据 AIC、S^2C 最优信息准则确定；Δ 表示一阶差分。

① 值得说明的是，检验时间趋势项系数 r 和常数项 α 的显著性不能用通常的 t 统计量分布，而应用专门的 t 统计量分布，如张晓峒著《应用数量经济学》（机械工业出版社，2009 年 3 月第 1 版）附录 A—9、A—11、A—12（PP. 376—377）。

ADF检验结果表明，变量序列基础货币（LnMB）、出口（LnEX）、外商直接投资（LnFDI）和人民币实际有效汇率指数（LnREER）在10%显著性水平下都存在单位根，都不是平稳序列，而它们的一阶差分均在1%的显著性水平下拒绝单位根假设。这说明各变量的一阶差分具有平稳性，均为I（1）序列。

7.2.2　Johansen协整检验

在单整性基础上再对变量之间做Johansen协整检验，检验变量之间是否具有协整关系，即变量之间是否存在一种长期稳定的均衡关系。检验结果如表7－6所示。

表7－6　变量（LnMB、LnEX、LnFDI、LnREER）的协整检验结果

假设的协整关系数 / 概率	特征值	迹统计量	临界值（5%的显著性水平）
没有* / 0.0398	0.328781	48.88904	47.85613
至多1个 / 0.4103	0.181057	20.18557	29.79707

注：①以上检验含常数项，含趋势项。

②*为5%显著性水平上拒绝零假设。

由表7－6可知，变量序列基础货币（LnMB）、出口（LnEX）、外商直接投资（LnFDI）和人民币实际有效汇率指数（LnREER）在5%的显著性水平上存在一个协整向量。对协整向量正规化得到$\hat{\beta}=(1, 0.17, -0.50, -2.03)$，其对应的协整关系为：

$$LnMB = 0.17LnEX + 0.50LnFDI + 2.03LnREER - 2.38 \qquad (7-4)$$

$$(-1.69) \qquad (-1.88) \qquad (-2.12)$$

括号中的数字表示相应系数的t统计量，可以看出相应系数都通过显著性为10%的t检验进入协整方程[①]。在长期关系中，基础货币与出口、外商直接投资和人民币实际有效汇率指数存在稳定关系，即出口、外商直接投资和人民币实际有效汇率指数会影响基础货币。出口每增长1个百点将导致基础货币增长0.17

① 这里要注意的是，在协整方程中，即使有些变量系数不显著，也不能剔除，否则将影响长期关系的表述。

个百分点；外商直接投资每增长 1 个百分点，基础货币将增加 0.50 个百分点；人民币实际有效汇率指数每上升 1 个百分点，基础货币将增加 2.03 个百分点。各变量的系数符号都符合经济学常理。

通过对变量进行协整分析可以发现变量之间的长期均衡关系，但是无法得知这些变量的短期动态关系。对此问题，我们可以利用误差修正模型来解决。根据 Granger 定理，一组具有协整关系的变量具有误差修正模型的形式，因此在协整检验的基础上进一步建立误差修正模型，研究基础货币、出口、外商直接投资和人民币实际有效汇率指数之间的短期动态关系。为节省篇幅，以下只列出 t 统计量大于 1 的变量。未列出的变量，其 t 统计量均小于 1。

$$\Delta LnMB = -0.08CM_{t-1} + 0.27\Delta LnMB_{t-2} + 0.237\Delta LnFDI_{t-2} + 0.02 \quad (7-5)$$

$$(-1.71) \quad (1.47) \quad (-1.16) \quad (1.78)$$

$R^2=0.14 \quad F=0.52$

上式各变量系数的 t 统计量，除误差修正项和常数项的系数 t 统计量（分别为 t=－1.71 和 t=1.78，这两个系数在 10%的显著性水平上是显著的）外，其余的都未能通过 10%的显著性水平。这意味着基础货币、出口、外商直接投资和人民币实际有效汇率指数并不存在短期动态关系。

协整方程反映的是变量间存在长期均衡稳定关系。上文协整检验表明，变量序列基础货币（LnMB）、出口（LnEX）、外商直接投资（LnFDI）和人民币实际有效汇率指数（LnREER）在 5%的显著性水平上存在一个协整向量。其经济含义是，从长期来看，出口、FDI 和人民币实际有效汇率指数会对基础货币产生影响；其政策含义是，从长期来看，央行的货币冲销政策无效，基础货币将随着外汇储备的增长而增长。

误差修正模型反映的是变量间短期动态关系。上文误差修正模型中，除误差修正项和常数项的系数的 t 统计量在 10%的显著性水平具有显著性外，其余各变量系数的 t 统计量均不显著，说明模型等号右边各解释变量对左边的因变量没有显著性影响。其经济含义是，在短期内，出口、外商直接投资和人民币实际有效汇率指数的变化量对基础货币的变化量没有显著性影响；其政策含义是，短期内，央行的货币冲销政策有效，基础货币并不随着外汇储备的增长而显著地增长。

上述协整方程和误差修正模型结果的政策含义可以归纳为：短期内，央行货币冲销政策有效；但从长期来看，政策无效。对此，我们做以下具体分析。

外汇储备的增加并不一定导致基础货币发生变化，但在我国特殊的体制下，短期内，通过央行的货币冲销政策，外汇储备增长了，但基础货币可以保持不变；长期来看，外汇储备的增加则必然导致基础货币增加。

7.2.3 变量间的 Granger 因果关系检验

协整检验显示，基础货币（LnMB）、出口（LnEX）、外商直接投资（LnFDI）和人民币实际有效汇率指数（LnREER）在5%的显著性水平上存在一个协整向量。据此可采用 Granger 因果检验法对各变量之间长期、短期因果关系进行检验。

Granger 因果检验有两种形式：一种是传统的基于向量自回归（VAR）模型的检验；另一种则是最近发展起来的基于向量误差修正（VEC）模型的检验。二者的区别主要在于各自的适用范围有所不同：基于 VAR 模型的检验仅适用于非协整序列间的因果检验，而基于 VEC 模型的检验则用来检验协整序列间的因果关系。

Feldstein 和 Stock（1994）认为，如果非平稳变量间存在协整关系，则应考虑使用基于 VEC 的模型进行因果检验，即不能省去模型中的误差修正项（error correction term，ECT），否则得出的结论可能会有偏差。

检验的思路即是利用误差修正模型来检验。式（7-6）是常见的误差修正模型的表达式。

$$\Delta y_t = \alpha ECM_{t-1} + \sum_{i=1}^{p-1} \Gamma_j \Delta y_{t-i} + \varepsilon_t \tag{7-6}$$

式（7-6）中的是误差修正项，反映变量之间的长期均衡关系，系数矩阵 α 反映了变量之间偏离长期均衡状态时，将其调整到均衡状态的调整速度。在本文中，基础货币（LnMB）是作为被解释变量，因此，判断变量之间的长期、短期 Granger 因果关系的准则如下：

如果系数矩阵 α 在统计上具有显著性，则可以断定出口（LnEX）、外商直接投资（LnFDI）和人民币实际有效汇率指数（LnREER）的变动在长期对基础货币（LnMB）的变动具有 Granger 意义上的因果关系，反之则相反；

在 Γ 系数矩阵中，除了基础货币的（LnMB）自身的滞后变量外，其余的变量的滞后变量［即出口（LnEX）、外商直接投资（LnFDI）和人民币实际有效汇率指数（LnREER）的滞后变量］的系数若具有统计上的显著性，则可断定出口（LnEX）、外商直接投资（LnFDI）和人民币实际有效汇率指数（LnREER）的变动在短期对基础货币（LnMB）的变动具有 Granger 意义上的因果关系，反之则相反；

上文的式（7-6）事实上已经告诉了我们变量之间的长期、短期因果关系。

$$\Delta \text{LnMB} = -0.08\text{ECM}_{t-1} + 0.27\Delta\text{LnMB}_{t-2} + 0.237\Delta\text{LnFDI}_{t-2} + 0.02 \tag{7-7}$$

$$(-1.71) \qquad (1.47) \qquad (-1.16) \qquad (1.78)$$

$R^2 = 0.14 \quad F = 0.52$

式（7-7）中，误差修正项系数 $\alpha = -0.08$，符合反向修正原则，而且 $t = -1.71$，在10%的显著性水平上具有显著性，说明了出口（LnEX）、外商直接投资（LnFDI）和人民币实际有效汇率指数（LnREER）的变动在长期对基础货币（LnMB）的变动具有 Granger 意义上的因果关系。这再次验证了我国央行货币冲销政策在长期是无效的。而在 Γ 系数[①]中，包括基础货币的滞后变量在内，所有变量的滞后变量系数均无显著性，说明了出口（LnEX）、外商直接投资（LnFDI）和人民币实际有效汇率指数（LnREER）的变动在短期对基础货币（LnMB）的变动不具有 Granger 意义上的因果关系。这也再次验证了我国央行货币冲销政策在短期内是有效的。

7.2.4 利用模型的脉冲响应进一步考察变量之间的短期动态关系

脉冲响应函数刻画的是在误差修正模型（ECM）扰动项上加上一个单位标准差大小的新信息冲击（innovation）对内生变量的当前值和未来值所带来的影响。我们以 ECM 模型为基础，采用逆来正交化（orthogonalised）方法和乔利斯基（Cholesky）分解技术，建立基础货币、出口、外商直接投资和人民币实际有效汇率指数的脉冲响应函数模型。图 7－1～图 7－3 是基于 ECM 模型的出口、外商直接投资和人民币实际汇率指数对基础货币的脉冲响应函数曲线。

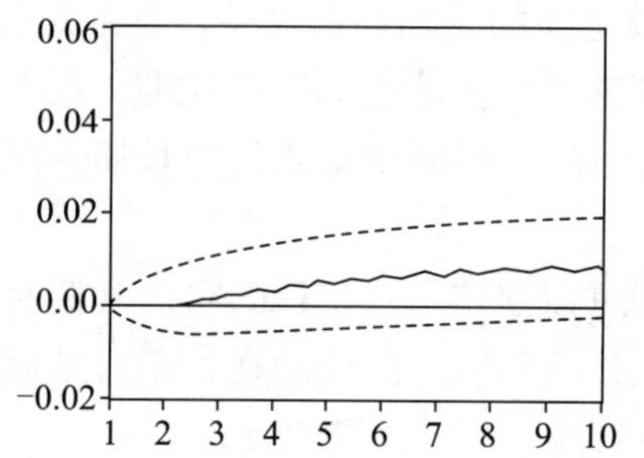

图 7－1 LnMB 对 LnFDI 冲击的反应函数

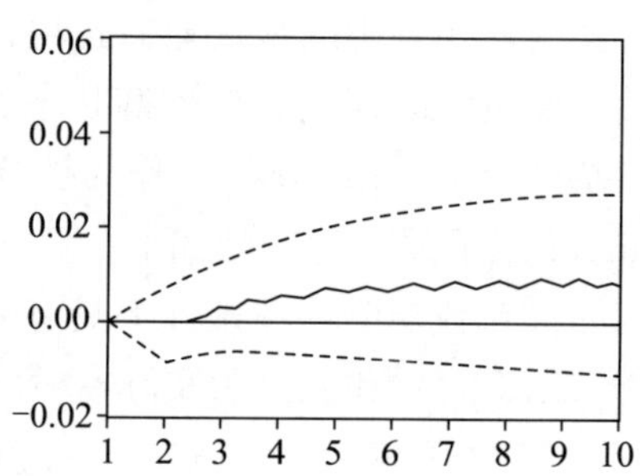

图 7－2 LnMB 对 LnEX 冲击的反应函数

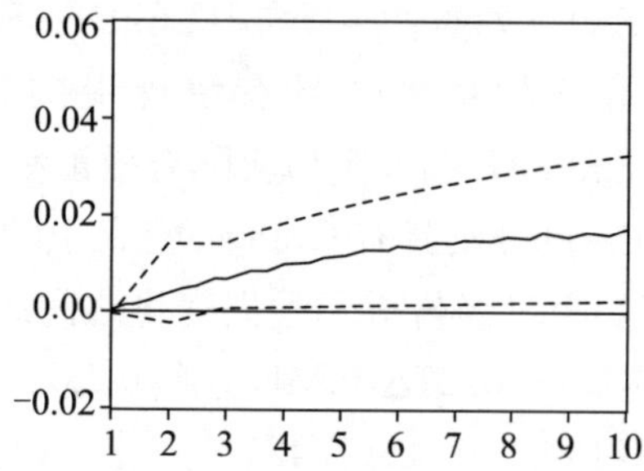

图 7－3 LnMB 对 LnREER 冲击的反应函数

① Γ 系数并不包括常数项 0.02。

图7－1和图7－2两图较为相似。由图7－1可知，初期在受到出口一个标准差的正向冲击后，在前两期基础货币并没有反应，从第3期开始基础货币才慢慢开始显出正向反应并逐渐增大，最终趋于稳定。由图7－2可知，初期在受到外商直接投资一个标准差的正向冲击后，在前两期基础货币也没有反应，从第3期开始基础货币才慢慢开始显出正向反应并逐渐增大，最终趋于稳定。显然，从图7－1和图7－2看来，在短期，基础货币对出口和外商直接投资的冲击没有明显反应；但在长期，出口和外商直接投资的冲击将对基础货币产生持久的正向影响。由图7－3可知，初期在受到人民币实际有效汇率指数一个标准差的正向冲击后，基础货币并没有马上就有反应，略微滞后一定时期，基础货币才慢慢开始显出正向反应并逐渐增大，最终趋于稳定。显然，在短期，基础货币对人民币实际有效汇率指数的冲击没有明显反应；但在长期，人民币实际有效汇率指数的冲击将对基础货币产生持久的正向影响。因此，脉冲响应函数所反映出的现象再次说明了短期内央行货币冲销有效、长期无效的结论。

7.2.5 模型的方差分解

方差分解表示的是当系统的某个变量进行了一个单位的创新冲击以后，以一个变量的预测误差方差百分比的形式反映变量之间的交互作用。我们运用Sims（1980）的方差分解法，通过求解扰动项对向量自回归模型预测均方误差的贡献度，了解各类因素对基础货币的冲击作用。Cholesky Ordering是LnMB、LnEX、LnFDI和LnREER，各个变量的方差分解结果见表7－7。

表7－7　基础货币（LnMB）预测误差方差分解

期数	S. E.	LnMB	LnEX	LnFDI	LnREER
1	0.035476	100.0000	0.000000	0.000000	0.000000
2	0.048213	98.97513	0.005077	0.017979	1.001816
3	0.057429	97.42239	0.125734	0.277708	2.174165
4	0.065044	94.99340	0.391660	0.765330	3.849610
5	0.071722	92.12563	0.755060	1.383635	5.735681
6	0.077845	89.09275	1.179660	1.992998	7.734590
7	0.083580	86.08360	1.635683	2.532611	9.748110
8	0.089023	83.20262	2.104854	2.977043	11.71548
9	0.094228	80.50228	2.576098	3.324360	13.59728

续 表

期数	S. E.	LnMB	LnEX	LnFDI	LnREER
10	0.099232	78.00291	3.043322	3.583400	15.37037
11	0.104057	5.70658	3.503590	3.767153	17.02268
12	0.108722	73.60546	3.955802	3.889164	18.54957
13	0.113239	71.68691	4.399942	3.961862	19.95128
14	0.117618	69.93632	4.836573	3.995938	21.23117
15	0.121869	68.33873	5.266529	4.000235	22.39450
16	0.125999	66.87975	5.690742	3.981894	23.44762
17	0.130014	65.54598	6.110132	3.946588	24.39739
18	0.133921	64.32483	6.525557	3.898774	25.25084
19	0.137726	63.20537	6.937785	3.841921	26.01493
20	0.141432	62.17743	7.347483	3.778717	26.69637

根据表 7－7，在第 1 期由于基础货币的所有变动均来自自身的新生标准误差，贡献度比例为 100%，然后自身的贡献度逐渐下降，而出口、外商直接投资（FDI）和人民币实际有效汇指数对基础货币预测误差的贡献度则逐步上升。第 1 期出口、进口、外商直接投资和人民币实际有效汇指数对基础货币没有解释能力，说明其影响存在一定的滞后，但从第 2 期开始，各解释变量对基础货币的贡献度逐渐上升，到第 20 期后趋于稳定，出口、外商直接投资（FDI）和人民币实际有效汇指数对基础货币预测误差的贡献度分别为 7.35%、3.78%、3.79%和 26.70%。显然，出口、外商直接投资（FDI）和人民币实际有效汇指数对基础货币波动的解释力度，在短期内较小，长期内，解释力度逐步加大。基础货币的预测误差方差分解又一次证明了央行货币冲销政策短期内有效、长期内无效的结论。

7.3 结论

综上所述，我们得出这样的推断，长期来看，外汇冲销操作短期有效，长期无效。因此外汇储备增长对基础货币供应量有着正向影响；基础货币供应量增长引起了消费者价格指数的上涨，即产生了通货膨胀效应。由此我们可以推断国内资产价格上涨、经济增长与人民币升值预期引致更多的外资流入（FDI），在冲销操作长期无效的前提下，市场货币供应量进一步增加，又推高了资产价格。在这样的循环中，资产价格泡沫涌现，金融风险隐患加剧，国内物价水平上升。因此金融稳定、汇率稳定、物价水平稳定等目标没有办法同时实现。

8　部分国家和地区维护经济安全的经验借鉴

在全球化背景下，在开放的经济条件下，不论是发达国家还是发展中国家，都不得不重视本国的经济安全问题。不过对不同的国家来说，在不同的经济发展阶段，为维护本国经济安全所采取的战略和政策都应该进行相应的调整。

本章选取了发达国家、转型国家和发展中国家三组典型国家，就其经济安全的战略制定、政策选择、法规法律等进行了阐述。其中发达国家选取美国、日本、韩国①转型国家选取俄罗斯，而发展中国家则以印度和拉美国家为代表。

8.1　美国外资安全审查制度与经济安全战略

8.1.1　美国外资安全审查制度

美国规制外国投资的历史最早可以追溯到第一次世界大战时期的《与敌贸易法案》。1917 年对德宣战后，美国国会通过《与敌贸易法案》，冻结了德国企业在美的大多数资产。1927 年美国国会通过《无线电法案》，以国家的名义严格限制外资进入广播和电信业，类似限制随后扩展至其他行业。

20 世纪 70 年代以后，外国资本大量涌入美国，渗透到各个经济领域，引起美国社会舆论的高度关注。在此背景下，美国相继通过《外国投资研究法》和《国际投资调查法》。1974 年通过的《外国投资研究法》授权美国商务部、财政部等对外国投资事项进行调查和研究。1976 年通过的《国际投资调查法》授权总统至少每隔 5 年进行一次外资综合性水准基点调查。

20 世纪 80 年代初，美国富士通商社收购美国仙童半导体公司案在美国国会里掀起了反对的声浪。仙童公司与美国军方合作密切，为美国军事工业所需的尖端科技军用产品供应芯片，因此该收购交易被认为是对国家安全的严重威胁。为

① 2005 年以后，韩国被列入发达国家名单。

了应对日本企业收购可能给国家安全带来的风险，美国国会于 1988 年通过了《1950 年国防产品法》修正案——《埃克森—佛罗里奥法案》。自此开始，美国外国投资安全审查制度得以建立。

"9・11"事件之后，美国对国家安全的重视程度提高。时任美国总统的布什在 2007 年签署了《外国投资与国家安全法》，对《埃克森—佛罗里奥法案》确立的外国投资审查和限制体系做了一系列的完善和修正，进一步强化了对外国投资和并购活动的审查和限制。

8.1.1.1 美国对外资进行安全审查的法律依据

1.《埃克森—佛罗里奥法案》

《埃克森—佛罗里奥法案》在对《1950 年国防产品法》第 721 节修订的基础上进行颁布，编撰于《美国法典》第 2070 条。该法案授权美国总统可以对收购、合并或接管美国公司的交易进行调查，并阻止任何威胁美国国家安全的并购交易。根据随后发布的 12661 号总统令，外资委员会有权对外国投资者并购美国企业进行实质审查，并在总统决定暂缓或阻止某些并购行为时，提供建议。

此外，该法案规定了判断外资并购美国企业是否影响国家安全应当考虑的五个因素：国内生产需要满足将来的国防需求；国内产业用以满足国防需求的能力，包括人力资源、产品、技术、材料及其他供给和服务；外国公民对国内产业和商业活动的控制及其对满足国防需求能力所带来的影响；向支持恐怖主义或者扩散导弹技术或化学与生物武器的国家销售军用物资、设备或技术的潜在影响；交易对美国技术领导地位潜在的影响及美国国家安全。依据该法案，美国对外资进行安全审查的核心内容是国防安全，并未考虑经济安全。换言之，任何威胁美国国防安全的外资并购都必须接受美国外国投资委员会的安全审查。

2.《博德修正案》

1991 年，美国国会对《埃克森—佛罗里奥法案》做了修订，通过了《博德修正案》，增加了两条新内容。依据《博德修正案》，在符合下述两个条件时，外资委员会必须直接进入调查程序：收购方为外国政府所控制或代表外国政府行事；收购可能导致在美国从事州际贸易的人受到控制并可能影响美国国家安全。从修正案可以看出，新增加的规定主要是防止具有外国政府背景的企业并购美国基础企业或敏感企业以致影响美国安全，这样就给像中国这样的以国家控制、控股、甚至参股的企业并购美国企业设置了障碍。

3.《外国投资与国家安全法》及其实施细则

（1）内容上的修正

2007 年，美国国会通过的《外国投资与国家安全法》，对《埃克森—佛罗里奥法案》进行完善和修正。修正内容包括：国会加强了在整个程序中的参与及监督作用，要求委员会无论在审查或调查期间均须向国会提交详细的报告；拓宽了《埃克森—佛罗里奥法案》下“国家安全”的定义和内涵，将“关键基础设施”和“国土安全”也作为“相当类似于国家安全”的概念而包括进去；要求国家情报机构负责人对任何会对国家安全造成威胁的外国投资案作单独审核和考虑；要求总统和委员会在对相关投资案进行评估时，必须考虑包括对国家关键的基础设施可能造成的影响等额外的因素。

（2）主要内容

《外国投资与国家安全法》共有 12 个条款，主要内容包括：对国家安全做了广义的解释；严格审查程序与在某些情况下延长审查期限；清楚概述了参与审查的政府机构及其职责；增加了外国投资委员会向国会报告的义务；第一次规定了某些违法行为的民事责任。该法的特色是，将安全审查的领域从国防安全拓展至经济安全以及规范了安全审查的程序。

2008 年，美国财政部公布了《关于外国法人收购、兼并和接管的条例》。该条例是《外国投资与国家安全法》的实施细则，旨在落实《外国投资与国家安全法》相关规定，一些重要的概念得以明确。《外国投资与国家安全法》及其实施细则一起，构成了美国以后对外国投资进行安全审查的主要依据。

8.1.1.2 美国外资安全审查的运作机制[①]

1. 相关部门

（1）外资委员会

外资委员会最初成立于 1975 年，是依据美国总统的行政命令（Executive Order 11858）设立的，主要负责监控和评估外国投资对美国的影响。《埃克森—佛罗里奥法案》颁布之后，美国总统再次发布行政令（Executive Order 12661），决定由其对可能威胁美国国家安全的外资并购项目进行审查。2007 年《外国投资与国家安全法》对于外资委员会的组成成员列明了 9 个部门，具体包括财政部、国务院、商务部、国防部、司法部、国土安全部、能源部、劳动部，国家情报局。同时，该法还规定，总统可以根据每一个案件的具体情况，决定相应的部门参加到外资委员会的审查工作中。在明确列明的 9 个部门有两个较为特殊，即劳动部和国家情报局特别代表，它们是依职权加入外资委员会工作中，不具有投票权。在外资委员会中由财政部长任主席，秘书处也设在财政部。

① 资源来源：中国经济网 2013 年 8 月 9 日。

(2) 总统

根据《外国投资与国家安全法》，总统的作用主要有 3 个：决定权，只有总统才有权阻止一个外资并购项目，外资委员会只有建议总统阻止某项外资并购的权利；宣布权，总统在收到外资委员会提交的调查报告后应在 15 天内做出最终决定，并宣布；执行权，在宣布决定后总统可以直接命令司法部长寻求适当的方式执行总统的决定。

(3) 国会

增加国会对外资委员会的监督力度是《外国投资与国家安全法》的一大特点。为确保国会的监督作用，该法主要规定了两个制度：

证明制度，即外资委员会完成了审查程序后外资委员会主席和领导部门首长应向国会成员进行书面通知。在完成了调查程序后外资委员会主席和领导部门首长应尽快向国会提交书面报告，说明调查结果，除非该调查结果应提交总统裁决。

年报制度，《外国投资与国家安全法》规定外资会员主席在每年 7 月 31 日前应向众议院、参议院的司法委员会提交年报，对过去 12 个月的外资委员会工作情况向国会报告，2007 年法还对年报的具体内容做出了较为详尽的规定。

2. 审查范围

为保持美国政府对外资的开放态度，外资委员会对于外资的国家安全审查是有选择性的。被审查的外资项目必须符合两个条件：

(1) 外资项目必须是并购项目，即对涉及外国对美国实体“获取、并购或接管”的行为进行审查，同时法律还规定，只要出现外国实体购买、转换或代理美国公司的证券达到控股数量，从而导致一个美国实体为外国所控制，或合资企业中的美方由于合资，导致一个现存的美国商业实体为外国所控制等情况，委员会就要进行审查。

(2) 外资并购项目必须涉及国家安全。而“国家安全”的含义又具有很大的弹性，也在不断地变化，《埃克森—佛罗里奥法案》主要是针对美国国防需要至关重要的产品、服务和技术的外资并购项目，《外国投资与国家安全法》则将涉及美国关键的基础设施、核心技术的外资并购项目和涉及外国政府直接或者间接参与的外资并购项目都包括在审查范围内。

3. 审查方式[①]

申报本着自愿的原则，以书面形式向委员会主席提出。申报可以在一项并购

① 中国经济网，2013 年 8 月 9 日。

交易的进行过程中由交易方提出，也可在完成以后提出。申报的主要内容包括：并购交易的简要情况，如注册名称、交易时间、交易规模、组织机构等。假如并购当事方向委员会送达了通知，委员会经审查认定该交易不在管辖范围内，即不会对美国国家安全造成威胁。一旦并购完成了交割，总统就无法在交割后再命令撤销解体交易。

假如并购当事方没有向委员会送达通知，委员会也没有主动提出审查，那么即使并购交易已经完成，在其后的三年内，委员会的任一成员均可随时要求对此交易展开调查。即使在三年以后，委员会主席仍可提出调查。如果调查结果证明此项交易会对美国国家安全构成威胁，委员会仍可依照该法案向总统建议采取行动，以命令撤销解体交易。因此，如果并购交易比较大型，交易中涉及比较敏感的领域，如国防、高科技产品、通信等，交易当事方应当主动向委员会申报审查，以避免遭遇交易受撤销解体的命运。

委员会任何成员如认为某项交易属于“被审查交易”，即可向委员会主席提交机构通报。委员会主席接到通报后，及时通知交易双方。任何副部级及以上的委员会成员，如有理由相信某项未进行自愿通知的交易属于被审查交易并可能引起国家安全问题，可代表该部门通过常务主席向委员会提交通知。常务主席收到通知即视为通知已被接受。在部门提交通知的情况下，常务主席应立即将通知的书面文本提供交易各方。对已经完成三年以上的交易，不得提交部门通知，除非委员会主席与其他成员协商后要求做出该通知。

《外国投资与国家安全法》明确规定在，以下情况下，机构方应当主动启动审查程序：任何受监管交易；任何先前被审查或调查的交易，如果当事人提交外资委员会的材料中包含错误信息、误导性信息或者遗漏重要信息，包括重要文件；先前被审查或调查的交易，若任何交易当事人或实体故意实质地违背缓解协议，并且牵头机构通过监管和强制执行缓解协议向外资委员会证实这些对缓解协议的违背行为是故意实质性的违背，并且对缓解协议的违背无法通过其他救济或强制方式弥补。

4. 审查标准

《外国投资与国家安全法》在第一节对“国家安全”进行了规定，即“对于国家安全的含义应被解释为与国土安全有关的问题，而且应当包括对关键基础设施的影响”。此条规定十分宽泛，为了便于操作，该法规定了总统和外资委员会在审理具体案件中应当考虑的因素：国防所需的国内生产；国防部长判断某个案件对美国利益构成地区军事威胁；国内产业用以满足国防需求的能力，包括人力资源、产品、技术、材料及其他供给和服务；外国公民对国内产业和商业活动的控制给其满足国防需求能力所带来的影响；交易对向支持恐怖主义或从事导弹技术、化学和生物武器扩散国家出口军事物资、设备或技术产生的潜在影响；对美国关键的基础设施，包括主要能源资产造成潜在的在国家安全方面的影响；对于美国关键技术的造成潜在的在国家安全方面的影响；交易是否属于隐藏着外国政府控制的交易；是否是国有企业进行并购，该国有企业所属国是否有在防止核扩散、反恐、技术转移方面的不良记录；并购对于能源和重要资源和原材料供给的长期影响；其他总统或外资委员会认为适当、普遍和与特定审查和调查程序有关的因素。

这些标准均为描述性的表述，定义不清晰。由于对“国家安全”未作明确界定，导致外资委员会和总统有充分的自由裁量权，并可能因政治目的而滥用这项权力。

5. 审查期限

外资委员会采取逐案审查的方法，整个程序自收到企业申报起，最长不超过 90 天，可分为审查、调查和总统裁决三个阶段。具体操作由其秘书处、财政部国际投资办公室负责执行。

（1）审查期限为 30 天。如果该交易不涉及美国的国家安全，则委员会将通知相关方不予调查，调查程序结束。如果决定须进行调查，财政部官员应即刻书面通知被审查交易的各方调查开始。

（2）调查期限为 45 天。是否会构成对美国“国家安全”的威胁是外资委调查的核心，如果外资委员会确认某外国对美国投资构成对美国国家安全威胁，则向总统提出建议，根据《埃克森—佛罗里奥法案》，美国总统在必要时，有权撤销该交易，如交易已经进行或已完成交割，则须命令其解体。为期 45 天的调查是详尽和全面的，其中包括要求当事人补充材料，在必要时，也可以传唤令的方式，强制当事人或相关的第三方提供所需要的信息、文件和材料以及委员会召集全体会议。

（3）调查程序结束时，委员会必须向总统报告其调查结果。法律要求委员会向总统做出一致通过的处分建议，如果拟议中的收购交易会对美国国家安全构成威胁，则应向总统建议否定，命令撤销并解体。如果委员会成员在调查审议中无法达成一致决议，则应在报告中向总统陈述各种不同意见，由总统定夺。

事实上，绝大多数申报到外资委的外国直接投资交易案，都在 30 天的初步审查期内结束审查。截至 2007 年年底，美国共有 1900 个交易案申报给外资委员会，其中，只有不到 40 个交易案进入了 45 天的调查期，而由总统下令阻止交易的个案则少之又少。

8.1.2 贸易保护主义战略

在贸易方面，美国不仅采取具有威胁性的贸易保护战略，还通过依赖政府干预的“操作型贸易”“公平贸易”等手段，积极扩大产品的出口。为了获得先发优势，使外国贸易模式能被美国控制，《1974年贸易法》在1975年由福特总统签署成为法案。1976年，福特总统宣布建立对特殊钢铁的进口配额，第一次执行了《1974年贸易法》。此后，贸易保护主义被美国频频运用。在次贷危机中，美国打着挽救本国经济、使国内刺激扩张政策效果不至于外溢的旗号，于2009年2月出台《2009年美国复兴与再投资法》，制定了“购买美国货”的条款，从而进一步引发全球贸易保护主义浪潮，使全球贸易自由化程度降低，非关税壁垒增加。

在多哈回合谈判中，由于美国国内主要的农业、服务业和制造业的商业团体不同意结束世界贸易谈判的建议，奥巴马政府在2009年4月14日向WTO施压，要求其详述，多哈回合谈判的预计成果协议将会为全球经济带来巨大的推动作用，这使得多哈回合谈判步履维艰。

8.1.3 危机治理和应急战略

次贷危机发生后，美国政府出台了一系列经济刺激措施，从2008年年末开始先后推出了两轮量化宽松货币政策，包括购买房利美、房地美、联邦住房贷款银行与房地产有关的直接债务，宣布维持联邦基金利率于0～0.25%的目标区间，宣布购买1.25万亿美元的机构抵押贷款支持证券和价值约1750亿美元的机构债，到2011年6月底以前购买6000亿美元的美国长期国债等。①

2009年，美国总统奥巴马和国务卿希拉里·克林顿发起“美国能源与气候伙伴关系倡议”和“区域清洁能源技术网络”，以增进稳定和安全的方式管理其最重要的战略性资源。美国在2010年《国家安全战略》中提出，在外交领域，将任命一名首席经济学家，建立一个新的早期预警机制，由美国政府与其他类似的机制相协调，以发现经济、安全和政治相互交织的问题；在粮食安全领域，立即任命全球食品安全协调员；美国将致力于在可持续经济增长、粮食安全、全球卫生、气候变化、民主治理和人道主义援助6个依赖美国力量的特殊领域实现发展。

2011年1月25日，美国总统奥巴马在国会发表国情咨文，建议冻结未来5

① 张蓓文．外资风险视角下的中国国家经济安全预警指标体系［J］．世界经济研究，2012（1）．

年的年度国内项目支出，从而使美国可以在未来10年减少4000多亿美元的财政赤字，进而使政府可自由支配的开支所占经济的比例降低到艾森豪威尔时期以来的最低水平。

8.2 日、韩的国家经济安全战略

8.2.1 日本的经济安全战略

8.2.1.1 日本经济安全战略的领域及政策措施

20世纪70年代的两次石油危机冲击，引发了日本朝野最早的广泛议论、研究并制定经济安全战略，同时由于日本本身的能源储备状况等原因，日本将经济安全战略锁定在“能源安全战略”“资源安全战略”“粮食安全战略”以及确保上述重要物资运输的“海上运输安全保障”四个方面。其明确指出“确保重要物资稳定供应在经济安全保障方面具有生死攸关的重要性”。

1. 制定经济安全的政策

由于日本的能源和粮食等主要物资严重依赖进口，因此日本不得不高度重视经济安全问题。日本政府在考量外部经济和非经济威胁制定经济安全措施时，采取的是积极主动应对的措施，其基本思路包括：

（1）努力维护自由贸易体制。

（2）发展与各国，尤其是能源资源等重要物资供应该的相互依存关系，解决南北问题。

（3）确保重要物资供应，推进综合能源对策，加强能源资源储备，提高自给能力和应对危机的能力。

（4）走“技术立国”道路，最大限度利用其经济技术实力做出符合“经济大国”地位的“国际贡献”以确保其经济安全。在危机的不同阶段，采取相应的安全措施进行应对：危机前做好预警，危机中最大限度减少危害，危机后加强危机管理。

2. 主要保障措施

（1）推进多元化综合性能源对策，确保石油安全。

（2）确保矿物资源的稳定供应。

（3）国内外并举，确保粮食安全。

（4）“技术立国”确保中长期经济安全。

（5）转变经济发展战略，推出了产业创新战略、人才战略、自由贸易战略等一系列经济发展新战略。

8.2.1.2　日本的信息安全战略与情报收集系统

第二次世界大战以后，日本以“贸易立国”为方针，以发展成为“经济大国”为目标，分别于1957年和1976年制定了《国防基本方针》和《防御计划大纲》，并在20世纪70年代推行“综合安全保障战略”，借助日美同盟这个平台成功实施和平崛起，到20世纪80年代已经成为居世界第二位的经济大国。可见，日本的国家经济安全战略已经成为其外交战略的一个重要组成部分。

1. 信息安全战略

2010年12月17日，日本通过新的《关于2011年度以后的防卫计划大纲》。在安全保障的基本方针中，日本特别指出要加强政府机构之间横向的信息共享体制，在积极提高各有关机构收集和分析情报能力的同时，政府机构之间要相互合作，实现更为紧密的情报共享。从加强情报收集能力和信息通信机能的角度出发，积极推进宇宙开发和利用。另外，为实现网络空间的稳定利用，要综合性地加强应对网络攻击的能力①。

2. 情报收集系统

日本在《关于2011年度以后的防卫计划大纲》中着重指出，必须积累有关网络攻击的高级知识和技能，应对网络攻击；有效利用包括卫星通信在内的高级情报通信网络，保持情报共享。为迅速妥善应对大规模地震和核灾害等各种特大灾害以保护国民生命财产安全，将加强与相关机构的合作并推动制订计划和实施演习。

针对与国家经济安全有关的涉及高科技领域的内容，如太空领域的技术动向，日本还提出尽早发现各种事态的征兆，建立各部门相通的情报共享体制，整合情报收集设施、器材和装置，并扩大和加强与有关国家的情报合作和交流。此外，日本还设有一个专门行政委员会，根据《禁止垄断法》《外国投资法》和《外汇管理法》等法律法规，监控外资并购日本企业或品牌。同时，日本法院对外资并购有权发出停止令，日本的行业协会也具有干预外资并购的强大力量。②

8.2.2　韩国的产业安全战略和资本流动监测预警系统

金融危机后新兴经济体外资政策的调整一般经过3个阶段：一是资本流动控

① 日本政府：《关于2011年度以后的防卫计划大纲》，2010年12月17日。

② 李长久．跨国公司从未淡化意识形态引进外资应维护国家经济安全［N］．经济参考报，2010-9-2.

制；二是外国直接投资促进；三是经济转型和产业结构升级。这是因为，金融危机会对短期或长期的跨境资本流动产生重大影响，为了迅速控制危机局面，大多数新兴经济体会采取对于资本流动的直接控制作为应急的手段。之后，由于强化金融监管会对FDI流量产生重要影响，为了强化实体经济，这些国家在应急措施推出后的第二个阶段又会推出一些投资促进措施。最后，当金融危机所造成的长期低迷和经济衰退对于经济发展造成中长期的危害时，这些国家又会推出有利于经济转型和结构升级的产业措施，并将之与投资政策、贸易政策、货币政策等经济政策相结合，以组合拳的方式达到实现经济复苏和进一步走向繁荣的目的。韩国就是以上“三部曲”的典型，其在金融危机之后采取的产业安全战略和跨境资本流动监测预警系统具有一定的借鉴意义。①

8.2.2.1 跨境资本流动监测预警系统

1997年发生金融危机后，韩国加强了对国际资本流动的控制，建立了一套较为完善的监测预警系统，包括外币借款监测系统、短期资本流动监测系统和外汇信息系统。其中，外币借款监测系统监测的主体是韩国从事外汇业务的12家国内商业银行及其海外分支机构，不包括外资银行，以借款的利差和借款期限为监测重点。韩国的短期资本流动监测系统是按照资金的实际流动性而不是原始期限的长短来分类的，因此，它将证券投资不论期限长短全部归入短期资本流动进行监测。

1999年，韩国建立了外汇信息系统，并在次年将监测的范围扩大到几乎所有的外汇交易，包括进出口交易、资本交易、外汇存款等101种表格657类统计报表。②

8.2.2.2 产业安全战略

2007年全球金融危机爆发，韩国的产业升级面临新挑战。为此，韩国的产业安全战略进行调整，一方面推出一系列应急措施，减轻重点产业受到金融危机冲击的程度。例如，2009年4月23日，韩国设立船舶基金，以向船舶公司购买船只作为其促进船舶产业改组实施便利化的措施。2009年11月，韩国资产管理公司（KAMCO）扩展了船舶购买计划，继续向船舶公司购买船只。

另一方面立足长远，优先选择绿色增长作为自己的目标，推出一系列政策促进低碳外国投资。包括2008年8月宣布将“低碳、绿色增长”确立为国家远景，2009年宣布一项综合性五年计划，在2009—2013年计划支出107万亿韩元支持

---

① 张倍文．外资风险视角下的中国国家经济安全预警指标体系［J］．世界经济研究，2012（1）．

② 戈尔茨坦，凯宾斯基，瑞哈特．金融脆弱性实证分析——新兴市场早期预警体系的构建［M］．刘光溪，等，编译．北京：中国金融出版社，2005.

绿色增长；2009 年 12 月，韩国宣布将温室气体减排目标在 2020 年前达到 30%，2010 年 4 月生效。为了促进产业升级，韩国还制订了促进“绿色产业”外国投资的计划，确定了如智能电网、LED 面板等作为绿色技术的研发目标，并出台了相应的资金支持和税收减免等激励性引资措施，以利用外资推动韩国技术进步和产业结构升级①。

8.2.2.3 外国投资管理

同美国等国家一样，韩国严格控制外资在同国防有关的企业中投资。一些国会议员希望政府对本国企业实行更大的保护，禁止外资进入所有可能对国家经济产生重要影响的产业。韩国政府正酝酿一项总统令，对外国投资进行更严格的审查。分析人士认为，此举可视为韩国政府与国会妥协的结果，以保护本土产业免受外来投资冲击的。② 但近年来韩国吸引的 FDI 一直停滞不前，韩国政府试图阻止这些国会议员的计划，并努力改变韩国吸收外国直接投资额较低的状况。

等待韩国国会表决的 4 项提案没有明确说明哪些产业需要实施“国家级保护”，但据韩国媒体透露，这些提案一旦获得通过，外资将难以进入三星电子、海力士半导体、浦项制铁等公司占主导地位的产业。但韩国财长权五奎并不认为消费类电子产业是“国家关键性产业”。

总统令颁布后，韩国政府将成立一个外国投资委员会，对任何外资并购行为是否威胁到韩国经济安全进行认定。任何外国企业想要并购“对韩国经济至关重要”的公司，必须向韩国政府申请投资许可，而该委员会须在 90 天内对是否批准并购做出决定。若该委员会认为这将对韩国经济构成威胁，就会提出“修正”措施。

“譬如说，如果有外国财团想并购三星电子或浦项制铁，”韩国外交通商部一位官员表示，“委员会将根据总统令设定的标准，审查该投资计划是否有损国家经济安全。但总统令中的标准将以国际标准为蓝本。”

1997 年金融危机后，韩国经济能恢复生机，部分是得益于韩国企业联合抵制外国投资，努力发展本土经济。因此，抵制外国投资的观点在韩国很有市场，各路政客也将在 12 月的总统竞选和明年 4 月的国会选举中以此为主题发表意见。

2007 年 7 月，韩国一家媒体称，美国“敌意并购大王”卡尔·艾肯可能并购三星电子。虽然事后证明这属于空穴来风，却曾引发了韩国全国对外资并购本土龙头企业的忧虑。

---

① 联合国贸发会议，《2010 世界投资报：低碳经济投资》，联合国 2010 年。

② 中网资讯中心 时间：2007—10—26 10：26：23 来源：16 亿贸易资讯网。

8.3 俄罗斯的国家经济安全战略

经济安全在俄罗斯国家安全中占有“中心”和“基础”的位置，俄总统、政府、议会和学术界对俄罗斯经济安全的任务和威胁的判断，基本符合其社会各个阶段的实际情况，在这方面，理论界所提供的支持和贡献功不可没，特别是以先恰科夫院士为代表的经济安全理论研究及其“临界值”理论。

8.3.1 经济安全的保障措施

俄罗斯通过行政、立法、司法和学术的密切合作，为保障经济安全提供法律依据，先后颁布了《经济安全战略》《安全咨文》《安全构想》《俄罗斯联邦军事学说（草案)》《俄罗斯联邦外交政策构想》,《俄罗斯联邦信息安全学说》等重要文件，同时还在不同时期颁布了作为其补充规定的总统令、政府令、议会令，这些文件相互配套，互为补充，行成了俄罗斯经济安全的进步法律保障体系。[①]

为使经济安全保障措施更具实际操作性，俄罗斯在制定相关法律时，也非常注意制定配套的实施细则和监控指标。1996 年 10 月俄罗斯联邦安全会议通过了由联邦经济部、国家统计委员会和财政部会同联邦中央银行和安全会议机关拟定的《俄罗斯经济安全指标清单》，共列出经济领域 22 个监控指标及其临界值参数，其中包括：GDP 占西方其他工业国平均值的比例 75%，GDP 人均值占七大工业国平均值的比例 50%；加工行业在工业生产中的比例 70%；机械制造业在工业生产中的比例 20%；科技含量高的新产品比例 6%；进口在国内消费中的比例 30%，其中食品所占比例为 25%；投资总额占 GDP 的比例 25%；科学研究费用占 GDP 的比例 2%；收入低于最低生活费标准的居民占总人口的比例 7%；居民平均寿命 70 岁；10%最富裕公民与 10%最贫穷公民的差距为 8 倍；犯罪率 5%；失业率（按国际劳工组织统计法）7%；各联邦主体最低生活费标准的差距不超过 1.5 倍；年通胀率 20%；内债占 GDP 的比例 30%；外债占 GDP 比例 25%；日常偿还内债占预算税收收入的比例 25%；外债弥补预算赤字比例 30%；赤字占 GDP 的比例 5%；外汇量对卢布量的比例 10%；外汇现钞对卢布现钞的比例 25%；广义货币供应量 M_2 占 GDP 的比例为 50%。[②]

1998 年的俄罗斯经济危机发生时，从临界值角度看，当时俄罗斯多数经济

---

① 陈凤英．国家经济安全［M］．北京：时事出版社，2005.

② 同①.

指标已经超过经济安全临界值，经济中潜伏着巨大的安全隐患，一旦某种因素突然出现就会起到催化剂或导火索作用，将俄罗斯经济中的潜在危机引发成现实危机，这说明经济安全临界值理论对国家经济安全确有预警作用。

8.3.2 能源安全战略和危机应急措施

苏联解体后，俄罗斯数次遭受金融危机。2006 年，普京奉行“国家资本主义”发展战略和“主权民主”思想，立足于能源和高科技两大优势产业，从金融、粮食、能源、科技等多方面维护国家经济安全。

8.3.2.1 能源安全战略

俄罗斯利用欧美的能源需求，打造“能源超级大国”。2006 年，俄罗斯一方面制定《俄联邦 2015 年前科学与创新发展战略》，挖掘经济增长新的增长点；另一方面，利用高科技优势在新能源发展上抢占先机，以获取实际利益为目的开展能源外交。

2006 年 7 月，俄罗斯在圣彼得堡八国峰会上提出全球能源安全倡议，向各国领袖阐述新的“能源安全”概念。同年 9 月，俄罗斯总理弗拉德科夫在上海合作组织成员国总理会议上，提出在上合框架内联合开展地区能源合作项目，建立上海合作组织能源俱乐部。① 实际上，俄罗斯是试图将能源安全战略与政治利益和军事安全战略相结合，以实现经济的跨越式发展。

8.3.2.2 危机应急措施

美国次贷危机爆发以后，迅速向发达经济体和新兴经济体蔓延。为此，俄罗斯推出了一系列措施，包括在 2008 年 5 月签署与国家经济安全有关的行业程序法案，限制外资进驻国防军事、核原料生产、宇航设施和航空器研究，铀、金刚石、镍、锂等战略性原材料相关行业，以应对危机对俄罗斯国家经济安全的不利影响。其中，仅 2009 年就推出了以下几项主要措施：

（1）2009 年 5 月 16 日，俄罗斯修改了相关法律，使得在俄罗斯证券交易所发行外国证券并向俄罗斯投资者提供这些证券更为便利。

（2）2009 年 6 月 9 日，俄罗斯出台反危机计划，为汽车部门的金融投资项目提供总额 600 亿卢布以及五年期对俄罗斯银行类似证券的再融资的政府担保等。

（3）2009 年 7 月 17 日，俄罗斯修订联邦法律中关于支持俄罗斯联邦金融体系的附加措施的法案，允许 VEB（Vnesheconom Bank）向俄罗斯信用机构提供高达 4100 亿卢布的次级贷款。

---

① 白万纲．国家战略与国家管控［M］．北京：科学出版社，2008.

(4) 2009 年 12 月 30 日，俄罗斯宣布在 2010 年继续实施反危机计划，总额达 1950 亿卢布，包括高达 25 亿卢布的利息补贴以及由政府向 295 家企业提供贷款担保等。

8.4 印度维护经济安全的借鉴

印度在独立后的很长一段时间都将维护本国经济的独立性作为国家经济安全的首要任务，通过几十年的发展，印度建立起了较为完善的工业体系和门类较为齐全的工业。进入 20 世纪 80 年代以后，发展经济、清除贫困成为印度维护经济安全的重要内容。

8.4.1 印度经济安全涉及的领域

8.4.1.1 科技领域

印度几代领导人都把科技兴国作为维护国家政治和经济独立的基础。20 世纪 80 年代中期，印度就注意到信息时代的到来，在七五计划的 18000 亿卢比支持中，有 200 亿卢比投入电子工业来引进国外技术来发展高技术高产值工业，印度南部的班加罗尔迅速发展为印度的硅谷。

8.4.1.2 能源领域

由于 20 世纪七八十年代，印度曾出现过石油、煤炭和电力短缺造成的能源大危机。所以，印度特别重视发展与富油国西亚国家的经济关系，具有战略意义的海上石油通道更是印度的生命线，《印度防务评论》中把“保卫对外贸易，特别是战略商品——石油的通道”作为印度海军的一个优先战略任务。此外，印度因为丰富的核能矿产资源，大力发展原子能技术，既维护国家经济安全，又建立自己独立的核威慑力。

8.4.1.3 财金贸领域

印度政府将消灭财政赤字、稳定金融形势、扩大对外贸易作为经济工作的重中之重。20 世纪 90 年代中期政府推行金融改革，逐步放松外汇管制、放开利率、改革银行机构，并对外资开放、使资金流通渠道得到改善。此外，印度政府还积极推动农产品和服务业出口，调整出口方向，加强和亚太地区各国的贸易，对外贸易实现了较快的增长。

8.4.1.4 经济体制

印度政府希望理顺经济关系，建立高效的经济体制，从而实现经济发展。自从1991年印度经济危机之后，政府针对经济体制中的弊端进行大力改革，大幅度放宽了对经济干预的程度，实行总体上自由，又进行适度宏观调控的经济管理体制，开放市场经济，充分发挥市场的作用。这些改革措施使印度渡过了危机，摆脱了经济的大滑坡，基本实现宏观经济的稳定，从而保证了国家的经济安全。

8.4.2 印度经济安全保障措施

印度为了改变与其他南亚国家相较不占优的局面，增强本国在国际贸易中的地位，保护本国民族工业，发展综合国力，保障本国经济安全，进行了一系列的改革。针对国家经济安全的不利因素，制定了相应的政策措施，经过努力，印度的综合国力明显增强，形成了比较完整的国民经济体系。

8.4.2.1 保持改革政策的连续性

尽管印度执政党不断更换，政府也不断更替，但印度国内基本达成共识，即无论哪一个党派上台执政都要尽量使其颁布的政策方针与上届政府的政策保持一定的连贯性。

8.4.2.2 调整国家产业政策，确定科技兴国方针

早在20世纪80年代，印度便敏锐捕捉到信息时代到来的信息，印度几代领导人也都将科技领域的发展作为增强本国经济实力、提高本国综合国力、提升本国参与国际竞争的重要阵地。印度南部的班加罗尔在这样的背景下迅速发展成为印度的硅谷，印度的服务外包产业及软件业迅速成为印度出口的骨干力量，印度也因此成了国际上的信息技术超级大国。此外，印度还制定了“新产业政策”，打破原来政府部门对交通、能源、钢铁、电信及采矿业的垄断，鼓励外资进入这些领域。与此同时，印度也非常注重保护本国民族工业，对 些关键部门和行业严格控制其主导权。

8.4.2.3 严控国内通货膨胀，建立平价供应系统

政府也在20世纪90年代的严重经济危机后大幅降低经济干预，实行开放的市场经济政策，逐步放松外汇管制，放开利率，改革银行机构，对外资开放，改善投资环境。这样的政策有利于增强印度国人对于改革的信心，提高人民对改革及政府的支持，也在客观上加快了印度经济与世界经济接轨的速度。

8.4.2.4 注重能源安全

充分汲取20世纪七八十年代能源危机的教训，为了不再出现石油短缺、煤炭短缺及电力短缺的局面，印度特别重视与富油国的经济关系。此外，印度还利用自身拥有丰富核能资源的优势，大力发展原子能技术，既建立自己的核威慑力

又维护了国家经济安全。

8.4.2.5 实行“有远见的发展”战略

即在发展经济的同时注意防治环境污染，不以牺牲环境为代价来片面发展经济，实现经济的可持续增长。

8.4.3 印度经济安全新动向

印度充分认识到经济全球化的不可逆转性，以更开放的视角看待经济安全，认为经济越开放，机遇就越多，经济安全就越有保障。增加与世界经济的依存度，增进与周边南亚国家的友好关系。为了拓宽利用外资渠道，印度政府鼓励有条件的印度公司到海外融资，特别是放宽了对印度信息技术公司在海外上市融资的限制。印度正以更开放的心态参与到全球经济的竞争中。

此外，印度也意识到随着全球化的深入，金融危机、经济危机的全球传染性危险提高，因此印度建立预警机制，整顿国内金融市场，增强银行系统抗风险能力。与此同时，调整国内产业结构，减少制约经济增长的结构性因素，力争将信息技术方面的成就扩展到印度传统产业等诸多领域，进一步加大了吸引外资的力度，促进出口型经济发展。最后是印度面对本国各地区经济发展极不平衡的现状，将消除贫困作为提升经济安全的重要保证。由于历史、地理等多方面原因，印度国内经济发展水平极不平衡，西南地区最为富裕，东北地区整体最为贫困，这种发展不平衡的局面严重影响到多民族国家的稳定和统一，也极大地阻碍了国家经济高速增长。因此改变贫困地区的落后状况成为新时期印度政府刻不容缓的艰巨任务。

8.5 拉美国家维护经济安全的借鉴

拉美国家幅员辽阔，资源丰富，但是在近代既遭受了漫长的殖民统治，又经历了多次的经济和金融危机，比如2001年的阿根廷金融危机、2002年的拉美金融危机。拉美国家为了维护本国的经济安全，对其战略进行相应的调整。

8.5.1 拉美国家经济安全战略的调整

8.5.1.1 殖民经济结束后

19世纪初到20世纪30年代，拉美国家摆脱西班牙和葡萄牙的殖民统治后，大都以初级农产品、矿产资源出口为基本的国家经济安全战略。因此，各国大面积种植甘蔗、咖啡、棉花、烟草、可可、香蕉等农产品，并配套修建铁路、港口。此阶段的经济安全战略过分依赖出口，所以经济极易受国际农产品价格波动的影响。

8.5.1.2 经济大萧条后

20 世纪 30 年代世界经济危机爆发导致拉美经济安全问题凸显。于是拉美国家开始调整自己对初级产品出口的依赖，逐渐转向以进口替代工业化为核心的国家经济安全战略。为此拉美国家开始大力发展重工业，在一些具有战略价值和私人难以经营的部门建立国有企业，加强基础工业和基础设施的建设。同时，拉美国家为了迅速增强本国经济实力，利用初级农产品出口获得的资本积累扶持民族工业，高筑贸易壁垒保护新兴民族工业，不断统一扩大国内市场。但结果导致国内进出口部门缺乏活力，各国国内经济风险升级。

8.5.1.3 世界经济危机和石油危机后

20 世纪 70 年代中期世界经济危机和石油危机之后，墨西哥和巴西相继爆发债务危机，整个拉美地区陷入 20 世纪最严重的经济危机。这迫使拉美地区国家普遍采取新自由主义发展模式。实行贸易自由化，减少国家对经济的干预，实行国有企业私有化，缩小公共部门规模；尽力消除财政赤字，减轻税收负担；立足本地区，加强区域合作。这一战略的实施，使得拉美的经济活力重新显现。但这种模式也存在诸多影响经济安全的不利因素。

比如，贸易自由化使得经济再次出现对国际市场依存度放大的趋势；实行经济市场化，弱化政府干预，造成市场无限制地发展；推进国企全面私有化，导致重要战略价值的行业如石油、电信、银行、能源和国防等部门也被外国资本控制；实行政治分权化，导致中央与地方在税收等权益分配上频频出现矛盾与摩擦；推行发展外向化，外资流动几乎不受限制，拉美几乎成了一个不设防的地区。从这些政策使原先存在的社会贫富差距不断增加，社会分化加剧，这导致社会动荡不安，长期积淀的经济与社会压力加剧了经济风险，是经济安全最大的隐患。

8.5.2 拉美国家开放资本项目的经验教训

20 世纪 80 年代后期尤其是 90 年代之后，拉美国家进行了广泛的经济改革，其中开放资本项目是改革的重要组成部分之一。其开放资本项目的目的之一就是吸引外资。

拉美国家资本项目开放主要包括以下几个方面：允许外国直接投资（FDI）进入所有“非战略”部门，开放资本市场，放松对举借外债的限制，减少对资本流动的管制，取消对利润汇出和利息支付的限制。

拉美国家的经验表明，发展中国家在考虑资本项目开放时，必须要注意两个问题：何时开放、如何开放。

何时开放就是要确定开放的前提条件或者正确选择开放顺序。一般来说，在国内金融体系中的重大问题尚未得到解决之前开放资本项目是非常危险的。这些问题包括：金融和企业部门中会计、审计和信息发布的做法不够完善，隐含的政府担保盛行，对金融机构和金融市场缺乏审慎的监督和管理等。

在拉美国家中，没有一个国家是在先开放资本项目以后再进行贸易自由化和金融自由化的。其中有些国家，比如秘鲁和阿根廷同时开放资本项目和经常项目，有些国家，比如智利则在完成贸易自由化和金融自由化后才开放资本项目。结果说明，资本项目放开最好是在经常项目之后进行。事实上，因为资本项目开放是改革开放的重要组成部分，与其他改革措施和开放政策之间必然有着密切的关系，所以必须通盘考虑改革开放的总体安排及本国国情，才能确保资本项目在恰当的时机开放，取得预期的效果。

此外，宏观经济稳定对资本项目开放高度相关，其不仅为资本项目开放创造了有利的外部环境，而且还增加了这一改革措施的可信度。拉美国家的经验表明，在维系宏观经济稳定方面，财政稳定发挥着重要的作用。巴西、阿根廷和智利等拉美国家的教训有力地说明，在开放资本项目之前，保持较好的财政形势是非常必要的。1999 年巴西金融动荡和 2001 年的阿根廷危机，都与庞大的财政赤字有关。

资本项目开放后，汇率的地位和作用更加重要，为了避免外资的大量流入导致实际汇率升值，从而打击出口竞争力，政府应该确定汇率变动的最佳幅度。一般来说，在资本项目自由化的条件下，应该尽可能地增加汇率的灵活性，墨西哥和巴西的经验表明，政府为了捍卫固定汇率不惜代价进行干预似乎并不可取。

因此，从拉美国家的经验中可以看到在开放资本项目的问题上应该注意以下几点：资本项目的开放进程必须与本国经济发展阶段相适应，而且在开放速度上不能急于求成；要确定开放的先后顺序，尽可能做到“先易后难”；重视汇率的作用；保持充足的国际储备；在必要时应该实施资本管制措施；要灵活运用“冲销”政策；必须强化本国金融体系的竞争力；要采取一些纺织资本外逃的措施。①

① 江时学．金融全球化与发展中国家的经济安全［M］．北京：社会科学文献出版社，2004.

9 维护我国经济安全的思考

我国在维护产业和金融安全的立法建设上，需要本着既充分利用外资又确保国家经济安全的原则。

9.1 维护我国产业安全的立法思考

一个国家维护产业安全的能力，最终取决于一个国家对本国国民经济重要产业的控制能力及该产业本身抵御外部威胁的能力。在全球化的经济竞争中，如何保证本国产业运行的高经济效应和强竞争优势，对于提升整个国家经济的竞争力是非常重要的。

9.1.1 我国产业安全现有法律框架

为保障产业高效运行、提升我国产业竞争力，我国已逐步建立了保障和维护产业安全的工作体系以及贸易救济制度。维护我国产业安全的法律体系已经形成了多个层次。

我国已经形成了以《对外贸易法》为重点，以《外资企业法》《反倾销条例》《反补贴条例》和《保障措施条例》等为辅助，围绕对外贸易、外资和本国企业的竞争力，以反倾销、反补贴、保障措施条例为主体的贸易救济措施法律制度，还包括第三国倾销、反规避、服务贸易保障措施等内容，构建了对侵权货物禁止进口的保护知识产权制度，建立了一般例外和安全例外的进出口管制制度，以及与产业安全相关的外资并购部门规章。

在占主导地位的产业以及重点产业保护层面，我国已经形成了安全保护法律体系，例如农业、金融业、能源业、矿产资源业等。在各部门法之中，均已形成单独的产业安全法律体系。

程序性产业安全法律制度的构建方面，我国已经形成了以产业安全预警机制为基础构建的产业安全贸易救济措施，前置程序的产业损害预警制度以及反倾销、反补贴和保障措施等。

9.1.2 我国产业安全保障措施立法分析

我国保障措施立法，基本遵循《WTO 保障措施协议》规定，包括了总则、调查、保障措施、期限与复审等。并规定了实体和程序上的实施条件。现阶段，我国关于保障措施的相关规定主要体现在《对外贸易法》第 29 条，《中国加入议定书》第 16 条“过渡期保障措施”，以及 2001 年颁布的《保障措施条例》中。这些在一定程度上为维护我国产业安全、促进国民经济的健康发展提供了相关制度保障。但规定都过于原则化，实际可操作性不强，其中：

(1) 保障措施亟待细化。我国《保障措施条例》需进一步细化保障措施条例，确定产业损害的标准。

(2) 产业领域紧急保障措施立法缺失。除了《农业协定》《纺织品与服装协定》相关的农业和纺织品产业之外，作为服务产业大国，如果不对紧急保障措施的适用进行限制，则容易被“滥用”而产生危及承诺质量和稳定性的风险。同时，若紧急保障措施的标准和适用过于严苛，则对保护我国产业安全的实际价值有所限制。此处关于相关法规和条例的内容是否过时，必须明确。

9.1.3 我国产业安全国内法立法思考

9.1.3.1 有关产业安全的现行规制法

我国运用国际通行的规则来保护国内产业发展，始于 1997 年的《中华人民共和国反倾销和反补贴条例》，对当年进口新闻纸发起了首例反倾销调查。加入世贸组织以来，逐步建立了保障和维护产业安全的法律体系和贸易救济制度，截至目前，我国经济法律涉及产业安全的主要是《公司法》《外资企业法》《中外合资经营企业法》《中外合作经营企业法》《反不正当竞争法》《反垄断法》《对外贸易法》《反倾销条例》《反补贴条例》《保障措施条例》等规制法。

9.1.3.2 现行法律不够全面

我国现行的三部外资企业法是《中外合资经营企业法》《中外合作经营企业法》和《外资企业法》。《中外合资经营企业法》规定，在合营企业的注册资本中，外国合营者的投资比例一般不低于 25%。《对外贸易法》第 16 条规定，“国家基于下列原因可以限制或者禁止有关货物、技术的进口或者出口”，其中“为维护国家安全、社会公共利益或者公共道德，需要限制或者禁止进口或者出口的”，后续条文中对“国内供应短缺或者为有效保护可能用竭的自然资源”“为建立或者加快建立国内特定产业”“任何形式的农业、牧业、渔业产品”都进行了规定。《关于外国投资者并购境内企业的规定》对外资并购的原则、前提条件、保护民族经济发展和并购的具体内容都进行了较为具体的规定，如实际控制人的明确、资本与股份比例的清理、外资注册资本与投资总额的要求等方面，但这一条例主要是从规范外资的角度来考虑产业安全，并不全面。

《中外合资经营企业法》《中外合作经营企业法》中除了对外资合营者的比例一般不得低于25%等规定比国内企业注册、审批和监管更加严格之外，其在立法上的创新也有限，可能是因为它们分别是1979年和1988年制定的，年代较为久远。《外资企业法》同样过于原则，而且由于基于1986年制定，可操作性不强。更为重要的是，经过这些年的发展，这些法律背后的经济社会已经发生了巨大的变化，外资企业立法已经远不能满足当前的经济发展和保障经济安全的需要。

9.1.3.3 现行法律对外资涉及过少

我国目前的《反垄断法》是针对所有垄断行为采取的一部法律，只涉及很少部分的外资问题。其主旨是在防止和制裁经营者的垄断行为方面加以规范，比较粗略，对产业安全这个领域的真正推动作用并不大。

9.1.3.4 产业安全立法层面存在诸多现实问题

例如，我国的产业安全立法层次不统一，分散于《对外贸易法》《反倾销条例》《外国投资者对上市公司战略投资管理办法》等多部法律法规之中，与知识产权法律体系以及反垄断法等存在管辖交叉，以及诸如服务贸易保障措施等调整对象和内容缺失等问题。

9.1.3.5 相关国内法律太粗泛或过于间接

在我国的产业安全法律体系中，真正与产业安全密切的法律或太粗泛或过于间接。因此，我国迫切需要专门的产业安全方面的法律规定。出台《国家产业安全保障实施条例》，对产业的范围和类型、产业安全的程度、产业安全的保障机构、产业损害与垄断案例的查处等方面进行比较具体的规定。具体可包括下面这些内容：

（1）增强国家产业安全的重要性。

（2）国家经济安全机构对重要行业外资机构的进入或并购等行为进行调查的方法和程序。

（3）对于外资持有重要行业、重要企业尤其是国有企业的股份要规定所持该企业股份额度或比例的上限、企业的业务范围和市场行为等。

（4）规定必须编写月度和年度监测预警报告。

在《产业安全保障条例》的基础上，构建一部总编性、综合性的《中国产业安全法》，主要着力于对外资产业的经济安全性、技术性、社会效益（就业效益等）、垄断性等进行综合、细致的规定，并规定各种情况的处理原则。作为维护中国经济主权和产业安全的一项制度性保障和安排，对于中国在对外开放过程中，运用和创造性应用国际通行规则，发展和保护自己，实现国家利益最大化，具有十分重要的现实意义。

要坚决限制、淘汰落后技术产品和企业，鼓励优势产业，高新技术产业，有前途、有市场需求产品的发展，有区别、有目的、科学合理地保护和支持国内产业，建立良好的市场环境和竞争秩序。政府主管部门与相关行业可以建立联席会议机制，还要建立与重点企业的联系制度，加强信息沟通与指导协调。根据不同产业的具体情况，实施分类指导，遵循市场经济规律，使具有一定优势的产业加快发展，使竞争力尚有差距的产业得以尽快调整和提高。同时，只有制定和完善相关产业立法，才能为制定和实施产业政策的行为提供有效的立法保障。

9.2 维护我国金融安全的立法思考

国家经济安全中的金融因素既影响到金融领域自身的安全，也影响到国家经济安全。伴随着我国社会主义市场经济建设的不断发展，对外开放力度的增大，与世界金融体系联系的日益紧密，我国经济发展和金融运行，将越来越受到外部金融环境的制约。因此，我国的政治和社会稳定，也与金融风险和金融危机息息相关。因此，我国必须树立金融安全防范意识，提升金融安全在国家安全战略中的地位。

9.2.1 维护我国国家金融安全的立法思考

“一个国家如果没有经济和金融的安全、健康发展，最终就没有安全可言；国家与国家之间如果没有正常的、互利的经济关系，国家安全利益就无法得到保障。”

随着我国金融领域的全面开放，金融运行日益复杂。把一切金融活动纳入规范化、法制化的轨道，是有效防范金融风险、保障金融安全的基本前提。为防范金融风险，确保国家经济安全，我们迫切需要进一步修改完善我国的金融法律体系。正如萨维尼所言，我们都渴望拥有一个坚实的法律制度，以抵御任意专擅与伪善对于我们的伤害。诚然，金融安全和金融监管涉及金融机构市场准入、业务营运和市场退出等诸多环节。因此，要实现金融活动的规范化和法制化，必须着力健全金融安全法律制度，进一步夯实金融法律体系基础，这是金融全球化时代金融业稳健发展的智慧性需求，也是现有金融法律架构能够获得质的改善的基本方向。

未来的国际金融格局，货币多元化显然不可避免。在人民币实现区域化并进而走向国际化的过程中，建立健全维护金融安全的法律制度体系至关重要。这包括建立存款保险、投资者保护基金、保险保障基金、破产清算和最后贷款人制度等构成的金融危机处理制度，监管当局通过市场准入、市场退出和日常检查等措施构成的外部审慎监管制度，以及金融机构通过完善的法人治理结构、科学的自我约束和风险管理构成的内部控制制度等。

9.2.2 完善我国金融安全法律体系思路

构建改善我国金融安全的法律体系，应该从以下几个方面着手：

加强国家对金融行业的控制，对保持对国内金融机构的控股权，同时加强对外资金融机构的监管。

对外资金融机构的监管权，体现在外资金融机构的市场准入、经营，乃至市场退出的全过程。要加强市场准入方面的监管，严格掌握市场准入标准；明确外资银行经营人民币业务的条件；加强对外资金融机构日常营运的监管，这种监管主要包括外资金融机构业务经营的合规性、风险控制和管理、资本充足性、流动性、资产质量和准备金政策、赢利能力、管理水平和内控机构以及透明度等方面；明确金融监管机关的处罚权，金融机关对日常监管中发现外资金融机构的各种违法违规问题和不审慎行为，应视情节轻重，依法进行处罚。

设计金融机构市场退出制度，明确金融机构的市场退出途径（如接管、破产、收购兼并等）、选择标准、处理程序、债权人利益保护、社会公众利益维护，规定存款保险机构的设置和业务、投保机构和保险标的、保险费率、最高保额等内容。确立一系列评估金融资产的细化指标，金融机构的经营状况进行监管测评，区别不同情况，做出不同的处理，对尚有恢复能力的金融机构设定整改期限，在该期限内对其金融业务进行某种限制或特别处理，对问题严重必须退出的金融企业依法破产清偿。

充分运用 WTO 有关规则对民族金融业进行保护。为确保发展中国家金融稳定，GATS 服务贸易总协定中有了大量的“不对称”条款，以保护发展中国的利益。这些条款主要包括：

(1)“保障条款”，成员方在因没有预料到的变化和承诺失当从而对本国服务或服务提供者造成严重损害或威胁时，部分或全部中止所做出的承诺（第 10 条）。

(2)“国际收支条款”，如果成员方发生了严重的国际收支推移或者金融困难，可以对已做出开放的承诺重新采取相应的限制（第12条）。

(3)“普遍例外条款”，成员方可以为维护公共道德、保护人类和动植物的健康、防止欺诈等原因采取与WTO不一致的措施（第14条）。

(4) 金融附件，成员方为保护金融体系的完整与稳定，以及投资人、存款人和投保人的利益，可以采取必要的限制措施等。

此外，我国应该研究设立对金融风险的预测评估指标体系，周密地设计应付金融不安全的紧急处置方案。

9.2.3 我国现有金融安全立法的问题及改进

检视我国现行金融法律体系，尚缺少诸如金融控股公司法、政策银行法、金融衍生品法、存款保险法、征信法等重要法律。这些法律的缺位，使金融体系的脆弱性进一步暴露，给国家金融安全留下了隐患，一定程度上限制了我国金融市场的规范化发展。在金融安全法律制度体系的构建中，从市场准入到营运中的持续监管、风险预警、危机处理以及市场退出等全过程，都要保证各监管机构的信息互通共享、平衡政府监管责任与市场约束责任、兼顾化解金融危机与降低道德风险、协调金融安全与金融效率。

9.2.3.1 建议修改《中国人民银行货币政策委员会条例》

1997年4月5日，国务院颁布了《中国人民银行货币政策委员会条例》（以下简称《条例》），规定货币政策委员会（以下简称“委员会”）是中国央行制定货币政策的咨询议事机构，职责是对制定和调整货币政策、一定时期内的货币政策控制目标、运用货币政策工具、货币政策相关重要措施、货币政策与其他宏观经济政策协调提出建议。

《条例》已经制定多年，虽根据实情进行了修改，但条例本身并没有将中国人民银行货币政策委员会的独立性进行明确的界定。中国人民银行货币政策委员会独立性的体现，最终必须落实到相关法律法规上。

关于货币供应量增长率的合理区间，货币政策委员会的投票制度和开会程序、利率、汇率、贴现率、信贷手段的综合利用，都应该由货币政策委员会的相关法律法规形成一个成熟的机制来约束。货币政策委员会委员的最终当选人选应由全国人民代表大会常务委员会决定。货币政策委员会应该作为对全国人大及其常委会负责的独立工作单位，与其他机构不一样的是其独立性更加突出。货币政策的制定原则上不受外界其他因素的影响，完全由货币政策委员会内部各委员之间的协调来进行，保证国家的货币政策适应长期的经济发展。

建议制定《中国人民银行货币政策委员会工作管理办法》，作为货币政策委员会的日常规范原则，包括委员的选举、投票和监督权都在这一管理办法中体现。比如，我们提议货币政策委员的多元化、学术化和投票透明化等要求就可以体现在这一管理办法中。

9.2.3.2 增加证监会对于证券违法交易的执行力度

我国的《证券法》对于中国证监会查处证券违规交易的规定不够细致，也没有给出相关的具体执行尺度，所以证监会在规范证券市场，打击关联交易的办法不多也不及时。证券交易具有快速隐蔽的特性，和一般形式的非法交易不同。建议对我国的《证券法》增加辩方举证的条款，即被指控违规操作的相关人员和机构举证用于证明自己无罪，这就比一般法律严格许多，从而可望有效抑制证券交易的违法行为。

9.2.3.3 完善利率与汇率法律法规

利率市场化过程是一个长期的过程。有了银行间同业拆借市场提供基准利率保证之后。就是要制定相关法律完善这一制度。有必要制定《利率法》，把利率市场化阶段分成两个时期。在利率市场化初期阶段，允许政府的行政干预，规范利率市场化形成过程中的政府行为。在利率市场化逐步成熟阶段，限制政府随意的行政干预。除非为了治理经济危机，政府可以暂时采取特殊政策措施通过利率手段调控经济。人民币汇率制度改革也是一个长期的过程，我国有必要制定《汇率管理法》，在人民币汇率改革初期阶段，规定波动幅度、外汇储备的数量等，增加政府的直接干预，适当地提高应对风险的标准；在人民币汇率改革成熟阶段，主要应对国际短期资本的冲击，保持较高的风险对冲机制，控制外汇风险，运用市场力量应对外汇市场风险，逐步减少政府直接干预。

9.3 维护我国经济安全的战略思考

所谓国家经济安全战略，指的是保障国家经济发展目标顺利实现的基本方略。它规定了国家经济安全的总目标和实现这一目标的手段，发挥着协调国家整体经济政策选择、动员社会资本等资源、促进国民经济发展和社会进步的作用。

9.3.1 反思经济全球化进程与我国经济安全的辩证关系

9.3.1.1 开放与自主的对抗

国家主权是国家独立自主地处理自己的内外事务，管理自己国家的权力。主权表明一个国家在国际体系中独立自主地拥有生存和发展的权力；在一个国家内部拥有最高的统治权和管辖权。但是，这并不说明主权是绝对的，是不受限制的。主权通过国际法、国际惯例、国际制度、国际机制等保持其合理的存在和发展。“参加或接受一项条约，在一定意义上就是缩小了国家政府行政自由的范围。至少某些行动如不符合条约规定的准则，就会导致触犯国际法。”因此，国家在行使主权时并非完全按照自己的意愿做出决定，它还要受到国际社会公约、条约、规范、惯例和舆论的限制。

这种限制有两种：一种是主动的限制，即为扩大本国的利益或维护国家间的共同利益，主动限制行使主权或将一部分主权让与国际组织。在全球化时代，国家之间在自愿基础上自主地部分让渡与共享主权已越来越成为一个不可回避的事实。应该说国家主权的让渡是对传统国家主权本位的超越，但这种为周家福祉而做出的选择，恰恰又是对国家利益本位的更高层次上的回归。另一种是被动的限制，即在国际组织或国际舆论的压力下进行政策调整。

国际组织的扩大和国际干预的加强日益成为制约国家主权的重要因素，使国家主权呈现弱化和分散的趋势。江泽民在党的十五大报告中强调：“要正确处理对外开放同独立自主的关系，维护国家经济安全。”

中国在主权上的立场是，在国际原则的范围内增强中国的国家利益，谋求经济主权和经济安全，同时反对外部势力在经济、政治和文化领域的干涉和渗透。在经济全球化时代，面对全球化对国家主权侵蚀的现实，主权问题在理论上和实践上都日益复杂化了。作为最大的发展中国家，中国应该进行理性选择，既维护国家主权和国家利益，又融入国际社会，在国际事务中发挥重要作用。

9.3.1.2 全球化的扩张对民族国家的冲击

经济全球化的微观主体是跨国公司，而包括经济、政治和文化等在内的整个社会全球化的执行者，则是主权国家。全球化的过程实际上就是主权国家通过经济、政治和文化的全面互动，形成高度整合和协调一致的全球社会的过程。

主权国家是构成国际社会的基本单位，是最有组织、最有能力的政治经济实体，是国际交往活动的中轴和基石。其他国际政治实体基本上都属于国家实体的派生体，都直接或间接与主权国家有关。国家集团、国际经济组织、跨国公司的权力和活动都以国家主权的让渡和授权为根据。至少在可以预见的相当长的一段时期内，民族国家是很难也不会消亡的。只要世界上还存在着拥有独立主权的民族国家以及彼此分明的界限，就不可能淡化和消除各国国家利益和民族利益的独立性。

“由于在全球化过程中，各个民族国家都把维护国家主权置于政治行动的第一位，我们至今还很难设想在所有民族国家之外形成一个有权力对所有民族国家发号施令并使所有民族国家俯首称臣的政治共同体。”

但是，全球化的客观趋势要求主权国家为其发展开辟道路，全球化的发展必然要求消除民族国家壁垒的限制，在全球范围内以最佳方式自由配置经济资源，形成日益增多的全人类共同利益或相关利益，这将会导致对主权国家权力的制约和限制。但是，这种制约和限制必须以主权国家的同意为前提，国家权力的让渡以国家的主权和利益为基础，依靠民族国家之间平等的协商与合作来实现，表现为一个自主有序的发展过程，这才是全球化推进的健康状态。

哈贝马斯曾提出“超越民族国家”的设想，这种设想被一些人误解为可以实施全球治理的“世界政府”的建立。但实际上，哈贝马斯所设想的超越民族国家的政治共同体并不是世界国家，而是各个主权国家相互合作的政治体系。“要使利益协调和普遍化的程序以及创造性地策划共同利益的程序制度化，不能靠根本不受欢迎的世界国家这一组织来实现，而要靠以前各主权国家的自主、自愿和独特性来实行。”事实上，“只有当国家单独行动或通常的国际合作都不足以实现国家政策目标和国家利益的最大化时，才会选择具有超国家的一体化。正是国家的需要才使得一体化成为需要”。

市场经济是极富穿透力的一种力量，具有很强的地理扩张倾向，其逻辑是将经济活动集中在便于生产并获得高额利润的地方，因而往往超越政治藩篱；而国家行动的逻辑则是获取并控制经济增长及资本积累的进程，并且对经济的管理往往服务于某种意识形态的目的。因此，市场和国家在现实中往往发生冲突。美国学者威廉·奥尔森概括了两者的矛盾：“主权国家体系把人们分成一个个作茧自缚的政治实体，而经济生活的繁荣却需要人们尽量交流商品和投资。这一直是主权国家体系一个带根本性的难题。”主权是民族国家的灵魂，对内享有最高权威性，对外具有最高独立性。然而，经济全球化浪潮却使主权的神圣性大打折扣，“有效的国际合作依赖主权国家限制自己的意志”。国际协调机制是经济全球化顺利进行的秩序保障，其权威来自民族国家主权的部分让渡，然而新的国际权力实体一经产生，便显示出对让渡者的异化倾向，即对主权的分割、减损甚至“吞噬”。

在全球化浪潮中，国家固有的“核心机能”正渐渐地转化为“协调机能”，有些甚至被废弃，成为“空白国家”。民族国家对本国经济的管理不再享有绝对排他权，其政策的制定必须与国际环境相协调。经济全球化对民族国家更深刻的挑战还在于“无国界经济”正渐渐地侵蚀公众对母国的忠诚感。罗伯特·赖克《国家的作用》一书中谈到这个问题：“我们正在经历一场变革，这场变革将重新安排即将到来的世界的政治和经济……每一个国家的基本政治使命将是应付全球经济的离心力，这种力量正在拆散把公民联系在一起的纽带。”

经济全球化加剧了国际竞争，加剧了各国经济的不平衡发展，加深了许多国家经济的波动和震荡。对此，各国既纷纷实施更加开放的战略和政策，积极融入世界经济和国际分工体系，又更加重视努力维护和保障自身利益。由此形成了各国既积极参与经济全球化又更注重追求自身利益最大化的矛盾。

9.3.1.3 在独立自主的前提下实现合作

世界著名的全球化研究组织里斯本小组在《竞争的极限》一书中认为，人们可以区分出多种不同的全球化过程：一是金融业的全球化；二是市场与市场战略的全球化，特别是竞争的全球化；三是技术和与它相联系的科学知识的全球化，科学研究与发展的全球化；四是生活方式、消费行为以及文化生活的全球化；五是调节与控制能力的全球化；六是作为世界在政治上紧密联结的全球化；七是观察思考与意识的全球化。在现阶段，发展水平最高、影响最为广泛的要数经济全球化了，它是指生产力水平和生产国际化水平达到一个新的高度，实现了全球市场化、自由化、信息化的条件下，在国际分工空前深化，以及国际生产、国际商品和资本流通空前扩大，各国经济关系空前密切的基础上，世界经济发展成为经济整体的过程。

博鳌亚洲论坛前秘书长龙永图认为，经济全球化有三个主要要素：一是跨国公司的全球运作；二是科学技术的迅速发展；三是全球范围内的产业结构调整。这三个要素构成了经济全球化的基本内涵。在这种全球化的大潮之中，国家与国家之间、企业与企业之间、公民与公民之间的合作是日益深入而广泛，这种合作不断跨越民族、国家的地域界限，超越制度、文化的障碍。其中“国家间的多边合作对于全球经济的协调运作越来越重要，多边合作代表着国家政府间的利益共享，在多边合作过程中实施一些规则来协调分歧并监督相互的经济体制。这种多边合作确认了一个国家与另一国家在相互的政策和行为上是利益相关的主张”。

在处理国家与国家之间的关系上，我国主张和平共处，着眼未来，求同存异，对话合作，又坚持国格、以国家利益为最高准则，坚持国家的主权、国家的安全要始终放在第一位。

9.3.1.4 追求本国利益最大化

市场经济是以生产要素的自由流动为本质特征的，在全球化市场日渐形成之际，各国都自愿不自愿地选择了开放，这种开放是双向的，既要走出去又要引进来。然而开放不是目的，民族国家自始至终都是以发展本国经济为根本宗旨的。因此，在市场经济条件下，国际经济合作是绝对的、必需的，开放竞争与发展无疑是一种绝对性主张。

经济全球化又是一个矛盾的综合性发展过程。在宏观层面，它主要表现为由于各国经济往来日益增多而形成的各国经济相互依赖不断加强的趋势；在微观层面上主要表现为企业竞争的国际化以及企业为此而实施的各种全球化战略，包括资源的全球配置等；在制度层面上，它主要表现为主要经济原则的全球化，市场机制成为各国经济发展的共同机制。

在全球化的浪潮中，在世界经济一体化的情势之中，从国际交往方面来讲，我们不是要构建封闭的自我保护体系；从国内发展方面来讲，我们也不能以这种封闭模式来构建制度。

世界资源的有限性和国际社会的“无政府”状态使各国在合作中必然伴随冲突，各国都试图通过增强自身实力而增加他国对自己的依赖性从而最大限度地减少成本支出。维护国家利益是经济竞争的基本动因，无论经济全球化怎样拓展，追求本国经济利益最大化始终是国际经济关系的出发点和归宿。相互依存的加深并非自然而然地使各国经济利益趋同，反而会隐含着冲突的因子。在这种冲突之中，受益与受损都是相对的，一切事情的判断都贯穿受益与受损的交互。同时，尽管各个国家都为了彼此之间的相互依存关系付出了代价，但各方的依赖程度是不同的，在大多数情况下是不对称的，因此，受益与受损的程度也是不一样的，我们应尽量使受益大于受损。

9.3.2　我国经济安全保护战略的思考

国家经济安全是一个系统工程，没有纯粹的或孤立的经济安全，要维护我国国家经济安全，必须走综合安全之路。也就是说，既要夯实经济基础，又要理顺经济基础与上层建筑的关系；既要做好国内工作，又要改善国际经济环境，为国内经济发展提供保障。

9.3.2.1　坚持经济全球化战略

研究经济安全不能脱离经济全球化的大背景。根据经济全球化赋予当前国家经济安全问题的新特征，在经济全球化时代，各国国内经济已经成为整个国际经济网络或是区域经济网络中的不可分割的整体。其中，对外依存度高的发展中国家及新兴工业国，经济的发展与稳定很大程度取决于全球经济大环境与区域经济小环境的宏观气候。

经济全球化浪潮推动各国加快经济对外开放的步伐，各国经济对外依赖性不断增加，影响国家经济安全的因素就不可能局限于国内了。随着区域经济一体化趋势的加强，国家间区域性经济往来尤为密切。区域经济环境中的各种因素对一国经济安全的影响日益显著。制定一个全面系统的国家经济安全战略，以指导国家经济安全体系下的每一层次合理配置、相互协调，保证从整体上发挥国家经济安全体系的积极作用。

1. 必须提高综合国力和国际竞争力

对于正处于社会转型期的中国来说，“从乡村型农业社会向城市型工业社会的转型”和“从指令性经济向市场经济转型”的双重转型，必须深化体制改革，推动制度创新。因此，在宏观上深化市场体制改革，发挥市场的基础调节作用与政府的宏观管理作用。在微观上，要推动制度创新，建设与经济安全相关的制度工具。

2. 优化资源配置，推动产业结构升级

作为发展中国家，我国只有充分发挥本国的比较优势，遵循比较优势原则来建立产业和配置资源，才能分享经济全球化带来的利益，在国际竞争中求得生存和发展。当前我国必须以劳动密集型产业作为我国经济发展的重点。同时，我国也应该利用发展中国家普遍具有的后发优势，利用发达国家的经验，健全政府管理，培育优势产业，缩短产业升级时间，获得超常规发展。

3. 转变政府职能，大力提高政府服务的质量

在经济全球化的形势下，政府作为一国的组织者和动员者，在国家经济发展中起到越来越重要的作用。在世界市场范围内，国家的政府如同国内市场上的经济主体一样，也是国际市场上的一个宏观经济主体，它也要寻求最大限度的获利，同时减少本国人民的成本，而且这种成本—效益的计算不仅仅局限于经济的范畴，还必须考虑其他的社会代价。因此，当前，国际经济相对依赖性的增加、竞争的日趋激烈、世界市场经济主体地位的不平等、国际经济秩序和制度安排的“强权逻辑”的存在，更对发展中国家的政府管理提出了高要求。

4. 科教兴国，实现可持续发展

我国要根据世界经济发展的新趋势和本国的具体情况，在加快经济增长方式由粗放型向集约型转变的同时，将科技和可持续发展作为提高经济增长质量和效益的根本。同时，大力实施科教兴国战略和可持续发展战略，加大科技投入的力度，实现环境保护、生态平衡的健康稳定的经济增长方式。这里，我们应该在保持和加强研究开发基础的前提下，积极参与国际科技合作，引进国外先进技术知识。重视人才的培养靠教育，我们必须把教育作为实施国家安全战略的依托和面向知识经济的着眼点。

5. 加强基础设施建设，大力发展信息产业

根据我国的具体情况，发展比较成熟，并具有相当规模和相对优势的产业门

类，应进一步通过市场机制优胜劣汰；对于面向21世纪涉及国家安全和综合国力提高的相关技术和产业重点加以发展。在基础设施软件建设上，要加大研究开发的投入，建立将科研院所、高校、企业和广大劳动者紧密联系在一起的知识交流网络，促进各方面知识的转移和信息的转移。

9.3.2.2 推动区域合作

发展积极友好的经济协作关系，积极推动区域经济合作及区域性经济组织的建立，提高我国在区域经济组织中的地位和影响力，成为我国在区域层次上维护我国国家经济安全的战略重点。

9.3.2.3 构筑国际经济新秩序

国家经济安全的维护在很大程度上还取决于国际经济新秩序的建立，而国际经济新秩序的建立又有赖于国际社会的共同合作。在合作中求发展，同样也须在合作中求安全。中国要维护自身的经济安全，应该灵活把握，致力于构建公平、合理的国际经济新秩序。

（1）积极参与亚太地区经济与安全合作，共同构筑亚太经济安全机制。亚太地区在全球安全系统中具有举足轻重的地位。中国作为亚太区域的一名重要成员，与该区域其他国家和地区有着密切的经济安全利益关系。因此，在经济全球化、区域化和集团化趋势日益加强的国际新形势下，我国有必要在坚持独立自主发展方针的前提下，以更加积极主动的态度参与国际事务，更多地参与区域经济、贸易、投资的多种合作，特别是加强与周边国家和地区的经贸协作。

（2）积极参与国际规则的制订与实施。在经济全球化的过程中，国际经济组织起到了直接而巨大的作用，此外，还有大量的政府或非政府国际组织，以及大量的双边或多边的协议不断诞生。我们应在充分遵守国际准则和各种双边、多边协定的基础上，积极参与有关经济运行的国际规则的制订和国际经济新秩序的建设，保持有充分的发言权。我国成功加入世贸组织，融入世界经济潮流，这为我国参与制定国际经济规则提供了有利条件，我们应争取制定一些对于我们更为有利的条件或者规定，以避免陷入被动，处处依照别人制定的规则行事，最大限度地保证我国国家经济安全。

（3）坚持实施全面开放战略，积极参与全球经济与安全合作。就我国目前来说，坚持全面开放，向世界上所有国家和地区开放，同时也同一切有利于我国发展和经济安全的国际行为主体合作。

参考文献

［1］ AHMAD SEYF. Can More FDI Solve the Problem of Unemployment in the UK? A Short Note Applied Economics Letters，2000（07）：125－128.

［2］ AHMED，SHAGHIL，ANDREI ZLATE（2013）．“Capital Flows to Emerging Market Economies：A Brave New World?” International Finance Discussion Papers 1081，Board of Governors of the Federal Reserve System. Washington，DC.

［3］ ALBUQUERQUE，RUI A. P，NORMAN V. LOAYZA and LUIS SERVEN（2005）．“World Market Integration through the Lens of Foreign Direct Investors”，Journal of International Economics 66（2）（July）：267－295.

［4］ ALEXANDER HAMILTON. Report on the Subject of Manufactures［M］. Harvard University Press，1791.

［5］ ALFARO，LAURA，SEBNEM KALEMLI-OZCAN，VADYM VOLOSOVYCH（2008）．“Why Doesn't Capital Flow from Rich to Poor Countries? An Empirical Investigation”，Review of Economics and Statistics 90（2）（May）：347－368.

［6］ ANDERSON，THEODORE W.，CHENG HSIAO（1982）．“Formulation and estimation of dynamic models using panel data”，Journal of Econometrics 18（1）（January）：47－82.

［7］ BALASSA，BELA. Trade Liberalization，“Revealed” Comparative Advantage. The Manchester School of Economics and Social Studies 32：99－123.

［8］ BAUER，MICHAEL D.，GLENN D. RUDEBUSCH（2013）．“The Signaling Channel for Federal Reserve Bond Purchases”，International Journal of Central Banking（forthcoming）．

［9］ BAUER，MICHAEL D，CHRISTOPHER J. NEELY（2013）．“International Channels of the Fed's Unconventional Monetary Policy”，FRBSF Working Paper Series 2012－12，Federal Reserve Bank of San Francisco.

［10］ BORENSZTEIN E，DE GREGORIO J，LEE J W. How does Foreign

Investment Affect Economic Growth? Journal of International Economics，1998 (45)：115－135.

[11] CHRISTOPH ERNST. The FDI－Employment Link in a Globalizing World：The Case of Argentina，Brazil and Mexico，Employment Strategy papers，ILO 2005 (5)：39－59.

[12] FORBES，KRISTIN J，FRANCIS E. WARNOCK (2012). "Capital Flow Waves：Surges，Stops，Flight，and Retrenchment". Journal of International Economics 88 (2) (November)：235－251.

[13] GELOS，R. GASTON，RATNA SAHAY，GUIDO SANDLERIS (2011). "Sovereign borrowing by developing countries：What determines market access?"，Journal of International Economics 83 (2) (March)：243－254.

[14] JOHN H JACKSON. The Great Sovereign Debate：The United State Acceptance and Implementation of the Umguay Round Results. Columbia Journal of Translational Law，1997 (36)：171－172.

[15] LONGSTAFF，FRANCIS A，JUN PAN，LASSE H. PEDERSEN，and KENNETH J. SINGLETON (2011). "How Sovereign Is Sovereign Credit Risk?" American Economic Journal：Macroeconomics 3 (2) (April)：75－103.

[16] M. E. PORTER. The Competitive Advantage of Nations [M]. The Macmillan Press Ltd，London and Basingstoke，1990.

[17] MO. RAYMOND VERNON. International investment and international trade in the product cycle，Quarterly Journal of Economics 80，190－207.

[18] PIERRE-OLIVIER GOURINCHAS，OLIVIER JEANNE. Capital Flows to Developing Countries：The Allocation Puzzle Steven Croley，John H Jackson，WTO Dispute Procedures，Standard of Review and Deference to National Governments，The American Journal of International Law，1996 (4).

[19] REINHART，CARMEN M，KENNETH S. ROGOFF (2009). "This Time Is Different：Eight Centuries of Financial Folly"，Princeton，NJ：Princeton University Press.

[20] The Foreign Investment and National Security Act of 2007.

[21] Treasury Released Final CFIUS Rules for Transactions Involving Foreign Investment in the United States，Sutherland NewsAlert，December 1，2008，pp. 1－2.

[22] The Committee on Foreign Investment in the United States (CFIUS)，

http：//www. treasury. gov.

［23］ WADE HUDSON. Economic Security of All：How to End Poverty In the United States，Economic Security Project，1996.

［24］ DANI RODRIK. Economic Security in Latin America Cutting Across Class Lines， http：//drclas. fas. harvard. edu/publications/revista/economy/rodrik. htm.

［25］ RODERT W. BARNETT. Beyond War：Japan's Concept of Comprehensive National Security，Pergamon — Brassey's International Defense Publishers，1984.

［26］ The World Bank，Capital flows and risks in developing countries，Global Economic Prospects，January，2014.

［27］ Alexander Hamilton Report on the Subject of Manufactures ［M］. Harvard University Press ，1791.

［28］ M. E. 波特 . The Competitive Advantage of Nations ［M］. The MacMillan press ltd ，London and Basingstoke，1990.

［29］ JOHN H JACKSON. The Great Sovereign Debate：United State Acceptance and Implementation of the Umguay Round Results. Columbia Journal of Translational Law，1997，(36)：171 - 172.

［30］ A G HARRYVAN，J VANDER HARST. Documents on European union. Macmillan Press. LTD，1997.

［31］ STEVEN P CROLEY，JOHN H JACKSON. WTO Dispute Procedures，Standard of Review and Deference to National Governments，The American Journal of International Law，1996 (4).

［32］ SHAH M TARZI. The Role of Norms and Regimes in World Affairs：A Grotian perspective，international relation，1998，XIV (3).

［33］ 雷家骕 . 关于国家经济安全研究的基本问题 ［J］. 管理评论，2006 (07).

［34］ 方芳 . 外商直接投资对我国产业安全的威胁与对策 ［J］. 上海财经研究，1997 (06).

［35］ 赵英 . 政府采购与国家经济安全 ［N］. 政府采购信息报，2006 - 12 - 14.

［36］ 顾海兵，沈继楼 . 保障国家经济安全的中长期对策研究——基于立法视角 ［J］. 湖北经济学院学报，2009 (04).

［37］ 何维达，何昌 . 当前中国三大产业安全的初步估算 ［J］. 中国工业经

济，2002（2）.

[38] 何维达，李冬梅．我国产业安全理论研究综述［J］．经济纵横，2006（08）.

[39] 何维达．中国“入世”后的产业安全问题及其对策［J］．经济学动态，2001（11）.

[40] 黄建军．中国的产业安全问题［J］．财经科学，2001（06）.

[41] 纪宝成，刘元春．对我国产业安全若干问题的看法［J］．经济理论与经济管理，2006（09）.

[42] 景玉琴．产业安全评价指标体系研究［J］．经济学家，2006（02）.

[43] 李冬梅．产业安全的多层次综合评价研究［J］．科技管理研究，2007（06）.

[44] 李连成，张玉波．试析 FDI 与我国产业安全［J］．经济前沿，2001（12）.

[45] 李孟刚．产业安全理论研究［J］．管理现代化，2006（03）.

[46] 乔颖，彭纪生，孙文祥．FDI 对我国产业风险的实证研究［J］．世界经济研究，2005（09）.

[47] 杨公朴，王玉．中国汽车产业安全性研究［J］．财经研究，2000（01）.

[48] 周勤，余辉．转型时期中国产业组织的演化：产业绩效与产业安全［J］．管理世界，2006（10）.

[49] 卢晓勇，孙宏，李红．外商直接投资对我国国际收支风险的影响探析［J］．江西社会科学，2006（10）.

[50] 罗良文．中国国际资本流动的就业效应分析［J］．东岳论丛，2004（06）.

[51] 潘锡泉，郭福春．升值背景下人民币汇率、FDI 与经济增长动态时变效应研究［J］．世界经济研究，2012（06）.

[52] 王健超．外商直接投资通货膨胀效应的实证分析［J］．世界经济研究，2005（04）.

[53] 王美今，钱金保．外商直接投资对我国就业的影响——基于误差成分联立方程模型的估计［J］．中山大学学报：社会科学版，2008（06）.

[54] 王允贵．外商直接投资、外汇收支顺差与人民币升值压力［J］．管理世界，2003（11）.

[55] 萧政，沈艳．外国直接投资与经济增长的关系及影响［J］．经济理论

与经济管理，2002（01）.

［56］许兆春．外商直接投资对我国国际收支的潜在影响及政策建议［J］．金融理论与实践，2011（09）.

［57］赵娜，张晓峒．外国直接投资与我国经济增长：基于 VAR 模型的动态效应分析［J］．国际贸易问题，2008（03）.

［58］罗志松，荣先恒．吸收 FDI 对我国经济安全的影响及其对策［J］．世界经济研究．2005（02）.

［59］李陈华．产业安全研究：理论、经验与政策［J］．财经论丛，2012（05）.

［60］我国工业品国际竞争力比较研究课题组．论工业品国际竞争力［J］．中国工业经济，1996.

［61］邵沙平，王小承．美国外资并购国家安全审查制度探析——兼论中国外资并购国家安全审查制度的构建［J］．法学家，2008（03）.

［62］方之寅．析美国对外资并购的审查和限制［J］．东方法学，2011（02）.

［63］孙效敏．美国外资并购安全审查研究［J］．华东政法大学学报，2009（05）.

［64］江山．外资并购国家安全审查中的关键技术——基于美国 CFIUS 审查的分析［J］．国际经济合作，2012（06）.

［65］胡智新．金融安全——国家经济安全的重中之重［J］．国家安全通讯，2000（02）.

［66］王元龙．关于金融安全的若干理论问题［J］．国际金融研究，2004（05）.

［67］顾海兵，张安军．国家经济安全中的金融安全地位研究［J］．学习与探索，2012（04）.

［68］成思危．金融安全是国家经济安全的核心［J］．经济界，2004（06）.

［69］王小琼．德国外资并购安全审查新立法述评及其启示［J］．国外社会科学，2011（06）.

［70］胡峰．外资并购下我国产业安全法律保障体系的构建［J］．亚太经济，2011（02）.

［71］张金清．外资并购对我国经济安全的潜在威胁分析［J］．复旦大学学报：社会科学版，2010（02）.

［72］吴欣．融入经济全球化潮流困［N］．人民日报，2000.2.

［73］李薇，邓永亮．我国央行货币冲销有效性分析：一种新的思路［J］．

财经论丛，2010（02）.

[74] 邓永亮，李薇．汇率波动、货币政策传导渠道及有效性［J］．财经科学，2010（04）.

[75] 江振娜．利用外资与国家经济安全——国际经验比较及我国的实践启示［J］．华东经济管理，2006（03）.

[76] 吴晓燕．入世以来FDI在华新变化与国家经济安全［J］．软科学，2007（04）.

[77] 吴玉萍．国内产业安全研究新进展及展望［J］．经济研究导刊，2010（15）.

[78] 张金清，吴有红．外资并购对我国经济安全的潜在威胁分析［J］．复旦大学学报：社会科学版，2010（02）.

[79] 义之．我国重工业行业的外资并购形势［J］．中国党政干部论坛，2012（02）.

[80] 刘志杰．外资并购国有股定价过程的博弈分析［J］．财经问题研究，2011（01）.

[81] 陈历幸．经济不景气背景下得产业结构调整立法问题［J］．上海财经大学学报，2009（03）.

[82] 白小伟．利用外商直接投资与我国经济安全战略的选择（2003）对外经济贸易大学.

[83] 毕冶．FDI与中国产业安全问题研究［J］．云南大学学报，2011.

[84] 曹秋菊．经济开放条件下中国产业安全问题研究［J］．湖南大学学报，2007.

[85] 陈曦．国家经济安全研究的理论综述［J］．改革与开放，2012（24）.

[86] 初春莉．引进FDI与维护我国经济安全［J］．东北财经大学学报，2005.

[87] 丁冰．FDI正加大对我国经济安全的潜在威胁［J］．现代国企研究，2012（03）.

[88] 高松婷，胡朗．国内产业安全研究前沿评述［J］．现代商贸工业，2013（10）.

[89] 顾海兵，陈芳芳，孙挺．基于品牌视角的国家经济安全研究［J］．学术研究，2012（09）.

[90] 顾海兵，王鑫琦．国家经济安全研究的方法论问题［J］．中国人民大学学报，2011（06）.

［91］郭秀琴．中国国家经济安全问题研究［J］．电子科技大学学报，2006.

［92］胡如蓝．论外资并购与国家经济安全审查［J］．湖南大学学报，2009.

［93］黄志勇，王玉宝．FDI 与我国产业安全的辨证分析［J］．世界经济研究，2004（06）．

［94］贾颖．浅论 FDI 与对外直接投资对国家经济安全的影响［J］．特区经济，2011（02）．

［95］李光荣．中国金融风险和经济安全［C］．中国生产力发展国际论坛会议论文集，2005：北京．

［96］李平．WTO 框架下的国家经济安全研究［J］．国际金融研究，2007（05）．

［97］李悦磊，耿春杰．FDI 与中国经济安全关系之辨析［J］．现代经济信息，2008（12）．

［98］廖宁．利用 FDI 带动效应　维护国家经济安全［J］．天津市职工现代企业管理学院学报，2003（03）．

［99］刘海明，祖强．FDI、经济增长和产业安全：1978—2007［J］．常熟理工学院学报，2008（07）．

［100］刘骏民，王国忠．虚拟经济稳定性、系统风险与经济安全［J］．南开经济研究，2004（06）．

［101］刘舜佳．基于后向关联分析的跨国并购与国家经济安全研究［J］．湖南大学学报，2008.

［102］马蔷．跨国公司国际直接投资对中国经济安全的影响［D］．广州：暨南大学，2007.

［103］马述忠，吕淼．外商直接投资与农业产业安全——基于国内投资与就业挤出效应视角的实证研究［J］．国际贸易问题，2012（04）．

［104］马婷，李好好．我国利用 FDI 新阶段的制度选择——产业经济安全视角［J］．商场现代化，2008（05）．

［105］庞中英．广义安全、经济安全、安全合作——关于全球变化与安全问题的若干新思考［J］．欧洲，1997（01）．

［106］瞿栋．外资并购对我国产业安全的影响及对策［J］．新经济导刊，2012（08）．

［107］宋长青．国家经济安全问题系列分析之一：就业与国家经济安全［J］．中国统计，2003（01）．

［108］滕永平，于晓菲．FDI 对我国经济安全的影响［J］．特区经济，2006

(10).

[109] 王大俊．外商直接投资对东道国经济的影响——基于文献的评述［J］．经济论坛，2012 (04).

[110] 王莉．外国直接投资对中国产业安全的影响研究［J］．云南大学学报，2011.

[111] 王慎行．我国利用外商直接投资现状分析［J］．经济师，2012 (11).

[112] 王耀中，陈洁．外商直接投资对中国商贸服务业产业安全的影响——基于面板联立方程模型［J］．经济经纬，2013 (04).

[113] 温俊萍．经济全球化进程中发展中国家经济安全研究［J］．华东师范大学学报，2006.

[114] 谢申祥，黄保亮．产业安全视角下的外资并购［J］．统计与决策，2009 (01).

[115] 杨琴．外资并购对中国经济安全影响分析［J］．对外经济贸易大学学报，2007 (11).

[116] 姚立新，张明志．FDI影响我国经济安全的机理分析与评价［J］．中国经济问题，1999 (01).

[117] 叶卫平．国家经济安全的三个重要特性及其对我国的启示［J］．马克思主义研究，2008 (11).

[118] 衣学慧．跨国公司对我国经济安全的影响及对策分析［J］．山东大学学报，2005 (10).

[119] 于晓菲．论FDI规模对我国经济安全的影响及其实证分析［J］．沈阳工业大学学报，2007 (14).

[120] 袁海霞．FDI与中国产业安全［J］．经济与管理，2007 (10).

[121] 袁海霞．从产业安全看我国FDI［J］．当代经济管理，2008 (04).

[122] 张龙平．经济安全与国家安全观的转变——国家经济安全问题研究综述［J］．社会科学，1999 (05).

[123] 张修占．论经济全球化中的中国国家经济安全［J］．厦门大学，2000.

[124] 张媛．外商直接投资影响中国经济安全的指标体系研究［J］．对外经济贸易大学学报，2007.

[125] 赵春华．全球化视阈中的FDI与中国国家经济安全［J］．武汉大学学报：哲学社会科学版，2008 (04).

［126］赵惟．国家经济安全与产业安全研究综述［J］．首都经济贸易大学学报，2005（03）．

［127］郑少尉．外资并购中的国家经济安全问题研究［D］．杭州：浙江大学，2011.

［128］周新苗，冷军．贸易自由化政策与产业经济安全研究［J］．上海经济研究，2013（01）．

［129］朱瑞楠．外国直接投资与中国国家经济安全［D］．大连：东北财经大学，2005.

［130］祝金龙，解志韬，李小星．FDI 对我国产业安全的影响及对策分析［J］．中国科技论坛，2009（03）．

［131］王晶晶，徐长生．新兴经济体面临的国际资本流动趋势分析［J］．中国改革论坛，2013（07）．

［132］杨海珍，王初照，李苏骁．缓慢复苏下的国际资本流动［J］．中国金融，2013（02）．

［133］张碧琼．国际资本流动对世界经济体系的影响［M］．北京：清华大学出版社，2010.

［134］孙效敏．外资并购境内企业监管研究［M］．北京：北京大学出版社，2010.

［135］田文英．外资并购与国家安全［M］．北京：法律出版社，2011.

［136］崔健．外国直接投资与发展中国家经济安全［M］．北京：中国社会科学出版社，2004.

［137］陈曦，曾繁华．国家经济安全的维度、实质及对策研究［M］．北京：中国经济出版社，2010.

［138］冯玉军．全球化与中国法制的回应［M］．成都：四川人民出版社，2002.

［139］陈凤英．国家经济安全［M］．北京：时事出版社，2005.

［140］江小娟．中国的外资经济——对增长、结构升级和竞争力的贡献［M］．北京：中国人民大学出版社，2002.

［141］万解秋，徐涛．论 FDI 与国家经济安全［M］．上海：复旦大学出版社，2006.

［142］江时学．金融全球化与发展中国家的经济安全——拉美国家的经验教训［M］．北京：社会科学文献出版社，2004.

［143］杨丹辉．全球竞争 FDI 与中国产业国际竞争力［M］．北京：中国社

会科学出版社，2004.

［144］雅克·阿达．经济全球化［M］．何竟，周晓幸，译．北京：中央编译出版社，2000.

［145］袁美娟，朱丽．外国直接投资对天津产业竞争力的影响研究［M］．天津：南开大学出版社，2006.

［146］郭连成．经济全球化与不同类型国家的应对［M］．北京：中国财政经济出版社，2001.

［147］韩德强．碰撞——全球化陷阱与中国现实选择［M］．北京：经济管理出版社，2000.

［148］陈叔红．经济全球化趋势下的国家经济安全研究［M］．长沙：湖南人民出版社，2005.

［149］里斯本小组：竞争的极限——经济全球化与人类的未来［M］．北京：中央编译出版社，2000.

［150］马杰．经济全球化与国家经济安全［M］．北京经济科学出版社，2001.

［151］保罗·克鲁格曼，茅瑞斯·奥伯斯法尔德．国际经济学［M］．北京：中国人民大学出版社，1998.

［152］雷家骕．国家经济安全：理论与分析方法［M］．北京：清华大学出版社，2011.

［153］雷家骕，林苞，王艺霖．多重复杂背景下的中国经济安全问题［M］．北京：机械工业出版社，2012.

［154］李斯特．政治经济学的国民体系［M］．陈万煦，译．北京：商务印书馆，1961.

［155］李薇，杨迁．全球失衡视角：我国的货币政策与人民币国际化战略［M］．厦门：厦门大学出版社，2012.

［156］何维达，宋胜洲．开放市场下的产业安全与政府规制［M］．南昌：江西人民出版社，2003.

［157］杨公朴，夏大慰．产业经济学教程（修订版）［M］．上海：上海财经大学出版社，2002.

［158］中华人民共和国商务部．2013 中国外商投资报告［R］．

［159］张楠．论美国对外国投资安全审查的法律制度［D］．复旦大学法学院，2012.

［160］韩保江．正视中国经济可持续发展面临的挑战［N］．中国经济时报，

2004-2-16.

[161] 刘君，曹宁，雷家骕．国外的国家经济安全研究 [J]．科研管理，2001 (01)．

[162] 徐红艳．21 世纪的我国经济安全——兼论邓小平经济安全观 [J]．华东经济管理，2002 (01)．

[163] 黄仁伟．强国之道——中国崛起的国内外环境研究 [J]．社会科学，2003 (1、2)．

[164] 马丁·沃尔夫．中国艰难的经济转型 [J]．金融时报，2014-03-27.

[165] 中国现代国际关系研究院经济安全研究中心．国家经济安全 [M]．北京：时事出版社，2005.

[166] 叶卫平．国家经济安全定义与评价指标体系再研究 [J]．中国人民大学学报，2010 (04)．

[167] 郑通汉．经济全球化中的国家经济安全问题 [M]．北京：国防大学出版社，1999.

[168] 柯武刚，史漫飞．制度经济学：社会秩序与公共政策 [M]．北京：商务印书馆，2000.

[169] 年志远，李丹．国家经济安全预警指标体系的构建 [J]．东北亚论坛，2009 (06)．

[170] 王梓薇．国家经济安全研究回顾与展望 [J]．生产力研究．2008 (23)．

[171] 张蓓文．外资风险视角下的中国国家经济安全预警指标体系 [J]．世界经济研究，2012 (01)．

[172] 华夏论坛，“经济全球化下影响发展中国家经济安全的因素分析”，2005-05-25.

[173] 李长久．跨国公司从未淡化意识形态引进外资应维护国家经济安全 [N]．经济参考报，2010-09-02.

[174] 戈尔茨坦，凯宾斯基，瑞哈特．金融脆弱性实证分析——新兴市场早期预警体系的构建 [M]．刘光溪，等，译．北京：中国金融出版社，2005.

[175] 陈凤英．国家经济安全 [M]．北京：时事出版社，2005.

[176] 白万纲．国家战略与国家管控 [M]．北京：科学出版社，2008.

[177] 陈历幸．经济不景气背景下的产业结构调整立法问题 [J]．上海财经大学学报，2009 (03)．

[178] 曹建明．在中南海和大会堂讲法制 [M]．北京：商务印书馆，1999.

[179] 曹建明．金融安全与法制建设 [J]．法学，1998 (08)．

[180] 雷家骕．国家经济安全理论与方法 [M]．北京：经济科学出版社，2000.

[181] 弗里德尼希·卡尔·冯·萨维尼．论立法与法学的当代使命 [M]．许章润，译．北京：中国法制出版社，2001.

[182] 徐孟洲，徐阳光．金融安全亟待完善相关法律制度 [J]．团结，2006 (01)．

[183] 王永县．国外的国家经济安全研究与战略 [M]．北京：经济科学出版社，2000.

[184] 邹树彬．机遇与挑战——经济全球化浪潮中民族国家的两难选择 [M]．呼和浩特：内蒙古社会科学出版社，1998.

[185] 朱忠福，吴玉宇．入世后我国基因产业的发展战略 [J]．中国管理科学，2002 (10)．

后 记

本书是天津哲学社会科学规划项目最终成果，项目编号为 TJJL06—031。

本书的出版得到天津外国语大学“首届青蓝之星”项目基金的资助。

朱丽为社科项目主持人及本书主编，负责全书研究框架的搭建、审阅和统稿。

本书共分九章，朱丽负责第 1、第 2、第 3 章和第 8 章的写作和校稿；郑妍妍负责第 4 章和第 5 章的写作；李熠负责第 6 章的写作和校稿；李薇负责第 7 章的写作；蒋润婷负责第 9 章的写作。

本书是我们对发展中国家经济安全问题研究的一次探索，虽然大家都有相关领域的研究积累，但是对国家经济安全的研究都尚属首次。在研究过程中，我们参阅借鉴了大量文献和专著的研究成果，极大地开拓了我们的视野，深化了我们的研究，并帮助我们完成了课题的研究，篇幅有限，不能一一列举著作者姓名，在此仅向各位专家学者表达我们深深的敬意和衷心的感谢！

本书研究期间恰逢我被国家汉办派到葡萄牙里斯本大学孔子学院担任中方院长，所有的研究工作都是在工作之余进行，不知熬过多少个不眠之夜，终于要看到这本书的出版，真是非常欣慰！在研究的过程中，越来越发现国家经济安全研究的理论和实践意义，因此萌生出日益浓厚的兴趣，只因精力和能力有限，书中难免有错误疏漏之处，还希望读者见谅，同时也欢迎交流和探讨，一起来致力于国家经济安全领域的研究。

本书的最终出版得到了方方面面的支持，在此我要特别感谢家人的支持，感谢天津外国语大学校长修刚、规划处处长佟立、人事处处长罗明、商学院院长邢成、天津国际发展研究院秘书长冯雷鸣、科研处孟昭阳老师以及中国财富出版社寇俊玲编辑等给予的大力支持和帮助。

主编　朱丽

2014 年春，于里斯本